हरिशंकर परसाई

जन्म : 22 अगस्त, 1924

जन्म-स्थान : जमानी गाँव, जिला होशंगाबाद (मध्य प्रदेश)। मध्यवित्त परिवार। दो भाई, दो बहनें। स्वयं अविवाहित रहे।

मैट्रिक नहीं हुए थे कि माँ की मृत्यु हो गई और लकड़ी के कोयले की ठेकेदारी करते पिता को असाध्य बीमारी। फलस्वरूप गहन आर्थिक अभावों के बीच पारिवारिक जिम्मेदारियाँ। यहीं से वास्तविक जीवन संघर्ष, जिसने ताकत भी दी और दुनियावी शिक्षा भी। फिर भी आगे पढ़े। नागपुर विश्वविद्यालय से हिन्दी में एम.ए.। फिर 'डिप्लोमा इन टीचिंग'।

प्रकाशित कृतियाँ : *हँसते हैं रोते हैं, जैसे उनके दिन फिरे* (कहानी-संग्रह); *रानी नागफनी की कहानी, तट की खोज* (उपन्यास); *तब की बात और थी, भूत के पाँव पीछे, बेईमानी की परत, वैष्णव की फिसलन, पगडंडियों का ज़माना, शिकायत मुझे भी है, सदाचार का ताबीज, विकलांग श्रद्धा का दौर, तुलसीदास चन्दन घिसैं, हम इक उम्र से वाकिफ हैं, निठल्ले की डायरी, आवारा भीड़ के खतरे, जाने पहचाने लोग, कहत कबीर* (व्यंग्य निबंध-संग्रह); *पूछो परसाई से* (साक्षात्कार)

केन्द्रीय साहित्य अकादमी पुरस्कार, मध्यप्रदेश का शिखर सम्मान आदि अनेक पुरस्कारों से सम्मानित।

रचनाओं के अनुवाद लगभग सभी भारतीय भाषाओं और अंग्रेजी में।

'परसाई रचनावली' शीर्षक से छह खंडों में रचनाएँ संकलित।

निधन : 10 अगस्त, 1995

तुलसीदास चन्दन घिसैं

हरिशंकर परसाई

राजकमल पेपरबैक्स

पहला पुस्तकालय संस्करण
राजकमल प्रकाशन प्राइवेट लिमिटेड द्वारा
1986 में प्रकाशित

राजकमल पेपरबैक्स में
पहला संस्करण : 2005
बारहवाँ संस्करण : 2025

राजकमल पेपरबैक्स : उत्कृष्ट साहित्य के जनसुलभ संस्करण

राजकमल प्रकाशन प्रा.लि.
1-बी, नेताजी सुभाष मार्ग, दरियागंज
नई दिल्ली-110 002
द्वारा प्रकाशित

शाखाएँ : अशोक राजपथ, साइंस कॉलेज के सामने, पटना-800 006
पहली मंजिल, दरबारी बिल्डिंग, महात्मा गांधी मार्ग, प्रयागराज-211 001
1, अनमोल सोराबजी सन्तुक लेन, धोबी तलाव, मरीन लाइंस, मुम्बई-400 002

वेबसाइट : www.rajkamalprakashan.com
ई-मेल : info@rajkamalprakashan.com

बी.के. ऑफसेट
नवीन शाहदरा, दिल्ली-110 002
द्वारा मुद्रित

रेखांकन : चंचल

मूल्य : ₹250

TULSIDAS CHANDAN GHISAIN
Satire by Harishankar Parsai

ISBN : 978-81-267-1056-0

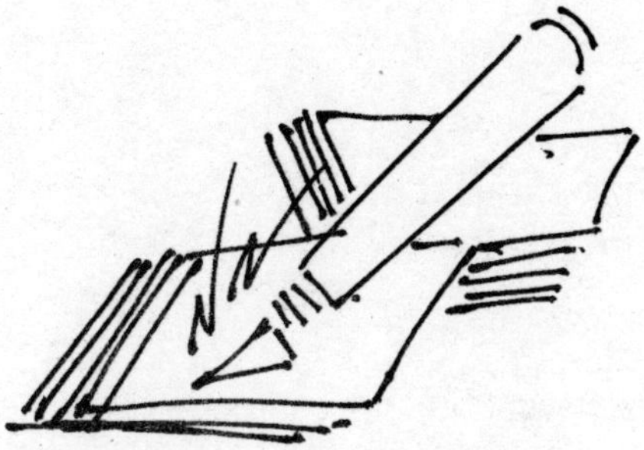

अनुक्रम

तुलसीदास चन्दन घिसैं

सुनो भई साधो

तुलसीदास चन्दन घिसैं

हरित भूमि तृन संकुल सूझ परहिं नहिं पन्थ
जिमि पाखंड विवाद तें लुप्त होहिं सद्ग्रन्थ

धूत कहौ अवधूत कहौ रजपूत कहौ, जुलहा कहौ कोऊ
काहू की बेटी सों बेटा न ब्याहब काहू की जात बिगार न सोऊ
तुलसी सरनाम गुलाम को जाको रुचै सो कहै कोऊ सोऊ
माँग कै खैबो मसीत को सोइबो लेबे को एक न देबे को दोऊ

—तुलसीदास

पाक्षिक 'सारिका' में 1984–85 में ये लेख 'तुलसीदास चन्दन घिसैं' स्तम्भ में लिखे थे। इससे पहले इसी पत्रिका में दो स्तम्भ 'कबिरा खड़ा बजार में' और 'तीसरी आजादी का जाँच कमीशन' भी लिखे थे, जो दुर्घटनाओं के कारण बन्द हुए। पहले के साथ यह दुर्घटना हुई कि आपात स्थिति लागू हो गई। दूसरे के साथ यह कि जनता पार्टी के शासन काल में मैंने जयप्रकाश नारायण को जाँच कमीशन के सामने खड़ा कर दिया। तीसरा यह स्तम्भ मेरी बीमारी के कारण बन्द हुआ। बहरहाल, ये लेख पाठकों के सामने हैं।

—लेखक

चन्दन क्यों घिसा ?

पिछले तीस सालों से कबीरदास की लँगोटी धोनेवाले से अवधनारायण मुदगल तुलसीदास का चन्दन घिसवाने पर उतारू हैं। मैं 'सुनो भई साधो' और 'कबिरा खड़ा बजार में' नाम के स्तम्भ लिखता रहा हूँ। इस स्तम्भ का शीर्षक मैंने नहीं, मुदगल ने तय किया है। मैंने स्वीकार किया। कबीरदास का विद्रोह, अक्खड़पन, फक्कड़पन, सधुक्कड़ी भाषा, साफगोई, ठेठ मुहावरा—इन सबसे एक तरह से मैंने अपने को कबीर की परम्परा से ही जोड़ लिया। उस जमाने में यह कहना बड़े खतरे का काम था—

तू बाम्हन बम्हनी का जाया
आन द्वार तैं होके आया
तू है तुरक तुरकनी जाया
भीतर खत्तन क्यों न कराया

और भी—

दाढ़ी बढ़ाय जोगी होय गैल बकरा
इन्द्रिय जराय जोगी होय गैल हिजड़ा

मगर आत्मविश्वास की हद थी—

जग मरि है हम न मरब

और यह आत्मशक्ति यों पैदा हुई—

आठहु पहर मस्तान माता फिरै
आठहु पहर की छाक पीवै
कहै कब्बीर सोई सन्त जन सूरमा
काल कौ निचोरिकै अमृत्त पीवै

काल को निचोड़कर अमृत पीनेवाले का ही यह ठाठ हो सकता है कि—

जो घर फूँकै आपना चलै हमारे साथ!

और 'जो सामाजिक कन्सर्न' की बात हम लोग जोर-शोर से करते हैं वह यों इतना था—

सुखिया सब संसार है खाबै और सोबै
दुखिया दास कबीर है जागै और रोबै

हमारे ज्ञानी लेखक बीसवीं शताब्दी के तीसरे दशक से 'अकेलापन' और 'निर्वासन' का रोना रोने लगे थे—हालाँकि अच्छे रहते और मौज-मजा करते थे। यूरोप से इस 'निर्वासन' और 'एकाकीपन' को भारत में बीस साल बाद आयात किया गया—अंग्रेजों के जाने के बाद हमारी आत्मा को यूरोपीय होना जरूरी हो गया था—हालाँकि यूरोप का और हमारा संकट अलग-अलग था। मगर 1955 से हमारे कुछ लेखक जो खूब कमाते थे, सूट-टाई पहनते थे, अंग्रेजी शराब पीते थे, गर्ल फ्रेंड रखते थे, चापलूसी से तरक्की पाते थे—कविता में लिखते थे, 'मैं मर गया।' दिल्ली और प्रयाग में ये आनन्दभोगी मुर्दे मुझे मिलते तो मैं समझता, मध्ययुग की तरह शव जगाया जाने लगा। एक लेखक की पुस्तक 1965 में छपी। उन्होंने परिचय में लिखा था—जन्म : 1935, मृत्यु : 1964। वे मुझे 1965 में मिल गए। मुझे किताब भेंट की। मैंने कहा—आप वही लेखक हैं कि उसके प्रेत? इसमें लिखा है कि आप 1964 में मर चुके। क्या आपका श्राद्ध नहीं हुआ था, जो प्रेत योनि में भटक रहे हैं? वे बोले—यह आध्यात्मिक मृत्यु है। मैंने कहा—अध्यात्म की व्याख्या कीजिए। मैं नहीं जानता। वे बोले—मैं भी नहीं जानता। हमारे 'गुरु' जानते हैं। मैंने कहा—पर वे तो न शरीर से मरे, न अध्यात्म से। वे आप-जैसे तरुणों को क्यों मार रहे हैं? जवाब उनके पास नहीं था। मेरे पास है— कुछ प्राणी ऐसे होते हैं, जो अपने बच्चों को खा जाते हैं। अपने बच्चों के लिए उन्होंने शायद 1960 में मंगलकामना की कविता लिखी थी जिसके कुछ जुमले स्मृति से दे रहा हूँ—

आ तू आ
मेरे पीछे-पीछे, मुझ पर थूकता, मुँह
भर-भर गाली देता
मेरी तो तुझे पीठ ही दिखेगी क्योंकि
मैं तुझसे आगे हूँ।

आध्यात्मिक मुर्दे चेलों से तभी गुरु को तकलीफ होने लगी थी।

तो एकाकी और निर्वासित अनुभव करनेवाले गौर करें कि कबीर भी एकाकी और निर्वासित था—

ऐसा कोई ना मिला जासों रहिए लागि
सब जग जरता देखिया अपनी-अपनी आगि

कबीर के एकाकीपन का कारण दूसरा था, हमारे छैल-छबीलों-छबीलियों का दूसरा। ये सन् 50 से 60 के सब अकेले-अकेले विद्रोही अब लड़कियों के हाथ पीले करने के लिए दहेज का इन्तजाम कर रहे हैं। अपनी आध्यात्मिक बीमारी की पीड़ा में इन्होंने कभी नहीं सोचा था कि दहेज सरीखी अनगिनत बीमारियों से यह समाज बीमार है। मैं इन बीमारियों से नहीं लड़ा, अपनी अकेली आत्मा पर ही मलहम लगाता रहा, तो आगे ये संक्रामक बीमारियाँ सचमुच मुझे मार डालेंगी।

कबीर का अकेलापन पाखंड नहीं था। वह तो सब जग को जलता देख रहा था। वह सहज साधनावाला था—

साधो, सहज समाधि भली
जहँ जहँ डोलों सोई परिकरमा
जो जो करौं सो सेवा
जब सोवौं तब करौं दंडवत
पूजौं और न देवा।

कबीर का सहज अकेलापन था। हमारे एकाकियों, निर्वासितों की कसरत है। 'गुरु' के अभी दिए गए भाषण को समझने में मुझे पसीना आता है। 'कवि सेतु भी है और सेतु पर खड़ा हुआ आदमी भी'—इसे समझने की मैं कोशिश करता हूँ। डर यही लगने लगा है कि कहीं आगे ये विनोबा की तरह न बोलने-करने लगें। विनोबा दो बार ताली बजाते थे, तो एक अर्थ निकलता था। तीन बार ताली बजाते थे, तो दूसरा अर्थ निकलता था। वे कहते थे—दो और दो हमेशा चार नहीं होते। कभी पाँच भी होते हैं। व्याख्याकार इसकी व्याख्या नहीं करते थे, 'धन्य है' कहते थे क्योंकि उन्हें इसी 'धन्य' के लिए वेतन और आश्रम में मुफ्त भोजन तथा आवास मिलते थे।

कबीरदास अभी भी मेरे पीछे पड़ा है। पर मैं सचेत और सक्रिय हूँ कि मुझे तुलसीदास से चन्दन घिसवाना है। सन्तों की बात कर रहा हूँ, तो मेरे बारे में चिन्तित

होने की जरूरत नहीं है। यह तो मंगलाचरण है। मैं जल्दी ही अपने मौलिक रंग के साथ वहाँ पहुँच रहा हूँ जहाँ—

चित्रकूट के घाट पै भई सन्तन की भीर
तुलसीदास चन्दन घिसैं तिलक करैं रघुवीर

यह प्रसिद्ध दोहा तुलसीदास का तो नहीं है। किसी दूसरे कवि का है। पर अगर यह सच है कि कभी चित्रकूट के घाट पर सन्तों की भीड़ हुई हो, तुलसीदास दिन-भर चन्दन घिसते रहते हों और रघुवीर तिलक करते रहे हों, तो यह तुलसीदास का शुद्ध शोषण हुआ—'नेकेड एक्सप्लायटेशन'। सन्त एक-दो नहीं थे, उनकी भीड़ थी। सन्तों की भीड़ नहीं हुआ करती। अगर भीड़ थी, तो तीन-चौथाई लुच्चे होंगे। यह 'लुच्चन की भीर' हो गई। दिन-भर तुलसीदास के हाथ चन्दन घिसते-घिसते दुखने लगे होंगे और रघुवीर अधिकांश लुच्चों को तिलक करते रहे। 'तू दयालु दीन हौं, तू दानि हौं भिखारी' की स्थितिवालों का ऐसा ही शोषण होता है बड़ों के द्वारा। राम ने अधिकांश लुच्चों को तिलक किया अयोध्या की राजनीति को सँभालने के लिए। चुनाव के पर्व पर बड़े नेता ऐसों को ही तिलक करते हैं और चन्दन गरीबों से घिसवाते हैं। लुच्चे तिलक कराके अपने लोगों में पहुँचे होंगे तो कहते होंगे—यह तिलक रघुवीर ने अपने हाथों से किया है। मुझसे उनके खास सम्बन्ध हैं। ऐसा ही होता है। कई लोग जाते हैं शहर से दूसरे स्टेशन सस्ती दाल खरीदने, मगर लौटकर कहते हैं—मुख्यमंत्री ने भोपाल बुलाया था, सलाह के लिए। कोई समस्या होती है, तो मुझसे ही सलाह करते हैं।

मुझे तुलसीदास का दूसरे के लिए चन्दन घिसना कतई पसन्द नहीं। मुझे पसन्द है—मुफ्त का चन्दन, घिस भाई नन्दन। ये नन्दन मुफ्त का चन्दन घिस-घिसकर रईस दोस्तों को मिटा देते हैं। मेरे दो दोस्त नन्दन हैं। दोनों ने दो पैसेवालों की चमचागीरी करके ऐसा 'मुफ्त का चन्दन' घिसा कि जिनकी दुकानें थीं, वे दूसरे की दुकानों में मुनीम हो गए। और नन्दनों ने जुए के फड़ खोल दिए।

चित्रकूट वह जगह है, जहाँ राजनीतिक दुर्गति के दिन गुजारे जाते हैं। राम ने बनवास के कुछ दिन यहाँ गुजारे थे। अब्दुर्रहीम खानखाना ने भी अपने राजनीतिक दुर्दिन यहाँ गुजारे थे—

चित्रकूट में बसि रहे रहिमन अवध नरेश
जा पर विपदा पड़त है सो आवत यहि देश

चित्रकूट में 'रामायण मेला' डॉ. राममनोहर लोहिया ने तब आरम्भ कराया था, जब उनके राजनीतिक गिरावट के दिन थे। उनकी चित्रकूट-शरण जरूरी थी। यहाँ विंध्यप्रदेश में इस हिस्से में लोहिया समाजवादियों का जोर था। यहाँ अक्सर 'लोहिया विचारमंच' की विचार गोष्ठियाँ होती रहती थीं। नतीजा यह हुआ कि सारे समाजवादी कांग्रेस में चले गए—उग्र, जगदीश जोशी, श्रीनिवास शास्त्री वगैरह।

इससे शिक्षा मिलती है कि राजनीतिक दलों को ज्यादा विचार नहीं करना चाहिए। विचार से ईमान जाता है और दल-बदल होता है। उधर ज्यादा समाजवादी विचार फैलने का नतीजा है कि चित्रकूट में पहले दमे की दवा देनेवाला एक बाबा था, तो अब दस बाबा हो गए हैं। सन्तों की भीड़ होगी, तो वहाँ बहुमत लुच्चों का होगा।

बहरहाल, और बातें जो भी हों पर तुलसीदास सन्त थे। उनके द्वारा रचा हुआ 'रामचरितमानस' सरीखा जीवन-विवेक और नीति-बोधवाला ऐसा ग्रन्थ दुनिया के साहित्य में शायद ही कोई दूसरा हो। अधिकांश अर्द्धालियों के आधे में जीवन की हर स्थिति में विवेकपूर्ण निर्णय की शिक्षा है। यहाँ मैं महाभारत को छोड़ रहा हूँ। उसका सन्दर्भ दूसरा है। कुछ विद्वान 'महाभारत' से 'इलियड' की तुलना करते हैं। 'महाभारत' की तुलना में 'इलियड' बालपोथी है। कुछ लोग कालिदास और शेक्सपीयर की बराबरी की बात करते हैं। समय का इतना अन्तराल है कि तुलना बेमानी है।

यहाँ भी कबीर और तुलसी में फर्क है। तुलसी में नम्रता बहुत थी, हालाँकि दोनों ही 'राम की बहुरिया' थीं। कबीर-सी कठोर भाषा तुलसीदास प्रयोग में नहीं लाते थे। 'शठ' का प्रयोग उन्होंने कुछ जगह किया है, कहीं-कहीं 'धिक्-धिक्' भी किया है। 'नीच' उन्होंने दो-तीन जगह कहा है। पर तब जब 'अलख निरंजन' के नारेवालों से बहुत तंग आ गए थे, तब कहा था—

हम लख हमहिं हमार लख, हम हमार के बीच,
तुलसी अलखहिं का लखै, राम नाम भजु नीच!

आदमी सीधे नहीं, टेढ़े थे। एक किंवदन्ती है। एक आदमी तुलसीदास की कुटी के बाहर खड़ा होकर उन्हें बहुत देर से गालियाँ दे रहा था। आखिर तुलसीदास डंडा लेकर उसे मारने दौड़े। उसने कहा—ठहरिए, आप झूठे सन्त हैं। आपने लिखा है—

बूँद अघात सहहिं गिरि ऐसे
खल के वचन सन्त जन जैसे

और आप ऐसे सन्त हैं कि डंडा मारने पर उतारू हैं!

तुलसीदास ने कहा—मैंने यह भी तो लिखा है—

अतिशय रगड़ करै जो कोई
अनल प्रगट चन्दन तें होई

ग़ालिब का एक शेर है—

देखियो ग़ालिब से गर उलझा कोई
है वली पोशीदा, का़फ़िर खुला

रामचरितमानस के बालकांड में आरम्भ में ही वे सबसे पहले 'खलों' और 'असन्तों' की लम्बी वन्दना करते हैं, उससे मालूम होता है कि वे दुष्टों द्वारा काफी सताए जाते थे। वरना ऐसा क्यों होता कि वाणी और विनायक के बाद वे तुरन्त 'बन्दौ प्रथम खलजन सतभाये, जे बिनु काज दाहिने-बाएँ' कहने लगते। दुष्टों की

प्रकृति का अद्‌भुत वर्णन है इस अंश में। चरम बिन्दु यह है—

पर अकाज लगि तनु परहरहीं,
जिमि हिम उपल कृषी दल गरहीं।

दूसरे का काम बिगाड़ने के लिए अपने प्राण दे देते हैं, जैसे ओला खेती का नाश करने के लिए अपने को गला देता है।

कई जरियों से मालूम होता है कि तुलसीदास कई तरह के लोगों द्वारा सताए जाते थे। काशी शैवों का अड्डा था। शाक्त, शव-साधक, अघोर-पन्थी, हठजोगी, गोरखपन्थी नागा, कौल साधक वाममार्गी—इन सबसे उनकी न पटती होगी। फिर पंडित, मठाधीश, मन्दिर के पुजारी उन्हें घुसने नहीं देते। उन्हें मन्दिर में रात गुजारने के लिए भी जगह नहीं देते थे। संस्कृत 'कूप जल' छोड़कर 'भाषा बहता नीर' में लोककाव्य, लोकमंगल के लिए लिखा, तो पंडित तिरस्कृत करते होंगे कि गँवार है। तभी 'रामचरितमानस' के हर कांड के आरम्भ में उन्होंने श्लोक लिखकर बता दिया—कि संकीर्ण अहंकारियो, मैं संस्कृत में काव्य लिख सकता हूँ। तुम कुएँ के गर्व स्फीत मेढक बने रहो, मैं तो लोक सरिता में जा रहा हूँ। उनके खिलाफ दुष्प्रचार भी होता होगा। तभी उन्होंने कुछ रोष से, मगर कबीर जैसे अक्खड़पन से कहा—

धूत कहौ अवधूत कहौ रजपूत कहौ जुलहा कहौ कौऊ
काहू की बेटी सो बेटा न ब्याहब काहू की जात बिगारिन सोऊ
तुलसी सरनाम गुलाम है राम को जाकौ रुचै सो कहै कोई सोऊ
माँग के खैबो मसीत को सोइबो लेबे को एक न देबे को दोऊ

यानी आप बड़े पारसा हैं तो जाइए जहन्नुम! हम तो माँगकर खाते हैं और मस्जिद में सोते हैं और मस्त रहते हैं।

मैंने कबीर के सम्बन्ध में अन्यत्र लिखा है कि उनके पास नीची जाति के लठैतों की फौज रही होगी। 'दादा' लोग उनके भक्त होंगे। वे सन्त और कवि ही नहीं मारपीट करनेवाले रंगदारों के नेता भी होंगे। ये लोग ऐलानियाँ कहते होंगे—अगर हमारे गुरु कबीर को आँख दिखाई तो आँख निकाल लेंगे। ऐसे चेले न होते, तो कबीर मार डाले जाते। तुलसीदास भी अखाड़े चलाते थे। अमृतलाल नागरजी के 'मानस का हंस' से स्पष्ट मालूम होता है कि वे पहलवानों के गुरु थे। अखाड़े चलाते थे। यह जो कथा चली आती है कि काशी पर हनुमानजी अपनी वानर सेना लेकर चढ़ बैठे थे, वह उस्ताद तुलसीदास के लाल लँगोटेवाले पट्‌ठों का गिरोह था। काशी के प्रशासक ने कुछ साधुओं को गिरफ्तार कर लिया था, तो तुलसीदास के पहलवानों ने कोतवाली और महल पर धावा बोल दिया था। ये पहलवान भक्त न होते तो तुलसीदास काशी में रह नहीं सकते थे। वे मार डाले जाते।

मेरी सिफारिश है कि हर उस लेखक को जो सामाजिक परिवर्तन की बात करता है, विद्रोह की बात करता है, समाज के प्रतिष्ठित अन्यायी वर्ग पर प्रहार

करता है, गुंडों और दादाओं से दोस्ती रखनी चाहिए। ये वफादार होते हैं और जान दे देते हैं, उसके लिए जिसे मानते हैं।

तुलसीदास ने मनसबदारी ठुकरा दी थी, जबकि बहुत लेखक किसी का चोबदार बनने की महत्त्वाकांक्षा रखते हैं।

अब तक आधुनिक ज्ञानी लेखक मुझे दकियानूस समझने लगे होंगे। देखो, रामचरितमानस पढ़ता है। बहुत हैं जो कामू और काफ्का पढ़े हैं, तुलसी और कबीर नहीं पढ़े। महाभारत की तो बात ही नहीं। मैं नहीं जानता, अपनी क्लासिकी परम्परा को न जानना, अपने क्लासिक न पढ़ना बुद्धिजीवी को कैसे ज्ञानी और आधुनिक बनाता है। कोई प्रगतिशील कैसे हो सकता है, जिसे अपनी क्लासिकी परम्परा ही नहीं मालूम। गाँवों में काम करनेवाले एक वामपन्थी नेता ने अपनी कठिनाइयाँ बताईं, तो मैंने कहा—उत्तर भारत में 'रामचरितमानस' के बिना ग्रामीणों में नहीं घुस सकते। 'मानस' में ही क्रान्ति के तत्त्व मिलेंगे। तुम इसे नारा बना सकते हो—

जासु राज प्रिय प्रजा दुखारी,
सो नृप अबस नरक अधिकारी।

पर इस समय हालत यह है—

हरित भूमि तृण संकुल सूझ परहिं नहिं पन्थ,
जिमि पाखंड विवाद तें, लुप्त होहिं सद्ग्रन्थ।

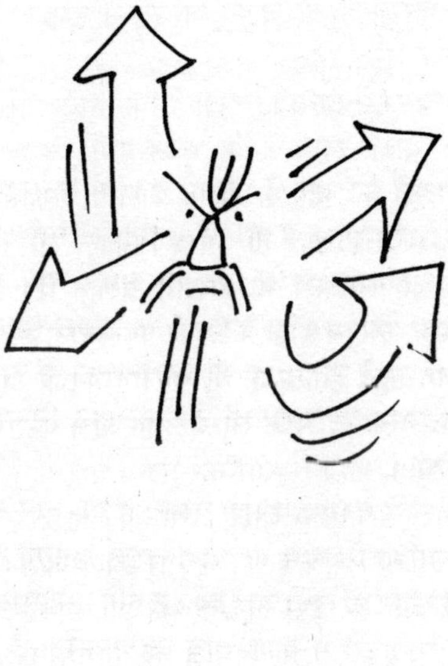

रामायण मेला

अभी कुछ साल पहले की बात है जिसमें यह सनसनीखेज खबर उड़ी और छपी कि चित्रकूट में 'रामायण मेला' में महादेवी वर्मा और रामकुमार वर्मा का अपमान हो गया। पहले समाचार के बाद रामकुमार वर्मा का नाम छूट गया। पता नहीं कोई-कोई लेखक ऐसे क्यों हो जाते हैं कि उनके सार्वजनिक अपमान पर भी लेखक ही खास ध्यान नहीं देते। यह भी साधना का फल होता है। महादेवी वर्मा नारी है, मीराँ हैं, महीयसी हैं, गरीयसी हैं—तो खूब निन्दा की लेखकों ने उनका अपमान करनेवालों की।

'रामायण मेला' जैसे कार्यक्रम मुझे पसन्द हैं दो-तीन कारणों से। एक तो भीड़ मुझे पसन्द है। फिर भक्ति के नाम पर भीड़ जुड़ाई जाएगी तो वहाँ भक्त बहुत कम होंगे। हर क्षेत्र के उच्च कोटि के लुच्चे वहाँ इकट्ठे होंगे—खासकर पेशेवर राजनीतिवाले। ये मुझे खास पसन्द हैं। इनसे मैं प्राण-वायु ग्रहण करता हूँ। यह मेरी निजी ग्रहण-

शक्ति है। वरना दूसरों के लिए वे कार्बन-डाइ-आक्साइड छोड़ते हैं।

दूसरा पसन्द होने का कारण वही है जो डॉ. लोहिया का रहा होगा—सांस्कृतिक नवजागरण। हमें भीतरी-बाहरी दो खतरे हैं—एक है 'पुनरुत्थानवाद' (रिवाइवेलिज्म) जो तूफान की तरह उठा है, उत्तर भारत में। यहाँ का बुद्धिजीवी भी प्राचीन में, उसके कर्मकांड में, उस 'यूटोपिया' में जीने लगा है। कॉलेज में विज्ञान पढ़ानेवाली प्रोफेसरानियाँ सड़क पर सिर पर मंगलघट रखे गायत्री यज्ञ में जाती हैं। आधुनिकता हम ग्रहण नहीं कर पा रहे हैं और कुछ राजनीतिक-आर्थिक संगठन लोगों को प्राचीन में ढकेलने में लगे हैं। दूसरी तरफ यह कि हराम-खोरी की कमाईवाले, दो नम्बरी, ठेकेदार और अफसर, अधकचरे सम्पन्न बुद्धिजीवी, रातोरात धनवान हुए उच्च-मध्यवर्गी लोगों ने आधुनिकता सिर्फ पश्चिमी यूरोप तथा अमेरिका की पतनशीलता को समझा और उनकी विकृतियाँ ग्रहण कीं तथा दिखाऊ पश्चिमी 'मैनर्स' ले लिये। यह वर्ग अपनी संस्कृति से उखड़ चुका। यह, सांस्कृतिक विद्रूप हो चुका। 'मॉम-डैड' कहलानेवाला, 'हेव ए ड्रिंक' वाला, छुरी-काँटा गलत पकड़नेवाला, डिस्को पर मटकनेवाला यह वर्ग पशु-स्तर पर जीने लगा है। इसका अमानवीकरण हो चुका। यह आदमी अकेले जितना भोग सके भोगता है, जैसे चीता अकेले-अकेले जितना बकरा खा सके खा लेता है। न चीते की संस्कृति, न इस मनुष्य के फूहड़ वर्ग की। इसके साथ ही लगातार कोशिश हो रही है इस देश में पश्चिम के 'सांस्कृतिक उपनिवेशवाद' की स्थापना की।

मेरे जैसा आदमी जो निरीश्वरवादी है, राम को मनुष्य मानता है, भगवान नहीं—यह सोचता है कि रामायण, रामचरितमानस आदि से लोक-मानस में बैठे जीवन्त सांस्कृतिक तत्त्वों के प्रसार से हम शायद अपनी संस्कृति से उखड़े बगैर आधुनिकता ग्रहण कर लें। इसलिए मैं 'रामायण मेला' जैसे समारोह पसन्द करता हूँ। पर इसकी प्रेरणा देने में निरीश्वरवादी लोहिया की नजर संस्कृति के सिवा राजनीतिक लाभ की भी रही होगी। मगर विचार पुनरुत्थानवादी नहीं है।

चित्रकूट से लगे हैं तीन विधानसभा क्षेत्र और एक लोकसभा क्षेत्र। वहाँ उत्तर प्रदेश और मध्य प्रदेश की सामन्ती राजनीति मिलती भी है और लड़ती भी। चित्रकूट में बन्दर-ही-बन्दर हैं। हनुमान के वंशज तो हैं ही, राम के वंशज भी राजनीतिक बन्दर हो गए हैं। ऐसे चित्रकूट में रामायण के नाम से मेला लगे, भीड़ इकट्ठा हो, तो क्या राजनीतिवाले इस माहौल को कवियों को सौंप देंगे। देवीजी विराजो मंच पर और 'बीन भी हूँ मैं तुम्हारी रागिनी भी हूँ' गाओ। राजनीति के मुस्टंडों ने मंच पर कब्जा कर लिया। महादेवीजी को किसी ने नहीं पूछा। ये लोग जनता की बीन इकट्ठा करते हैं जिन पर अपनी राजनीतिक रागिनी बजाते हैं।

पर महादेवी वहाँ गई ही क्यों? महादेवीजी अक्सर वहाँ चली जाती हैं, जहाँ उन्हें नहीं जाना चाहिए और वह बोलती हैं, जो उन्हें नहीं बोलना चाहिए। जैसे

विश्व हिन्दू सम्मेलन के एक कार्यक्रम की अध्यक्षता करने पहुँच गईं। 'हिन्दू' शब्द से उनकी उदात्त पुरातन आत्मा गलित हो गई। उन्हें यह समझ में नहीं आया कि इस सम्मेलन का सरोकार न हिन्दू जाति से है, न हिन्दू धर्म से, न हिन्दू संस्कृति से। यह हिन्दू भावना को गैर हिन्दू के प्रति घृणा से आक्रामक बनाकर उसका राजनीतिक लाभ उठाने का एक साम्प्रदायिक दल का घृणित षड्यंत्र था। इसमें गैर हिन्दुओं के प्रति हिंसा की भावना उभारी गई। महादेवी जैसी मानवतावादी को इसका विरोध करना था, मगर वे आशीर्वाद देने पहुँच गईं। बाद में समझदारों की आलोचना झेली।

अनुमान है, राजनीति महादेवीजी की समझ में आती नहीं है। वे आदिकाल का प्रवचन करती हैं—'साहित्य प्रकाश देता है, राजनीति अँधेरा फैलाती है।' वे नहीं जानतीं क्या कि राजनीतिक क्रान्तियों ने मनुष्य जाति का भाग्य पलट दिया। एक नई मानव-संस्कृति को जन्म दिया है। मेरी बात न मानें। रवीन्द्रनाथ ठाकुर 1930 में यानी 1917 की क्रान्ति के 13 साल बाद रूस गए थे। उनकी पुस्तक है—'रूस से चिट्ठियाँ।' इसमें उन्होंने समाजवादी व्यवस्था के सम्बन्ध में लिखा है—'मैं रूस में एक नई मानव-संस्कृति का जन्म देख रहा हूँ।' महादेवी चाहें तो रवीन्द्रनाथ को और मुझे भी के. जी. बी. एजेंट कह सकती हैं।

असल में महादेवी समझती हैं कि राजनारायण, चरणसिंह, अन्तुले, जगन्नाथ पहाड़िया ही राजनीति हैं। वे यह नहीं मानतीं कि राजनीति लोक-कल्याणकारी दर्शन भी है।

हम हिन्दीवालों की—खासकर पुरातन हिन्दी-भक्तों की, एक लीक है--हिन्दी, हिन्दू, हिन्दुस्तान। यह नारा हमें संकीर्ण और साम्प्रदायिक बनाता है। स्वर्गीय भगवतीचरण वर्मा से मैंने पूछा—आप क्यों जनसंघ का समर्थन करते हैं? उनका जवाब था—भई, वे हिन्दी का समर्थन करते हैं। हम तो हिन्दी का भला चाहते हैं। मैंने कहा—वे लोग कतई हिन्दी भक्त नहीं हैं। उनमें सारा नेतृत्व मराठी भाषी है जो हमें 'रांगड़ा' यानी गँवार कहता है। वे राजनीति करते हैं, हिन्दी सेवा नहीं। यदि उन्हें पिशाच-भाषा से सत्ता मिलती हो, तो वे पिशाच-भाषा को देववाणी बनाने लगेंगे। वे हिन्दी लेखकों को भोला समझकर उल्लू बनाते हैं।

अभी कर्नाटक के विधानसभा चुनाव के दौरान सभाओं में अटलबिहारी वाजपेयी अंग्रेजी में बोले। वहाँ के कन्नड़भाषियों ने कहा—आप हिन्दी में बोलिए। वाजपेयी ने जवाब दिया—मैं संयुक्त राष्ट्रसंघ में हिन्दी बोलूँगा, मगर दक्षिण भारत में हिन्दी नहीं बोलूँगा। (वोट कटेंगे न!)

महादेवी जैसे लेखक-लेखिकाओं ने हिन्दी को गौ की तरह 'माता' बनाकर तर्क और यथार्थ नीति का मामला भावुकतामय बना दिया है—हाय, हिन्दी के साथ अन्याय हो रहा है! हाय, गौमाता काटी जा रही है। 'हाय हिन्दी' और 'जय हिन्दी' की भावुकता पैदा करके जो संस्थाएँ बेईमानी का पैसा पीट रही हैं उन्हें क्या महादेवी

नहीं जानतीं। एक ऐसी महान् हिन्दी सेवी संस्था है, अखिल भारतीय। इसके पावन-पद मंत्री का पवित्र क्षोभ से भरा गश्तीपत्र मिला, मुख्यमंत्री को सम्बोधित मुझसे दस्तखत करके लौटाने को कहा गया था। सैकड़ों लेखकों के दस्तखतवाले पत्र मुख्यमंत्री को भेजे जानेवाले थे। पत्र में मुख्यमंत्री से अपील की गई थी कि वे साहित्य भवन के सामने की जमीन पर बननेवाले सिनेमा घर का निर्माण रोकें। कारण—सिनेमा से अनैतिकता फैलेगी, जिसका कुप्रभाव साहित्य भवन की पवित्रता पर पड़ेगा। इस साहित्यिक संस्था के सारे भ्रष्टाचार—आर्थिक से लेकर लैंगिक तक—मुझे प्रेस वर्कर्स यूनियन का नेता एक मीटिंग के वक्त अलग ले जाकर बता चुका था। हमारे साहित्य भवन की पवित्रता की रक्षा की प्रार्थना उन मुख्यमंत्री से की गई थी जिनके भ्रष्टाचार के किस्से रोज अखबारों में छपते थे। भई सन्तन की भीर! मैंने संस्था के सचिव को लिखा कि जो अपील कर रहे हैं, वह सिनेमा के मालिक को करनी चाहिए। उसे मुख्यमंत्री को लिखना चाहिए—इस साहित्यिक संस्था को यहाँ से हटवा दीजिए। हम इसके पास सिनेमाघर बना रहे हैं। हमारा तो ईमानदारी का काम रहेगा—दर्शक से पैसे लेंगे तो पूरी फिल्म दिखाएँगे। मगर इस साहित्यिक संस्था में इतना भ्रष्टाचार और अनैतिकता है कि उसका बुरा प्रभाव हमारे दर्शकों पर पड़ेगा।

मैं महादेवी की इस बात से सहमत हूँ कि इस देश के सिद्धान्तहीन, अवसरवादी, बेईमान, भ्रष्ट राजनेताओं ने देश की दुर्गति कर डाली है। इन्हीं की छाया में भ्रष्ट नौकरशाही विकास-योजनाओं का आधा पैसा खा जाती है। इन अवसरवादी राजनेताओं में अधिकतर अहंकारी, गँवार और असंस्कृत होते हैं। यह भी सही है। महादेवी वे बातें जगह-जगह कहकर अपनी समझ, साफगोई और बहादुरी का परिचय देती हैं तो दें। पर बड़े-बड़े नामधारी लेखकों में कितने लोग ऊँचे दर्जे के नीच, कमीने, बेईमान, भ्रष्टाचारी चापलूस होते हैं, यह क्या उन्हें मालूम है। तीर्थराज में ही सर्वे करके देख लें। मैं भ्रष्ट राजनीतिज्ञों का बचाव नहीं कर रहा हूँ, यह कह रहा हूँ कि कविता, कहानी लिख लेने से कोई पवित्र और शास्ता नहीं हो जाता और न उसे उपदेश देने का अधिकार मिल जाता है।

वास्तव में महादेवीजी के अनुभव का क्षेत्र बहुत कम है। जो गद्य उन्होंने लिखा है, उसके विषय में बिल्ली, तोता, महाराजिन, नौकर हैं। अमलतास, गुलाब, चमेली हैं। काव्य में उनकी वेदना दैहिक है, व्यक्तिगत है, जिसे चालू काव्य-परिपाटी के अनुसार उन्होंने आध्यात्मिक बना दिया है। अमृतराय ने बहुत साल पहले लिखा था कि महादेवी की यह वेदना उसके पास पैसों की कमी के कारण है। यानी—'उनको कैसे पाऊँ आली, कैसे उनको पाऊँ—' यह सौ रुपए का नोट न पाने की वेदना है। मार्क्सवाद गलत समझने से अच्छा है, उसे बिलकुल न समझना।

महादेवी ने दरिद्रता देखी ही नहीं है। वास्तविक जीवन-संघर्ष से उनका

सरोकार नहीं। गरीबी नहीं, घोर दरिद्रता अगर उन्होंने अपने नंगे रूप में देखी होती, तो वे जानतीं कि जिन्दगी क्या होती है ? मगर इस देश के दरिद्र शोषित आदमी से उनकी संवेदना का कोई रिश्ता नहीं है। राजनीतिक समझ के बारे में मैं नहीं जानता। आपातकाल में प्रयाग के समाजवादी लेखकों ने कह दिया होगा कि इन्दिरा गांधी अत्याचार कर रही हैं, तो उन्होंने कह दिया होगा कि इन्दिरा के हाथ खून से सने हैं। अब इधर वे इन्दिराजी के हाथ से एक लाख का पुरस्कार लेकर विवादास्पद बन गई हैं। उनका क्या कसूर ? पुरस्कार समारोह तीन महीने टला। श्रीपति मिश्र को मुख्यमंत्री की उम्र बढ़ाने के लिए जरूरी था कि इन्दिराजी के करकमलों से लेखकों को पुरस्कार दिलाया जाए। उन्होंने सुन रखा था कि यही साहित्य, कला वगैरह की फालतू चीजों के कारण इन्दिराजी अर्जुनसिंह से खुश हैं। शिवमंगलसिंह 'सुमन' से उन्होंने यह कह दिया होगा।

अब संयोग से उन्हें इन्दिराजी के हाथ से पुरस्कार लेना पड़ा ? वे कहती हैं कि मुझे तो पुरस्कार नहीं चाहिए था। पर लेखकों ने जोर डाला कि ले लीजिए बहुत-से गरीब लेखक द्रव्याभाव से पीड़ित हैं। मैं इस पैसे का ट्रस्ट बना दूँगी। वे एक लाख के ज्ञानपीठ पुरस्कार का भी ट्रस्ट बना देंगी, गरीब लेखकों के सहायतार्थ। मैं अन्दाज से कह सकता हूँ कि गरीब द्रव्याभाव से पीड़ित लेखकों ने उन पर दबाव नहीं डाला होगा कि पुरस्कार ले लीजिए। दबाव डाला होगा, उन लेखकों ने जिन्हें 'ट्रस्टी' बनना है। ट्रस्टों की सारी पोल खुली हुई है। गांधीजी 'ट्रस्टीशिप' के सिद्धान्त के समर्थक थे। पर उनके 'ट्रस्टियों' ने उनका चश्मा ही किसी अमेरिकी दुर्लभ वस्तुओं के संग्रहकर्ता को लाखों डालरों में बेच डाला और उसकी जगह कबाड़ी की दुकान का चश्मा रख दिया। गांधीजी के नाम से चलनेवाले दो ट्रस्टों की जाँच कुदाल आयोग कर रहा है। करोड़ों का घपला है। ट्रस्ट ऐसे ही होते हैं। महादेवीजी ट्रस्ट बनाएँ। उनकी शुभाकांक्षा का स्वागत है। पर गरीब पीड़ित लेखकों को इससे लाभ नहीं होगा। यह वे पक्का समझ लें।

इलाहाबाद के कुछ लेखक महादेवी की इन दिनों तीखी आलोचना कर रहे हैं। उन्होंने क्यों इन्दिरा गांधी के हाथ से पुरस्कार लिया। पोस्ट से ड्राफ्ट क्यों नहीं बुलवा लिया। कहते हैं, महादेवी ने इन्दिरा गांधी के समर्थनवाले एक कागज पर दस्तख्त क्यों किए ? मैं इन्हें जानता हूँ। ये अपने को 'सत्ता प्रतिष्ठान' विरोधी घोषित करते हैं। मगर जब मोरारजी भाई प्रधानमंत्री थे, तब ये अपना 'सत्ता प्रतिष्ठान विरोधीपन' घोषित नहीं करते थे। पर इनके पास कुछ विचारणीय प्रश्न हैं। उन्हें उड़ाया नहीं जा सकता।

महादेवीजी का लेखन से भी बड़ा काम है—महिला विद्यापीठ। आज से तीस-चालीस साल पहले लड़कियों के अलग स्कूल बहुत कम थे। थे भी तो दकियानूस परिवारों की लड़कियाँ बाहर पढ़ने जा नहीं सकती थीं। सहशिक्षा का तो सवाल ही

नहीं उठता था। पर वर के पिता-माता पूछते थे—लड़की कितनी पढ़ी है? लड़की का बाप कह देता था—'विद्या-विनोदिनी' है। हजारों लड़कियों की शादी इस 'विद्या विनोदिनी' ने करा दी। घर पर ही पढ़कर प्राइवेट परीक्षा स्थानीय केन्द्र में लड़कियाँ दे देती थीं। मैं कुछ साल अध्यापक रहा था। लड़कियों को घर पर 'विद्या विनोदिनी' के लिए पढ़ाता था। न मैं खास पढ़ाता, न वे ध्यान से पढ़तीं। नकल कराके पास करा देते थे। कई मूर्खा 'विद्या विरोधिनी' मैंने 'विद्या विनोदिनी' नकल कराके बना दीं। कई हजार लड़कियों की शादी महादेवीजी की इस 'विद्या विनोदिनी' डिग्री के कारण हो गई। वे सब आशीष देती होंगी।

महादेवी पर इतना लिखने का अर्थ यह नहीं कि उन पर हमला करता हूँ। उनके विचारों से बुनियादी विरोध है मेरा। पर मैं उनका सम्मान करता हूँ। वे सिद्ध कवयित्री हैं और चमत्कारिक गद्य लिखती हैं।

पन्थ रहने दो अपरिचित प्राण रहने दो अकेला
और होंगे चरण हारे।
अन्य हैं जो लौटते दे शूल को संकल्प सारे
चिर वृती निर्माण उन्माद से उभरता नापते पग
खींच देंगे तिमिर पथ एक स्वर्णिम किरन वेला।

रहा प्रश्न पुरस्कार ग्रहण करने का। देनेवालों का। उनके उद्देश्यों का। व्यवस्था और प्रतिष्ठान से सम्बन्धों का। लेखक की अस्मिता, आत्मसम्मान और दायित्व का। लेखक के संघर्ष और समझौते का—तो इन सब पर अपने कुछ खरे अनुभव बताऊँगा।

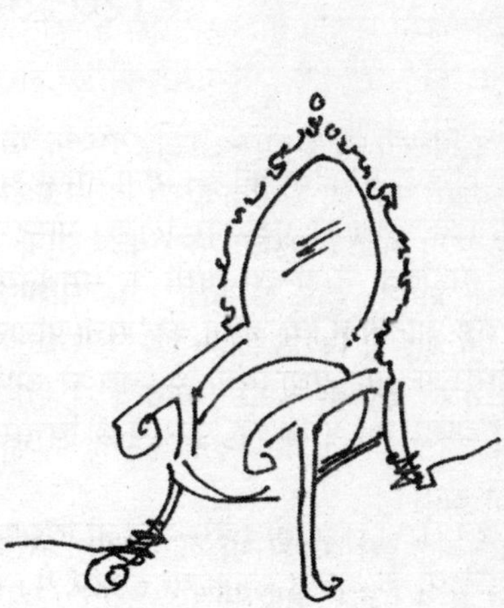

विश्व हिन्दी नौटंकी

विश्व हिन्दी सम्मेलन दिल्ली के इन्द्रप्रस्थ स्टेडियम के भीतर सम्पन्न हुआ। सफल होने की जरूरत नहीं थी क्योंकि इससे किसी फल की आशा नहीं थी। मेरा मतलब सार्वजनिक फल से है। प्राइवेट फल कुछ लोगों को मिल चुके होंगे, कुछ को धीरे-धीरे मिलते जाएँगे। छोटे-से कॉलेज के 'सोशल गेदरिंग' के प्राइवेट रूप से फल मिलते हैं, तो यह तो विराट विश्व हिन्दी सम्मेलन था। प्रधानमंत्री के आसपास जो परिक्रमा करते रहे हैं, उनके सूबेदारों से लेकर चोबदारों की जो खुशामद करते रहे हैं, राजनेताओं की जो वन्दना की गई है, वह फल देगी—किसी को बेर देगी, किसी को आम!

महाभारत का वह नेवला इस यज्ञ में भी आया था, जिसका आधा शरीर स्वर्ण का था। युधिष्ठिर के राजसूय यज्ञ में आए पंडित, पुरोहित आदि प्रशंसा कर रहे थे कि यह महान यज्ञ हुआ। युधिष्ठिर ने अपार पुण्य अर्जित किया। खूब सुस्वादु

भोजन कराया। भरपूर दक्षिणा दी। तभी वहाँ एक नेवला आया। उसका आधा शरीर सोने का था। उसने द्विजों से कहा—व्यर्थ प्रशंसा करते हो। उस दीन ब्राह्मण के यज्ञ की तुलना में यह यज्ञ तुच्छ है, जिसके पुण्य के स्पर्श से मेरा आधा शरीर स्वर्ण का हो गया। तभी से मैं घूम रहा हूँ कि कहीं ऐसे पुण्य के सम्पर्क में आऊँ जिससे मेरा शेष शरीर भी स्वर्ण का हो जाए। इसी आशा से 'धर्मराज' के इस यज्ञ में आया था। परन्तु यहाँ भी मेरा शेष शरीर सोने का नहीं हुआ।

ब्राह्मणों ने जिज्ञासा की कि कौन था वह विप्र और कैसा तप तथा पुण्य था उसका? नेवले ने कहा—कहीं अकाल पड़ा था। एक ब्राह्मण परिवार कई दिनों का भूखा था। एक दिन वह कुछ अन्न के दाने लाया। उन्हें पीसकर-भूनकर विप्र, उसकी पत्नी और पुत्र खाने को बैठे। इतने में एक भूखा वहाँ आया। भूखे अतिथि को ब्राह्मण ने अपना भाग दे दिया। वह खा गया, फिर भी भूखा रहा। तब स्त्री और पुत्र ने भी उसे अपना-अपना भाग खिला दिया। पूरा परिवार भूखा-का-भूखा रहा, पर सन्तुष्ट था। संयोग से मैं वहाँ से निकला। कुछ आटा भूमि पर गिर गया था। उस पर से मेरे शरीर का जितना अंग निकला, उसके स्पर्श से स्वर्ण का हो गया। यहाँ बड़ी आशा से आया था। पकवानों की जूठन के ढेर पर लोटता रहा, पर शेष भाग सोने का नहीं हुआ। इस यज्ञ में वैभव है, तामझाम है, बड़े-बड़े लोग हैं, मद है, अहंकार है, धन का प्रदर्शन है। परन्तु पुण्य नहीं है। तप नहीं है।

स्टेडियम का नाम 'इन्द्रप्रस्थ' सुनकर वह नेवला पुनः इसे राजसूय यज्ञ समझकर आया था। यह लगभग डेढ़ करोड़ का यज्ञ था पर उसका शेष शरीर सोने का नहीं हुआ। वह अब किसी भुखमरे हिन्दी सेवी के तप और पुण्य की तलाश में भटक रहा है।

सम्मेलन से लौटे मेरे दोस्त ने बताया—भदन्त आनन्द कोसल्यायन ने टिप्पणी की। अपने चीवर को अँगुली से स्पर्श करके कहा—तप, तप से राज, राज से भोग, भोग से नर्क।

मैं तो इस सम्मेलन में गया नहीं। समाचार अखबारों में रोज पढ़ता रहा। सबसे हृदयद्रावक समाचार यह पढ़ा कि स्टेडियम के भीतर हो रहे सम्मेलन में बदइन्तजामी की शिकायत करते हुए उपेन्द्रनाथ अश्क 'फूट पड़े' या 'फफककर' रोने लगे। अंग्रेजी में था 'ब्रेक डाउन'। हिन्दी में था 'फफककर' रो पड़े। 'सावन-भादों के रूप' रोने जैसा मुहावरा नहीं था। मैं जानता हूँ—सभी जानते हैं कि अश्क न उद्देश्य के बिना हँसते हैं, न रोते हैं। उस सम्मेलन गें देश के प्रतिनिधि तो थे ही, सैकड़ों विदेशी प्रतिनिधि भी बैठे थे। विशेषकर विदेशी प्रतिनिधियों और इन्दिरा गांधी के जासूसों के सामने यह कहकर 'फूट पड़ना' कि न ठहरने का ठीक इन्तजाम है न खाने का, यतीमों की तरह भटक रहे हैं—किस योजना के अन्तर्गत था? अश्कजी के ठहरने और खाने के बढ़िया ठिकाने दिल्ली में हैं। वे अपने दुख से नहीं रोए होंगे। तो क्या

विदेशियों के लिए रोए। अश्कजी किसी दूसरे के दुख पर कभी रोए, ऐसा रिकार्ड साहित्य के अभिलेखागार में कहीं नहीं मिलेगा। अश्कजी प्रयोग के उस्ताद हैं। हिन्दी साहित्य सम्मेलन में मामा-भानजे शास्त्रियों के झगड़े में उनका ऐतिहासिक रोल होगा ही। स्टेडियम के बाहर भी एक समान्तर सम्मेलन डॉ. जगदीश गुप्त के नेतृत्व में छोटी साइज में हो रहा था। भीतरवाले बड़े सम्मेलन में जिसका उद्‌घाटन इन्दिराजी ने किया, कब्जा प्रयागी शास्त्रियों का नहीं, बनारसी पांडों का था— सुधाकर पांडे और रत्नाकर पांडे भाइयों का। सुधाकर और रत्नाकर पांडे बनारसी रेशम का कुरता ही नहीं, रेशमी धोती भी पहने थे। पीताम्बर धारण किए थे। रत्नाकर पांडे माइक पर लगातार चिल्ला रहे थे—अब विश्वनेत्री श्रीमती इन्दिरा गांधी पधारनेवाली हैं। आप अपनी 'सीट' पर बैठ जाइए। लोग बैठते कैसे? वे तो सीट ढूँढ़ रहे थे!

मेरा मन है पापी। 'प्रभुजी, हौं पतितन को टीको।' तो मेरे मन में आया कि स्टेडियम के बाहर के सम्मेलन के प्रतिनिधि योद्धा के रूप में अश्कजी शत्रु सम्मेलन में घुस गए और बदइन्तजामी का रोना रोकर आयोजकों को बदनाम किया, धिक्कार का पात्र बनाया। उन्हें इससे मतलब नहीं था कि विदेशियों को वे यह बता रहे हैं कि हम हिन्दी के भक्त इस कदर नकारा हैं। अखबारों में यह भी छपा कि बाद में अश्कजी को बोलने नहीं दिया गया। यह जुल्म हुआ। अश्कजी जब भी भाषण देते हैं, आत्मकथा बोलते हैं। उन्हें 'भारतीय सौन्दर्यशास्त्र' पर भाषण करना हो, तो भी वे अपने सौन्दर्य पर बोलते हैं। अगर अश्क वास्तव में पीड़ा से रोए तो मैं उनके लिए दुखी हूँ।

सम्मेलन से लौटे मेरे मित्र ने बताया, अश्कजी वास्तव में रोए नहीं। 'ब्रेक डाउन' ज्यादा ठीक है। वे कुछ ऐसा बोले—मैं तो बहुत 'बीमार' पड़ा था। एक के बाद एक तीन तार पहुँचे कि आइए। मैं तो 'बीमारी' में ही यहाँ आया। मगर यहाँ न ठहरने की जगह तय, न खाने का इन्तजाम। भटक रहे हैं। बेचारे विदेशी हिन्दी प्रेमी कष्ट उठा रहे हैं—हाय! (ब्रेक डाउन)। बाद में बाहर मेरे मित्र ने अश्कजी से कहा— आप इतनी फुर्ती से चल रहे हैं। खट-खट सीढ़ियाँ उतरते हैं। आप बिलकुल बीमार नहीं हैं। अश्कजी ने कहा—अरे, यार, कुछ लटके करना ही पड़ते हैं। मैं तो हिन्दी का एक 'ग्रीब' लेखक हूँ।

यानी डटकर गुटबन्दी थी। यह न दुख की बात है न अचरज की। यह हिन्दी का चरित्र है। इसकी रक्षा करना है, पूरी बेशर्मी के गर्व के साथ। बद इन्तजामी बेहद थी। विशाल स्टेडियम में कमरे ढूँढ़ने के लिए भटकना पड़ता था। यह भी दुख की बात नहीं है। हिन्दीवालों के हाथ में काम आएगा तब वह ऐसा ही सुन्दर होता है।

मुझे बताया गया कि विश्व हिन्दी-सम्मेलन इन्दिरा गांधी के इन्तजार से शुरू हुआ और उनके जाते ही खत्म हो गया। आधा घंटा माइक पर रत्नाकर पांडे

चिल्लाते रहे—अब विश्व नेता, हिन्दी की समर्थक श्रीमती इन्दिरा गांधी पधार रही हैं। जब वे पधार गईं तब बड़े भाई सुधाकर पांडे ने माइक ले लिया। उनका ध्यान दो जगह बँटा था—बोलने में और खिसकती धोती सँभालने में। उन्होंने इन्द्रप्रस्थ स्टेडियम को उठाकर महाभारत और उसके पहले के युग में स्थापित किया—यानी इन्दिराजी को 'चक्रवर्ती' बनाया। फिर 'हिन्दी को प्रतिष्ठा देनेवाली' महान नेत्री श्रीमती इन्दिराजी की प्रशंसा में प्रतिभा को उलीचा। सारा वातावरण 'इन्दिरा की जय' वाला था। यही रीति है।

सुधाकर पांडे कांग्रेस टिकिट पर राज्यसभा के सदस्य हैं। अपना भविष्य और उज्ज्वल करने का हर एक को अधिकार है। आखिर दिल्ली में एक केन्द्रीय मंत्रिमंडल भी तो है।

बाकी गोष्ठियाँ सूनी रहीं। लेखकों का डटकर अपमान हुआ। अपना सम्मान कराने भीतर जा रहे जैनेन्द्रकुमार को सुरक्षा पुलिस ने रोका, तो झटका झटकी में उनका कुरता फट गया। वे वैसे ही पहुँच गए।

यह साहित्य सम्मेलन नहीं था। भाषा सम्मेलन था। विचारणीय प्रस्ताव दो थे—1. हिन्दी को राष्ट्रसंघ की भाषा बनाना, 2. हिन्दी विश्वविद्यालय की स्थापना। कई विश्वविद्यालयों में हिन्दी के रिसर्च विभाग हैं। उनमें क्या हो रहा है ? अगर वे काफी नहीं हैं तो एक हिन्दी विश्वविद्यालय और खोलने से हिन्दी का क्या होगा ? खोल लो।

रही राष्ट्रसंघ में हिन्दी की बात। अन्तर्राष्ट्रीय भाषाएँ वे हुईं जिनके बोलनेवालों के साम्राज्य थे। अंग्रेजों का साम्राज्य था, तो अंग्रेजी अन्तर्राष्ट्रीय भाषा हुई। फिर महाशक्ति अमेरिका अंग्रेजी भाषी। फ्रांसीसियों का साम्राज्य था, तो फ्रेंच अन्तर्राष्ट्रीय भाषा। लेटिन अमेरिका में स्पेन का साम्राज्य था, तो स्पेनिश अन्तर्राष्ट्रीय भाषा। ये संयुक्त राष्ट्रसंघ की मान्य भाषाएँ हुईं। कई देश अरबी बोलते हैं, तो अरबी मान्य हुई। रूसी इसलिए मान्य हुई कि रूस महादेश और महाशक्ति है। चीनी भाषा को अमेरिका के दबाव से माना गया था। मगर कौन-सा चीन ? फारमोसा द्वीप जो अमेरिकी गुलाम था। तब 70 करोड़ की आबादी वाला साम्यवादी चीन संयुक्त राष्ट्रसंघ का सदस्य अमेरिका और पश्चिम यूरोप के विरोध के कारण नहीं बनाया गया। कई साल बाद साम्यवादी चीन सदस्य बना।

अब हिन्दी। हिन्दी बोलनेवालों का कोई साम्राज्य नहीं रहा। हिन्दी बाहर कैसे गई ? अंग्रेजी सरकार जहाजों में भरकर उत्तर प्रदेश तथा बिहार से सस्ते बँधुआ मजदूर अपने उपनिवेशों में ले जाती थी। ये कहलाते थे—'गिरमिटिया' यानी गारा-मिट्टी का काम करनेवाले। ये हिन्दी ले गए थे। ये अफ्रीकी देशों में ज्यादा हैं। इनके दम पर हिन्दी को कुछ हठी अन्तर्राष्ट्रीय भाषा मानते हैं। पर मारीशस जहाँ दूसरा विश्व हिन्दी सम्मेलन हुआ वहाँ की भाषा हिन्दी नहीं है। वहाँ फ्रेंच और स्थानीय बोली से मिली भाषा चलती है। श्रीकान्त वर्मा ने वहाँ कहा कि हिन्दी साम्राज्यवाद

विरोधी भाषा होगी। मैं पूछता हूँ कि अटलबिहारी वाजपेयी की लच्छेदार हिन्दी क्या साम्राज्यवाद विरोधी है ? या सत्ता में आने पर होगी ? हिन्दी में यह सामर्थ्य नहीं है। उसे समर्थ बनाने की कोशिश ही नहीं हुई। गौमाता की जय बोलकर हम उसे भूखी मारते रहे। 'जै हिन्दी' चिल्लाते-चिल्लाते हम उसे अक्षम बनाते रहे। तीसरी बात—प्रो. स्मेकल और प्रो. चेलीशेव ने ठीक कहा कि पहले अपने देश में तो हिन्दी को मान्य भाषा बना लीजिए, फिर उसे अन्तर्राष्ट्रीय बनाइए। विदेश सेवा में, कूटनीतिक सेवा में तमिल-भाषी भी हैं, बंगाली भी हैं। वे कहेंगे—हम राष्ट्रसंघ से बोलें क्या ? यह हिन्दी भाषा ही हमें नहीं आती! राष्ट्रसंघ में हिन्दी बोली जाएगी और कई भारतीय प्रतिनिधि अंग्रेजी का 'ईअर फोन' लगाकर हिन्दी का अंग्रेजी अनुवाद सुनेंगे। हिन्दी को सम्पन्न करने का एक तरीका है उर्दू-फारसी शब्द और मुहावरे लेने का। यह रास्ता बन्द। मुसलमानों की भाषा नहीं लेंगे। दूसरी तरफ कहते हैं—उर्दू तो हिन्दी की शैली है। अगर ऐसा है तो हिन्दी के पाठ्यक्रम में मीर और ग़ालिब पढ़ाइए। यह नहीं करेंगे। खुशी का समाचार है कि सागर विश्वविद्यालय में हिन्दी के पाठ्यक्रम में नजीर अकबराबादी को रखा गया है। दूसरा रास्ता है—बोलियों और लोक-भाषाओं का। कई सौ साल के अनुभवों से लोकभाषाओं के शब्द और मुहावरे बने हैं। इन्हें ले लेते तो भाषा समृद्ध होती। मगर शुद्धतावादी गँवारी नहीं आने देंगे। जो शब्द अंग्रेजी के आ गए हैं, आते जा रहे हैं उन्हें हिन्दी बना लेना चाहिए। उन्हें अपनी व्याकरण में ढाल लो, लिंग, वचन दे दो। लोग बोलते ही हैं—ट्रेनें लेट आ रही हैं। अपढ़ आदमी भी बोलते हैं—वाइफ का अबार्शन हो गया। इन्हें कौन रोक सकता है ? अगर लोक-मुहावरे को स्वीकार लिया जाता तो मजे में कहा जाता—पेट गिर गया।

मेरे शहर में पहले कॉलेज का नाम था—स्पेन्स ट्रेनिंग कॉलेज। उसे बदला 'प्रान्तीय शिक्षण महाविद्यालय'। इसके उच्चारण में कठिनाई हुई तो बोलने लगे—प्रा. शि. म.। यह भी जबान में अटकता है। तो अब उसे कहते हैं—पी. एस. एम.। रिक्शेवाले से कहो—प्रान्तीय शिक्षण महाविद्यालय जाना है। वह कहेगा—पता नहीं यह जगह कहाँ है। पर कहो—पी. एस. एम. जाना है, तो ठीक जगह ले जाएगा। लोग जो बोलेंगे, वह भाषा होगी। जिस पर चलेंगे वह सड़क होगी। दूर से निकलनेवाली कंक्रीट की सड़क से नहीं चलेंगे। पास की पगडंडी से चलेंगे।

पहले हिन्दी को देश के भीतरी मामलों में तो सम्पर्क भाषा बना लो। सम्पर्क भाषा तो यह बोली कई सदियों से पूरे देश की ऐतिहासिक विकास के कारणों से है। झगड़ा मान्यता का है, शासकीय स्तर पर!

मगर दूसरी तरफ हम अपनी जड़ों से उखड़ रहे हैं। अंग्रेजी के इतने किंडरगार्टन स्कूल। सवेरे लाल टाई बाँधे, उसी से नाक पोंछते पाँच-छह बच्चे रिक्शे में स्कूल चले जा रहे हैं। सैकड़ों रिक्शे ऐसे सड़कों पर दिखते हैं। ये किनके बच्चे हैं ? ये आगे

अंग्रेजी कान्वेंट में जाते हैं। मैं दावे से कहता हूँ कि विकट हिन्दी-भक्तों के, जो 'जय और हाय' हिन्दी सम्मेलन करते रहते हैं, बच्चे भी इन्हीं कान्वेंटों में पढ़ते हैं। उन्हें बढ़ाओ अंग्रेजी से और हिन्दी से अपने को। दोनों साधना हैं!

जो अंग्रेजी राज के जमाने में नहीं होता था, वह अंग्रेजों के जाने के बाद हो रहा है। निहायत दकियानूस, पवित्रतावादी लोगों के बेटा-बेटी के विवाह के निमंत्रण-पत्र यों छपते हैं—'मिस्टर एंड मिसेज राजकिशोर पांडे योर प्रेजेन्स—' ये कार्ड हिन्दीभाषियों में बँटते हैं। विलायत नहीं भेजे जाते। बंगाली और महाराष्ट्री अपनी भाषा को बहुत प्यार करते हैं, मगर उनके निमंत्रण-पत्र भी अंग्रेजी में छपते हैं। पच्चीस-तीस साल पहले ऐसा नहीं होता था। अब होता है। उस दिन दो हजार वेतनवाला बैंक का अफसर बैठा बात कर रहा था मेरे मित्र से। उसने शादी के लिए जो लड़की चुनी थी, उसे शादी के साल-भर पहले विशेष इंग्लिश इंस्टीट्यूट में अंग्रेजी पढ़ाने की शर्त रखी थी। वह अंग्रेजी में बोल रहा था—बात यह है कि हम आफिसर लोग हैं। हम लोगों के 'सोशल्स' होते हैं। पार्टियाँ होती हैं। तो 'इंग्लिश स्पीकिंग वाइफ' चाहिए। मैंने कहा—यू हैव बीन स्पीकिंग बैड इंग्लिश। हाऊ विल ए वूमन स्पीकिंग गुड इंग्लिश टालरेट यू!

जो पहले छोटे बनिए थे, वे 'जेसीज' हो गए हैं। मध्यम बनिए 'लॉयन' हो गए हैं। रोटरी से लेकर जेसीज तक ये सब गलत अंग्रेजी बोलते हैं। भद्दी अंग्रेजी। मगर हिन्दी नहीं बोलेंगे।

अंग्रेजी को इस देश से निकालने की बात नहीं कह रहा हूँ। अंग्रेजी का खूब अध्ययन होना चाहिए। कह यह रहा हूँ कि लोग सांस्कृतिक विकृति हो रहे हैं। सूट-टाई पहने हैं, अंग्रेजी बोलते हैं मगर मानसिकता मध्ययुगीन बल्कि महाभारत-कालीन है। लिबास, भाषा यूरोप की। यह चमड़ी के ऊपर ओढ़ी आधुनिकता है। मगर भीतर मानस में अत्यन्त पिछड़े हुए पुनरुत्थानवादी।

अजब सतहीपन है। डॉ. रामकुमार वर्मा ने रहस्यवादी कविताएँ लिखी हैं। वे कवि सम्मेलन में गाकर सुनाते हैं। बैठना उन्हें मंच पर है गादी पर। कुर्सी पर नहीं। मगर सूट-टाई में आए हैं। पेंट को धोती की तरह सिकुड़ाकर कंठ से विरहिणी आत्मा की पीड़ा गा रहे हैं। यह दृश्य हास्यास्पद नहीं, दयनीय था। मंच पर बैठना है तो धोती-कुरता या पाजामा पहनकर आने से छोटे कवि नहीं हो जाते। भोपाल में संगीत समारोह में देखा। कुमार गन्धर्व कुरता-पाजामा पहनकर चैन से मंच पर बैठ गए। अब्दुल हलीम जफ़र खाँ मलमल का कुरता और पाजामा पहने मजे गें तख्त पर बैठ गए। मगर अमजद अली खाँ सूट और टाई पहनकर पालथी मारकर अड़चन से बैठे। गोद में सरोद था, जो उन्हें बजाना था। क्या उन्हें यह समझ नहीं थी कि पाजामा पहनूँगा तो आराम से बजाऊँगा? या यह कुंठा थी कि सूट, टाई नहीं पहिने तो कम खूबसूरत दिखूँगा और छोटा कलाकार माना जाऊँगा! गहरे संगीत के

साथ समझ कैसी उथली। मैं ऐसे यशस्वी लोगों को इस हालत में देखता हूँ, तो आशंका से परेशान रहता हूँ कि खींचतान में कहीं पेंट के पीछे के टाँके न टूट जाएँ!

मतलब यह है कि अपनी भाषा से हम उखड़े जा रहे हैं, अपनी संस्कृति से उखड़े जा रहे हैं। पश्चिम के टुच्चे नकलची हो रहे हैं।

हिन्दी विश्वभाषा होगी, मगर भारत की भाषा नहीं रहेगी। भारतीय संस्कृति विश्व-संस्कृति होगी, पर भारत की संस्कृति नहीं रहेगी।

जहाँ तक इस सम्मेलन का सवाल है, भदन्त आनन्द कौसल्यायन ने कहा था— तप, तप से राज, राज से भोग, भोग से नरक!

नैतिकता का मोल

दूसरों के ईमान के रखवाले हर क्षेत्र में जैसे बढ़ रहे हैं, वैसे ही साहित्यिक क्षेत्र में। अपना ईमान किस्तों में ये नैतिकतावादी कबाड़ियों को बेचकर खलास कर चुकते हैं, तब सड़क पर चिल्लाते फिरते हैं—फलाँ ने अपना ईमान बेच दिया। अमुक अपना ईमान बेच रहा है, उसे रोको। रोक नहीं सकते तो उसे धिक्कारो! कुछ की हालत उस पुलिस-हवलदार जैसी है जो रात को किसी का माल चोरी करके घर में रख लेता है और फिर शहर में चोरी रोकने डंडा और सीटी लेकर निकलता है। या कोई उस सिपाही की तरह है, जो किसी घर से जेवर चुराना चाहता है, पर चुरा नहीं पाता, इसलिए चौकसी करने लगता है कि कोई दूसरा जेवर न चुरा ले। कोई ऐसे हैं, जिनके ईमान का कोई ग्राहक नहीं मिलता, तो वे चिल्लाते फिरते हैं—वह ईमान बेच दिया! इसका मतलब है—मेरे पास भी बेचने को माल है। महँगा-सस्ता निकाल दूँगा। ग्राहक सम्पर्क करें।

मगर ऐसे लेखक भी हैं, जो अपने ईमान की रक्षा करते हैं और दूसरे के ईमान को भी बचाना चाहते हैं।

पिछली बार मैंने लिखा था कि महादेवी वर्मा और नागार्जुन ने लखनऊ में इन्दिरा गांधी के हाथ से पुरस्कार ले लिया, तो इनकी आलोचना कुछ लोग कर रहे हैं। हर बार जब कोई राज्य सरकार लेखकों को पुरस्कार बाँटती है, ये विरोधी धिक्कार के स्वर उठाते हैं। मगर मैं पूछता हूँ—लेखक पुरस्कार लेने से पहले किससे स्वीकृति ले? कौन हाई कमान है? कोई नैतिक 'कोड' हमने बनाकर रखा है क्या इस मामले में? मुझे अगर चर्बी कांडवाले वनस्पति-उद्योगपति पुरस्कार देना चाहे तो मैं किससे स्वीकृति लूँ? प्रभात शास्त्री से! सुधाकर पांडे से? भैरवप्रसाद गुप्त से? राजीव गांधी से? राजेश्वर राव से? नम्बूदरीपद से? अटल बिहारी वाजपेयी से? चन्द्रशेखर से? मोरारजी भाई से? कोई ऐसी उच्चस्तरीय समिति भी लेखकों ने बनाकर नहीं रखी है, जिसके निर्णय से सब लेखक बँधे हों। हिन्दी में आठ-दस लेखक संगठन हैं। इनमें दो-तीन विचारधारा पर आधारित हैं, जिनमें कुछ अनुशासन है। बाकी में राम की चिड़ियाँ हैं, जो खेत ढूँढ़ती फिरती हैं।

जहाँ तक महादेवीजी का सवाल है, उन्हें बिना बहाना बनाए, बिना कैफियत के पुरस्कार लेना था। हर लेखक को अगर पुरस्कार लेना है तो उसे बिना बहाना बनाए लेना चाहिए। महादेवी को कोई जरूरत नहीं थी, कैफियत देने की। नागार्जुन पन्द्रह हजार ले गए। कोई कैफियत नहीं। 'सम्पूर्ण क्रान्ति' के दौर में वे चौराहों पर कविता पढ़ते थे—'इन्दिराजी क्या हुआ है, आपको? क्या भूल गईं अपने बाप को?' वे 'सम्पूर्ण क्रान्ति' को समाजवादी क्रान्ति समझकर जेल चले गए। वहाँ क्रान्तिकारियों को देखा, समझा। समझ गए कि गलत किया। जेल से छूटे अखबार में बयान दिया—'यह सम्पूर्ण क्रान्ति नहीं, भ्रान्ति है। मैं रंडियों और भडुओं की गली में फँस गया था। जेल में समाजवादी ऐसे थे जैसे छौंकी हुई दाल पर उतराते जीरे।' इस पर सम्पूर्ण क्रान्तिकारियों ने उनसे धौल-धप्पा भी किया। मगर तब से मैंने उनकी कोई कविता इन्दिरा गांधी की तारीफ में नहीं पढ़ी। वे पिछले छह-सात सालों से ज्यादातर राजनीतिक कविताएँ लिख रहे हैं, मगर उनमें सत्ता पक्ष और विपक्ष दोनों की आलोचना होती है। नागार्जुन पुरस्कार लेने के लिए किसकी मंजूरी लें?

हिन्दी लेखक तीन युगों में एक साथ जीता है—एक तो वह मध्ययुग के सन्त कवियों की तरह अपना आदर्शीकरण करता है। कुम्भनदास, कबीर, तुलसी की महिमा से मंडित करता है—'सन्तन कहा सीकरी सों काम?' या 'अब तुलसी का होंहिंगे नर के मनसबदार।' दूसरे वह अभी भी छायावादी रूमानी युग में अंशत: जीता है। थोड़ा-सा 'निराला' भी होना चाहता है। फिर अपने काल में जीता है—लाभ-हानि का हिसाब करता है। कहाँ से क्या मिलेगा यह पता लगाता है। उसे पाने की तरकीबें भिड़ाता है। वह अच्छा रहना, खाना-पीना चाहता है, सुख भोग करना

चाहता है। तो वह इस काँइयाँपन से पैसा लेना चाहता है कि 'माया महा ठगनी हम जानी' कहता हुआ सन्त भी बना रहे, छायावादी रूमानी भावुक बेपरवाही भी निभ जाए—और वास्तविक धन भी हाथ आ जाए, सम्मान भी मिल जाए। मुझे कुछ नहीं चाहिए। क्योंकि जबरदस्ती मेरे ऊपर धन और सम्मान लादते हैं। मैं तो निस्वार्थ वाणी की साधना करता हूँ। लिखना मेरी आत्मोपलब्धि है। यह कहके वह ड्राफ्ट जेब में रख लेता है।

दो शब्द इन कुछ सालों में खूब चले हैं—'व्यवस्था' और 'सत्ता प्रतिष्ठान'! राजनीति से दूर होने की कोई लेखक कितनी भी घोषणा करे वह राजनीति में है और उन लोगों से घटिया, गन्दी राजनीति में है जो अपनी राजनीति की खुली घोषणा करते हैं। व्यवस्था ? व्यवस्था तो समाजवाद के नाम से पूँजीवादी है। जो इसके विरोधी हैं, वे इसे बदलने के लिए संघर्ष करें। भारत के वर्तमान संविधान से समाजवाद नहीं आ सकता—यह बात भारत के प्रधान न्यायाधीश चन्द्रचूड़ ने भी स्पष्ट कही है। जो समाजवाद विरोधी हैं, पूँजीवाद को स्वीकारते हैं, वे पूँजीवाद के नैतिक मूल्यों को स्वीकारें। ये नियम स्पष्ट हैं—जहाँ से जो मिल सके झपटो, पैसे को भगवान मानो, काला धन कमाओ, घटिया माल बेचो, कालाबाजारी करो। इन्हें कोई हक नहीं है किसी से पूछने का कि तूने पुरस्कार क्यों ले लिया ? चोर, चोर को 'चार्ज शीट' नहीं देता। इन्हें डाकू माधोसिंह से भी पुरस्कार लेना चाहिए, ज्योति बसु से भी, तस्कर हाजी मस्तान से भी, बूचड़खाने से भी और विनोबा के पवनार आश्रम से भी। ये लेते भी हैं। ये भारत-पाक मैत्री के नाम से जनरल जिया के हाथ से खून के दाग लगा बैंक ड्राफ्ट ले लेंगे और इसराइल के शान्ति नोबल पुरस्कार विजेता मेनाचिन बेगिन से भी विश्व-शान्ति के नाम से खून में सने डालर ले लेंगे।

ये ऐसा करते भी हैं। मगर नैतिकता, लेखकीय स्वतंत्रता और व्यवस्था विरोध का हल्ला भी यही ज्यादा करते हैं। गाँव का सबसे दुराचारी सरपंच कहता फिरता है कि लोगों का चाल-चलन ठीक नहीं है।

अब 'सत्ता प्रतिष्ठान'। प्रतिष्ठान एक नहीं है। राजनीतिक प्रतिष्ठान के सिवा आर्थिक, सामाजिक, धार्मिक प्रतिष्ठान भी तो हैं। आर्थिक शक्ति ही राजनीतिक सत्ता प्रतिष्ठान बनाती है। स्वाधीन भारत में लेखक की स्वाधीनता, अस्मिता, व्यक्ति स्वातंत्र्य, प्रतिष्ठान से असहयोग आदि की बात उठने लगी थी 1952-53 से। सन् 1957 में प्रयाग में लेखकों का एक सम्मेलन हुआ था। इसके प्रेरणा व्यक्तित्व अज्ञेय और डॉ. लोहिया थे। जो अब बुजुर्ग हो गए हैं, वे प्रयागी युवा लेखक एक साथ अज्ञेय और डॉ. लोहिया के भक्त थे। अज्ञेय तब प्रौढ़ थे और अब वयोवृद्ध हैं।

तब यूरोप से 'लघु मानव' आ चुका था। अस्तित्ववादी मान्यता अकारण आ गई थी। अज्ञेय 'कांग्रेस फार फ्रीडम आफ कल्चर' के नेता थे। यह अमेरिकी पूँजीवाद का बौद्धिकों के बीच साम्यवाद विरोधी संगठन है। भारत में संस्कृति की पूरी आजादी

थी। संस्कृति को कोई खतरा जवाहर लाल नेहरू से नहीं था। व्यक्ति स्वातंत्र्य भी भारत में था। फिर व्यक्ति स्वातंत्र्य, लेखकीय स्वाधीनता, सांस्कृतिक स्वाधीनता के लिए इस सम्मेलन में इतनी चिन्ता प्रकट क्यों की गई? अज्ञेय 'कांग्रेस फार फ्रीडम आफ कल्चर' का प्रोपेगेंडा साहित्य छपाकर लाए थे, जो बाँटा नहीं गया। संस्कृति को आखिर भारत में कौन नष्ट कर रहा था? कौन संस्कृति को जेल में डाल रहा था।

सच यह है कि यह राजनीतिक सम्मेलन था, साहित्यिक नहीं। डॉ. लोहिया और उनके चेले घोर नेहरू विरोधी। अज्ञेय समाजवाद विरोधी। नेहरू समाजवाद की बात बार-बार करते थे, और यह भी कहते थे कि मेरा मतलब वायवी, भावात्मक समाजवाद नहीं, वैज्ञानिक समाजवाद है। पहली योजना में सार्वजनिक उद्योग क्षेत्र खुल गया था। दूसरी योजना में उसका विस्तार हो गया था या होनेवाला था। 'इंडस्ट्रियल पालिसी रेजूल्यूशन' 1955 में संसद में पारित हो गया था। 'मोनोपली' पर नियंत्रण का कानून बननेवाला था या बन चुका था। प्राइवेट उद्योग क्षेत्र को सीमित करना शुरू हो गया था। राष्ट्रीयकरण चालू हो गया था। नेहरू ने गुटनिरपेक्षता की नीति पक्की कर दी थी। सोवियत रूस से मित्रता अच्छी हो गई थी। भारत के अमेरिकी गुट में शामिल होने की सम्भावना खत्म हो गई थी।

इसलिए यह शोर था कि व्यक्ति की स्वाधीनता खतरे में है, लेखक की स्वाधीनता की रक्षा होनी चाहिए, लेखक सत्ता प्रतिष्ठान विरोधी होना चाहिए। संस्कृति की रक्षा करनी चाहिए। और सांस्कृतिक रक्षा नेहरू विरोध से होगी जो 'प्राइवेट सेक्टर' पर बन्दिश लगा रहा है और रूस से दोस्ती बढ़ा रहा है।

वैज्ञानिक समाजवाद का विरोध और प्राइवेट उद्योगों तथा पूँजीवादी विकास के समर्थन का अर्थ—संस्कृति की रक्षा! ये सारे भोले-भाले लघु मानव-पीड़ित लोग राजनीतिक और आर्थिक कारणों से तीर्थराज में एकत्र हुए थे, या घेरे गए थे। तभी से प्रतिष्ठान विरोध का नारा चल रहा है—हालाँकि लेखक अच्छी सरकारी नौकरियों में जाते रहे। सरकारी पुरस्कार पाते रहे, किताबें कोर्स में लगवाते रहे, फेलोशिप पाते रहे, विश्वविद्यालयों और सरकारी कॉलेजों में ऊँचे वेतन लेते रहे। गुरु-पत्नी के लिए सोने की चेन लेकर झूठी पी-एच. डी. दिलाते रहे।

कई लेखक इनसे भी भाग्यशाली निकले। वे औद्योगिक घरानों के पत्र-पत्रिकाओं में अच्छे वेतन और बोनस पर सम्पादक, उप-सम्पादक हो गए। उप-सम्पादक भी कार रखते हैं।

मैं इसे बिलकुल बुरा नहीं मानता। कोई लेखक कबीरदास और कुम्भनदास की तरह नहीं रह सकता। नौकरी करना उसकी जरूरत है। उसे अपना और बच्चों का पेट भरना है। कविता लिखने से पेट नहीं भरता। उसे अच्छी तरह जीना है।

मगर यह हर बार का शोर क्यों—वह लेखक बिक गया। उसने पुरस्कार ले लिया सरकार से। वह सत्ता प्रतिष्ठान से मिल गया।

मैं विनम्रता से पूछता हूँ—आप किससे मिल गए? या किससे मिलना चाहते हैं। अमेरिकी फेलोशिप लेकर पूर्व की संस्कृति का अध्ययन करके भारत को असभ्यों का देश बताना किस शक्ति के हाथ टुकड़े-टुकड़े होकर बिकना है। यह बिक्री होती रही है, या नहीं?

इस देश में संसदीय लोकतंत्र है। इसे सबने मान लिया है। फासिस्टी हिन्दूराष्ट्रवालों की राजनीतिक पार्टी भारतीय जनता पार्टी ने भी और वर्ग-संघर्ष की अनिवार्यता में विश्वासी कम्युनिस्ट पार्टियों ने भी। कम-से-कम रणनीति के रूप में या वास्तविकताओं की समझ में संसदीय लोकतंत्र मान लिया है। इसमें राज्यों में और केन्द्र में निर्वाचित सरकारें रहें। 'सत्ता प्रतिष्ठान' का अर्थ सिर्फ इन्दिरा गांधी नहीं है। सत्ता प्रतिष्ठान का अर्थ एन. टी. रामराव भी है, ज्योति बसु भी है, अर्जुनसिंह भी है, फारुख अब्दुल्ला भी है। ये सब जनता द्वारा निर्वाचित सत्ता प्रतिष्ठान हैं। इनके राज्यों की स्वायत्तता प्राप्त अकादमियाँ पुरस्कार देती हैं। केन्द्र में 'साहित्य अकादमी' भी है। सब जानते हैं कि इनकी स्वायत्तता सीमित है।

अब अगर किसी लेखक को किसी सरकार की अकादमी पुरस्कार देती है, मगर उस लेखक को वह सरकार पसन्द नहीं है तो वह पुरस्कार लेने के कारण बताकर इनकार कर दे। या यदि वह किसी राजनीतिक दल या लेखक संगठन में है तो उस दल या संगठन का आदेश मानकर पुरस्कार ले ले या इनकार कर दे। ज्याँ पाल सार्त्र ने नोबेल पुरस्कार नहीं लिया और इनकार के कारण बता दिए। आपातकाल लगाने के कारण जिन लेखकों ने सन् 1977 से 1980 तक की 'सुरक्षित' अवधि में इन्दिरा गांधी और कांग्रेस को लगातार गालियाँ दीं, उन्हें केन्द्र की सरकार के और कांग्रेस शासित राज्यों के पुरस्कार कभी नहीं लेने चाहिए। उन्होंने इन्दिरा गांधी को क्रूर, 'डिक्टेटर', हत्यारी, खून से रँगे हाथोंवाली कहा था। मगर ये सूरमा ले रहे हैं। तर्क देते हैं—यह तो जनता का पैसा है।

मैं यह मानता हूँ—जैसा किसी ने अभी लिखा है—कि लेखक यह कहकर बरी नहीं हो सकता कि पुरस्कार मेरे व्यक्तिगत लेखन पर मुझे व्यक्ति की हैसियत से मिला है। समाज मुझसे कैफियत नहीं ले सकता। फिर भी उससे पूछा जा सकता है कि तुमने इस अत्याचारी जन-विरोधी सरकार से पैसा क्यों लिया? बाहर से कोई चाहे जोर से नहीं पूछे, पर उसके भीतर यह सवाल उठेगा—जो बाहर की प्रतिध्वनि है।

इस समय सत्ता का अर्थ सिर्फ इन्दिरा गांधी हो गया है, हालाँकि आधे देश में उनकी पार्टी का राज नहीं है। यह हास्यास्पद है कि एन. टी. रामराव, रामकृष्ण हेगड़े, फारूख अब्दुल्ला भी इन्दिरा गांधी समझे जाते हैं। रामराव का दिया पुरस्कार भी इन्दिरा गांधी का दिया मान लिया जाएगा। लेखक कोई सीधे, सन्त प्राणी नहीं हैं। जो मानवतावाद की पवित्र चादर ओढ़े हैं वे भी किसी-न-किसी राजनीति से जुड़े हैं। ये काफी काँइयाँ लोग हैं। इनमें अधिकतर उस राजनीतिक गठबन्धन से जुड़े हैं जो

1977 में 'जनता पार्टी' था व अब जिसके दो अलग-अलग मोर्चे हो गए हैं। इन्हें इस देश का हर पुरस्कार इन्दिरा गांधी का दिया मालूम होता है। ये राजनीतिक कारणों से लेखकों से माँग करते हैं कि सत्ता प्रतिष्ठान का विरोध करो। अगर पुरस्कार लोगे तो पतित हो जाओगे। सवाल है—अगर प्रधानमंत्री अटल बिहारी वाजपेयी, चन्द्रशेखर, चरणसिंह, मोरारजी में से कोई हो जाए तब भी ये सिद्धान्त से यही रुख अपनाएँगे? ये तो अभी भी पुरस्कार ले रहे हैं और नारा बहिष्कार का लगा रहे हैं।

फिर हैं वे जिन्होंने यह मान लिया है कि सच्चे वामपन्थी और मार्क्सवादी हम कुछ ही हैं। बाकी झूठे, पतित और बिके हुए वामपन्थी हैं। इनकी शत्रु नम्बर एक वही राजनेत्री हैं। ये भी कंठ फाड़कर सत्ता प्रतिष्ठान विरोध के नारे लगाते हैं। पुरस्कार ले लेनेवाले या अपनी किताब सरकार को बेच देनेवाले लेखकों से ये सार्वजनिक नफरत करते हैं। पर खुद क्या करते हैं?

दोनों तरह के इन वीरों का आचरण देख लेना अच्छा होगा। एक प्रतिष्ठित कवि हैं। गांधीवादी हैं। आपातकाल में एक साहित्य सम्मेलन में उनका भी सम्मान करना था। वे नगर में आ गए थे। पर वे सम्मान कराने नहीं आए। बोले, मंच पर कांग्रेसी मंत्री होंगे। मैं इन्दिरा से और इन कांग्रेसियों से नफरत करता हूँ। जिस मंच पर ये होंगे, मैं नहीं जाऊँगा।

मगर इन्दिरा गांधी की ही अर्जुनसिंह सरकार ने जब उन्हें इक्कीस हजार का पुरस्कार दिया, तो वे भोपाल आ गए और गद्‌गद होकर ले लिया। आनन्दाश्रु ढल रहे थे। पहलेवाला सम्मान जिसे उन्होंने कांग्रेस के कारण ही अस्वीकार किया था, फूलमाला, चादर और श्रद्धा का था। कभी-कभी प्राप्ति कम होने से भी आत्मा में मानव-गरिमा गर्दन ऐंठने लगती है।

और एक घटना। एक अखिल भारतीय लेखक सम्मेलन में प्रदेश के मुख्यमंत्री स्वागत करने आ गए, उद्‌घाटन या अध्यक्षता करने नहीं। कुछ लेखकों को एतराज हुआ कि हमारे मंच पर मुख्यमंत्री क्यों? यह सत्ता से समझौता है। एकाध ने तो सम्मेलन में हिस्सा भी नहीं लिया। मुख्यमंत्री ने क्रान्तिकारी स्वागत भाषण दे डाला—'सर्वहारा की क्रान्ति, भेद की दीवारें तोड़ दी जाएँ' इत्यादि। तो काफी लेखक खुश थे। मैंने कहा—आप नाराज थे, तब भी गलत थे। अब खुश हैं तो भी गलत हैं। आप दूसरे प्रदेशों में विश्वविद्यालयों में प्रोफेसर हैं या सरकारी कॉलेजों में। यह मुख्यमंत्री न आपका तबादला कर सकता, न आपकी तरक्की कर सकता, न आपको सस्पेंड कर सकता। पर आपके प्रदेश का मुख्यमंत्री मंच पर आ जाए तो? माधवसिंह सोलंकी, विश्वनाथ प्रतापसिंह या जगन्नाथ पहाड़िया आ जाए तो? तो क्या करेंगे? मुख्यमंत्री दंगाग्रस्त क्षेत्र में जा सकता है, तो लेखकों के सम्मेलन में भी। अगर वह कहे कि मैं राज्य की ओर से लेखकों का स्वागत करना चाहता हूँ तो आप क्या यह कहेंगे कि आप यहाँ से भाग जाइए। यहाँ आप वीरता इसलिए बता रहे हैं

कि यह आपका मुख्यमंत्री नहीं है। फिर खुश होना भी गलती है। ये चतुर राजनीतिज्ञ हैं। एक ही व्यवस्थ. को चलानेवाले हैं। उन्होंने कहा है—भेद की दीवारें तोड़ दीजिए। अब आप दीवार तोड़ने जाइए तो यही आप पर लाठीचार्ज कराएँगे।

एक और अतिक्रान्तिकारी की मुद्रा वाले सत्ता विरोध की बातें करते रहे। तमाम गालियाँ देते रहे—प्रधानमंत्री, मुख्यमंत्रियों, मंत्रियों को। धिक्कार है उन लेखकों को जो इन्हें मानते हैं। हमारा संगठन तो कफन लपेटकर लड़ रहा है। मैंने कहा—आपके विश्वविद्यालय में अगर मुख्यमंत्री आ जाए और कुलपति आपसे कहे कि इनके गुणों का वर्णन करते हुए मान-पत्र लिख दीजिए, तो आप मान-पत्र लिखेंगे या नौकरी छोड़ देंगे ? वे चुप रह गए। मैंने कहा—मेरी सलाह पूछें तो मैं सलाह दूँगा कि आप मान-पत्र लिखें। नौकरी छोड़ देंगे तो आप अपना और परिवार का नाश करेंगे और उस 'मिशन' का भी नाश करेंगे जिसकी घोषणा आप करते हैं।

एक और परमवीर। इन्दिरा गांधी के कटु आलोचक। मंत्रियों को पतित घोषित करनेवाले, कम्युनिस्ट पार्टियों की भूलें बतलानेवाले। परम स्वतंत्र। परम अभिमानी। पर जब भी मैं मिलता, वे एक ही बात पूछते—पता नहीं तुम्हारा शिक्षा सचिव मुझसे क्यों नाराज है ?

एक और लेखकों के नेता। हठी, बदजबान, बदकलम। राजधानी में वे एक लेखक सम्मेलन में सरकार विरोधी घनघोर भाषण देते रहे। दूसरे दिन शिक्षा सचिव के बँगले पर गए और अपनी किताबों की थोक खरीद के लिए कहा। सचिव ने जवाब दिया—मैं क्या आपकी किताबें इसलिए खरीदूँगा कि आप खुद आए हैं और मुझसे कह रहे हैं। मैं तो वैसे भी खरीदता।

मैं यह तो कहता नहीं कि सत्ता से समझौता करो। बिलकुल मत करो। परम स्वतंत्र रहो। मगर यह प्रश्न बहुत जटिल है। बहुत सोच-समझ और विवेक की माँग करता है। जिसकी औकात नहीं है वह दावा मत करो। सार्वजनिक आचरण एक और प्राइवेट आचरण दूसरा मत करो।

करना है तो करो। पर फिर दूसरों को उपदेश देने की एक और तकलीफ क्यों करते हो ? बड़ा पसीना आता होगा आत्मा को यह दंड-बैठक लगाने में।

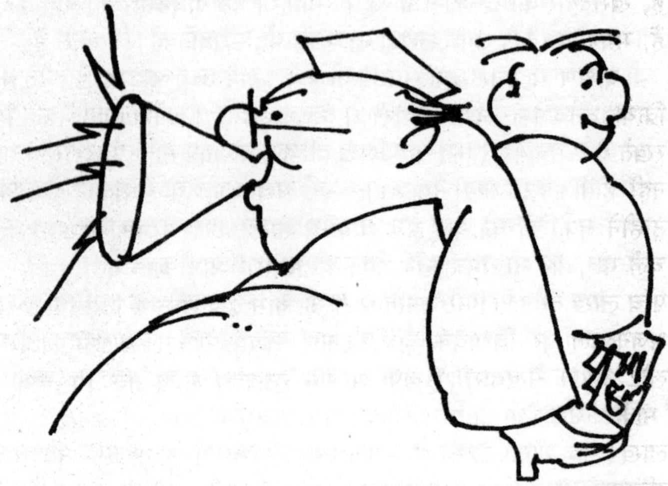

संस्कृति की रक्षा

मनीषियों से संस्कृति के बारे में आलोक ग्रहण करने में असफल तुलसीदास के कानों में फिर प्रधानमंत्री की चेतावनी गूँजती है कि हमें अपनी संस्कृति की रक्षा करनी चाहिए। हमारे ऊपर बाहर से सांस्कृतिक हमले हो रहे हैं। इस हमले से लड़ने के लिए, मैं सोचता हूँ, सांस्कृतिक रूप से स्वस्थ आदमी होने चाहिए। साथ ही सांस्कृतिक बमवर्षक, सांस्कृतिक मिसाइलें, सांस्कृतिक तोपें और टैंक होना चाहिए, सांस्कृतिक गोला–बारूद होना चाहिए। हमें सांस्कृतिक युद्ध–सामग्री की कैसी 'सप्लाई' हमारे उपदेशक राजनेता कर रहे हैं, जरा यह देख लें।

कर्नाटक में एक बिकाऊ विधायक की पतिव्रता रिपोर्ट करती है कि मेरे पति का अपहरण कर लिया गया है। कुछ दिन बाद फिर बयान देती है कि वह रिपोर्ट झूठी थी। मुझे डराकर वह रिपोर्ट कराई गई थी। अब फिर बयान बदल सकती है कि पिछला बयान दबाव में दिलवाया गया था। मेरा पति वास्तव में शुरू से ही गायब

है। उधर दूसरे विधायक की खरीद-फरोख्त का 'टेप' अन्तर्राष्ट्रीय प्रचार पा गया है। मुख्यमंत्री बार-बार चेतावनी देते हैं कि हमारे समर्थक विधायकों को खरीदने की कोशिश की गई, तो बहुत खराब नतीजा होगा। माल को चेतावनी नहीं दे रहे हैं, खरीददार को चेतावनी दे रहे हैं। यानी हमारे समर्थक तो बिकने को तैयार बैठे हैं, मगर किसी ने उन्हें खरीदा तो ठीक नहीं होगा।

दक्षिण से उत्तर आइए। हरियाणा में पहले बंसीलाल धमकी, हाथ-पाँव-तोड़ क्रिया, ब्लैकमेल, लोभ, खरीदी से विधायकों को बकरियों की तरह अपने बाड़े में रखते थे। ये बातें पचीसों बार अखबारों में छप चुकी हैं। ये बकरियाँ मिमियानेवाली नहीं होतीं। हर बकरी एक भालू है। बंसीलाल के उस्ताद निकले भजनलाल। उन्होंने बकरियों का पूरा झुंड थोक में खरीदा और सबको लेकर जनता पार्टी में चले गए और मुख्यमंत्री बन गए। अखबारों में छपा था एक विधायक की कीमत पाँच लाख दी गई। फिर जनता पार्टी का तारा ढाई साल में दिल्ली में अस्त हुआ तो भजनलाल पूरे विधायक झुंड, दफ्तर, कुर्सी-टेबिल, फाइलें लेकर कांग्रेस में लौट आए। अखबारों में छपा था कि रेट तीन लाख तक गिर गया था। पहले 'मार्केट' टाइट था तो पाँच लाख। अब बाजार में माल-ही-माल है, तो सिर्फ तीन लाख। तब फोटो छपा था—भजनलाल आदि मुस्कुराते हुए कतार में खड़े हैं, इन्दिराजी मुस्कुराते हुए हाथ जोड़े हैं। कहती हैं—अरे, आप लोग तो अपने ही जाने-पहचाने लोग हैं।

इन्दिराजी ने यह नहीं कहा—बेईमानो, मुझे सूरत मत दिखाओ।

क्यों नहीं कहा ऐसा? इसलिए कि यही राजनीतिक संस्कृति है।

और इन्दिराजी हम आम आदमियों का आवाहन कर रही हैं कि संस्कृति की रक्षा करो।

तुलसी कहता है—अगर यह अपनी राजनीतिक संस्कृति ब्रिटेन को प्रभावित कर दे, तो उनका छह-सात सौ सालों का संसदीय लोकतंत्र खत्म। जो चेतावनी इन्दिराजी दे रही हैं, वह मार्गरेट थैचर को अपने देशवासियों को देनी चाहिए—भारत में आ रही संस्कृति से अपनी रक्षा करो! यह हमारे लोकतंत्र के लिए खतरा है!

हर राज्य में विधायक बिकाऊ हो गया है। जो गुट उसे दो-चार लाख दे दे, मंत्री या उपमंत्री बना दे, पैसा खाने की छूट मिल जाए, तो वह वहाँ चला जाएगा। कहाँ सिद्धान्त, कहाँ कार्यक्रम, कहाँ ईमान।

भारत में राजनीतिक 'विपक्ष' नाम की कोई चीज नहीं है। विकल्प नाम की कोई चीज नहीं है। यहाँ दो वामपन्थी और एक दक्षिणपन्थी संगठित पार्टियाँ हैं। इनके सिवा व्यक्ति हैं, जिनके नाम से या जिनके आसपास कुछ लोग हैं। इसे ये 'पार्टी' कहते हैं। इनकी पार्टी नहीं, भीड़ है। इन्हें नकारात्मक वोट मिलते हैं। ये वोट आशा के नहीं, निराशा के हैं। नीम खाते-खाते ऊब गए तो कड़वा चिरायता खा

लिया। ये 1977 से 1980 तक शासन करके एक-दूसरे को पूरी तरह नंगा कर चुके हैं। अभी भी ये आपस में कहते हैं—तू झूठ बोलता है। नहीं, तू झूठ बोलता है। अब इसी पर बहस चल रही है कि यह तय हुआ कि नहीं कि मोरारजी भाई और जगजीवनराम ढाई-ढाई साल प्रधानमंत्री रहेंगे। जो बता सकते थे, वे दोनों मर चुके—जयप्रकाश नारायण और कृपलानी। इसलिए अँधेरे में एक गुट दूसरे गुट को धुनक रहा है।

सिद्धान्त, नैतिकता, मूल्य, ईमान सब इस राजनीति से गायब हो चुके। राजनीतिक संस्कृति सड़ चुकी। किसी छोटे से बड़े नेता तक को आज ईमानदार और सिद्धान्तवादी कहने में खतरा है। सुननेवाला गुस्से से चाँटा मार देगा। किसी को विश्वास नहीं है।

यह आकस्मिक नहीं है। यह एक ऐतिहासिक प्रक्रिया की तार्किक परिणति है। 1947 में जो व्यवस्था स्वीकार की थी, उसमें ये खतरे निहित थे। ऐसा होना ही था, सो हो रहा है। प्रधानमंत्री सांस्कृतिक क्षेत्र में घुसपैठ से तो चिन्तित हैं, मगर उन्हें खास चिन्ता होनी चाहिए बाहरी राजनीतिक घुसपैठ से, जो देश की अस्मिता को मिटा देगी।

सामाजिक और आर्थिक न्याय की ऐसी पक्की व्यवस्था के बिना, जो बद्धमूल जीवन-पद्धति बन जाए, पूँजीवादी लोकतंत्र और विकास मार्ग को अपनाने का नतीजा यह होगा कि सारे मूल्यों का विघटन और नाश हो जाएगा, और सिर्फ एक जीवन-मूल्य हर क्षेत्र में रह जाएगा—धन-प्राप्ति। इस समय एक ही जीवन-मूल्य रह गया है—सही या गलत तरीके से बिना मेहनत के छल, कपट, भ्रष्टाचार से पैसा इकट्ठा करो। एक ही संस्कृति है—बेईमानी से पैसा इकट्ठा करना। किसी भी समाज में अलग-अलग क्षेत्रों में अलग-अलग जीवन-मूल्य नहीं होते। सम्पूर्ण जीवन-मूल्य (टोटल वैल्यूज) होते हैं। ऐसा नहीं हो सकता कि बाजार में कालाबाजारी हो और इनकम-टैक्स विभाग में कोई भी घूस न लेता हो। राजनीतिक भ्रष्टाचार से राजनीति-पुरुष और देवियाँ ऐश कर रहे हैं और सम्पत्ति बना रहे हैं, तो बाजार में मुनाफाखोरी है, कचहरी में मजिस्ट्रेट के सामने बैठा रीडर नोट ले रहा है, जंगल अफसर ठेकेदार से पैसे लेकर लकड़ी कटवा रहा है, अस्पताल में, डॉक्टर को घर जाकर पैसे न दो तो मरीज भरती नहीं किया जाएगा, भरती हो भी गया तो बिना पैसा दिए डॉक्टर उसकी तरफ नहीं देखेगा, योजनाओं का लोहा-सीमेंट कालाबाजार में बिकता है, अकाल राहत-कामवाले भूखों का अनाज ही नहीं, मवेशियों का घास तक खा जाते हैं, लोककर्म विभाग, सिंचाई विभाग का मामूली इंजीनियर पचास हजार रुपए जेब में रखकर घूमता है, पाँच साल की नौकरी में उसका बँगला बनता है, सरकारी इमारत दो साल में टूटने लगती है क्योंकि अफसर और ठेकेदार मिलकर सीमेंट खा गए, पुलिस, आबकारी की कमाई का हिसाब नहीं, ट्रस्टों के भ्रष्टाचार का कीर्तिमान गांधी शान्ति प्रतिष्ठान ने बना दिया, गांधीजी का चश्मा ही

गायब है, जनसेवक का काम पैसा खाकर लोगों के काम सरकार से कराना है, चार-चार पृष्ठों के जब तब अखबार निकालनेवाले पत्रकारों ने 'ब्लैकमेल' करके लाखों कमा लिए हैं। बड़ों की बात और बड़ी होगी। बेकार, गरीब फटेहाल का नाम सौ रुपए दिए बिना रोजगार कार्यालय में दर्ज नहीं होता, दहेज का मुफ्त पैसा पाने के लिए बहू जला दी जाती है, मन्दिर, मठ, भ्रष्टाचार के अड्डे हैं, अध्यापक पढ़ाते नहीं हैं, विश्वविद्यालयों में पैसे लेकर झूठी डॉक्टरेट दिलवाते हैं। यह सर्वव्यापी है।

सवाल है—यह सब होते हुए वह कौन-सी संस्कृति है, जिसे हम अपनाए हुए हैं और जिसकी रक्षा करना चाहते हैं। पश्चिम इस तरह का कौन-सा हमला कर रहा है, जिससे हमारी संस्कृति को खतरा है? हजारों साल प्राचीन जिस भारतीय संस्कृति की हम जय बोलते हैं, उसका प्रतिफलन क्या यही ठीक है, जो मैंने ऊपर बताया है? हम खुद तो उस महान् संस्कृति का नाश कर रहे हैं और चिल्ला रहे हैं कि विदेशी हमारी संस्कृति का नाश कर रहे हैं।

रूढ़ियाँ संस्कृति नहीं हैं। सारी परम्पराएँ पालते जाना भी संस्कृति नहीं है। परम्पराएँ छूटती जाती हैं और नई परम्पराएँ ग्रहण की जाती हैं। कभी यौन-शुचिता संस्कृति का इतना बड़ा तत्त्व माना जाता था कि पति की चिता पर पत्नी को डालकर जला देते थे। आगे यह हुआ कि जबरदस्ती विधवा को भाँग-धतूरा पिलाकर पति की चिता में जला देते थे, क्योंकि उसकी जायदाद पर कब्जा करना था। बहुत-से सुशिक्षित हिन्दुओं का भी यह विश्वास है कि 'पतिव्रता' सिर्फ हिन्दू स्त्री होती है। पश्चिम की स्त्री बदचलन होती है। यह मूर्खतापूर्ण अहंकार और अज्ञान है। पश्चिम में भी हमारी तरह पति-पत्नी सम्बन्ध होते हैं और संश्लिष्ट परिवार होते हैं। कुछ लोग तो धोती पहनने को ही भारतीय संस्कृति मानते हैं। मगर संस्कृति की इस फर्राती धोती को पहनकर कोई कारखाने में मशीन चलाए, तो वह मशीन में फँस जाएगी और मैकेनिक की संस्कृति से बोटी-बोटी कट जाएगी। कारखाने में जनेऊ पहनकर भी पैंट पहनना चाहिए। सूट और टाई भी संस्कृति नहीं है। भारत की जलवायु में कुल ठंड के तीन महीने 'थ्रीपीस सूट' पहन सकते हैं। बाकी नौ गर्म महीनों में यह बड़ी अड़चन की पोशाक है। मगर लगातार सूट और टाई पहने जाते हैं। उपनिवेशवाद के कारण यह अन्तर्राष्ट्रीय पोशाक हो गई है। भारतीयों पर गोरी जाति ने राज किया और भारतीय गोरी जाति को आदर्श मानकर उसकी नकल करने लगे। रहन-सहन, लिबास, कमोड और छुरी-काँटे की नकल। इसके साथ ही गलत अंग्रेजी, बर्थ डे केक, हैपी डिवाली टु यू! यह उपनिवेशवाद की हीनता की भावना है। यही हीनता, गोरी जाति की यही पूजा, सुन्दर भारतीय लड़कियों को छोड़कर, कुरूप और गन्दी 'पीसकोर' की अमेरिकी गोरी लड़की से भारतीय बुद्धिजीवी की शादी कराती है। बाद में वह अमेरिका जाकर छोड़-छुट्टी कर लेती है। मगर यह

भारतीय बुद्धिजीवी बाकी भारतीयों पर तुच्छ नजर डालकर कहता है—'यू बैकवर्ड इंडियन्स! इंडियन लड़की से ही शादी करोगे! देखो, मैंने महान गोरी जाति की लड़की पटाई है।' यह बात हीनता की भावना की है। जो नस्ल से ही अपने को हीन माने, उसके लिए संस्कृति का कोई मतलब नहीं।

और चिन्ता यह है कि ऊषा उथुप हावभाव से 'पाप' संगीत गाती है। 'पाप' यानी पापुलर, लोकप्रिय। इंग्लैंड में मोजार्ट, बाख, वैनगर से ऊबे, और विक्टोरियन नैतिकता से त्रस्त युवक-युवतियों ने 'पाप' गाना शुरू किया था। भारत में भी तो साधारण श्रेणी के श्रोता दो-दो घंटे के कर्कश स्वर के राग से ऊबे हैं—गाते-गाते शास्त्रीय गायक खाँस-खखार लेता है और नाक भी छिनक लेता है। यह संगीत लोक तक नहीं पहुँचता। लोक इसे समझता भी नहीं है, इसलिए फिल्मी गाने चौबीस घंटे बजते हैं। इसके साथ ही 'डिस्को' आ गया। अन्तर्राष्ट्रीय मुद्राकोष और विश्वबैंक से अमेरिकी डालर लेते जाएँगे, तो बहुराष्ट्रीय कम्पनियों से 'डिस्को' खरीदना ही पड़ेगा। यह भी महसूस करना चाहिए कि सबकुछ अन्तर्राष्ट्रीय होता जाएगा।

संस्कृति न रूढ़ि है न गलत-सही परम्परा। नृत्य, संगीत, नाट्य, गान संस्कृति नहीं, संस्कृति के उपादान हैं। ये मनुष्य की पाशविक प्रवृत्तियों का उदात्तीकरण करते हैं, उसकी आत्मा को ऊँचा उठाते हैं, उसकी संवेदना को जगाते और विस्तार देते हैं, उसे विराट मानवता से जोड़कर उसे बेहतर मनुष्य बनाते हैं। जितनी देर मग्न होकर मनुष्य संगीत सुनता है, उतनी देर उसके मन में मैल नहीं रहता, द्वेष नहीं रहता, हीन भाव नहीं रहता। वह सुसंस्कृत अच्छा मनुष्य रहता है। लगातार संगीत, नृत्य, नाट्य से मनुष्य अच्छा बनता है। वह अहं को त्यागता है, संवेदनशील होता है। इसीलिए संगीत, नृत्य, नाट्य, चित्रकला को संस्कृति के साधन माना गया है। मगर ये संस्कृति नहीं है।

संस्कृति जीवन-मूल्यों का समुच्चय है। ऐतिहासिक विकास की प्रक्रिया में मनुष्य जातियाँ इन कल्याणकारी मंगलमय जीवन-मूल्यों को खोजती हैं, अंगीकार करती हैं और जीवन में प्रतिफलित करती हैं। ये जीवन-मूल्य आभिजात्य वर्ग के द्वारा खोजे और अंगीकार किए जाते हों, यह बात नहीं है। सामान्य लोक जीवन में ये मूल्य खोजे जाते हैं और लोक-संस्कृति तमाम उच्चवर्गीय झंझटों और विकृतियों के बावजूद प्रवहमान रहती है। गाँव की अनपढ़ स्त्री मिट्टी की दीवार पर गेरू से आकृतियाँ बनाती है। उससे पूछो तो वह कहेगी—इससे सबका मंगल होता है। मेरी अपढ़ बुआ पूजा के बाद कहती थी—हे भगवान, सबकौ भलौ करियौ और तिनके पीछे हमारौ भलौ करियौ। सबका मंगल पहले हो और मेरा बाद में—यह भावना उस अपढ़ वृद्धा ने किसी शास्त्र से या संस्कृतियों के मनीषी से नहीं सीखी थी। दीर्घकालीन लोक-संस्कृति से अपने आप यह भावना आई थी।

यह जो भारतीयता और भारतीय संस्कृति की रक्षा का इतना हल्ला है इसका परिणाम एक तो यह निकला है कि देश के चारों कोनों में पुनरुत्थानवाद का घनघोर प्रचार हो रहा है। यह सुनियोजित ढंग से चल रहा है। संगठन है, जो बड़े मनोवैज्ञानिक ढंग से, नियोजित ढंग से पुनरुत्थानवाद ला रहे हैं और इसी को संस्कृति कहते हैं। पुनरुत्थानवाद आधुनिकता का शत्रु है। वह तर्क, विवेक, वैज्ञानिकता का शत्रु है। वह अन्धविश्वास और भाग्यवाद लाता है। इसकी जकड़ में सबसे अधिक वे लोग हैं, जिनसे आधुनिकता लाने की हमने आशा की थी—यानी सुविधासम्पन्न मध्यवर्गीय बुद्धिजीवी। घनघोर कर्मकांड हो रहे हैं। जगह-जगह यज्ञ होते हैं। प्रोफेसरानी सिर पर मंगलघट लेकर कतार में वहाँ जाती हैं। जहाँ देखो वहाँ साधु, तांत्रिक, स्वामी, ब्रह्मचारी और सदाचारी और योगी बैठे हैं। अपढ़ गँवार कुटिल स्वामी और योगी बड़े-बड़े राजनेताओं को भक्त बनाए हैं, मंत्रीगण इनकी पूजा करते हैं, इनसे कराते हैं। ये छली, फरेबी, विद्याहीन साधु सचिवालयों पर कब्जा किए हैं। कारण है—नेतावर्ग आत्मविश्वास खो चुका और जनता के प्रति अपराध-बोध से पीड़ित है।

महाभारत का रथ निकलता है और शीशियों में गंगाजल बिकता है।

बहुत खतरा देश को इस बढ़ते पुनरुत्थानवाद की आँधी से है। इसके साथ खास रंग की राजनीति भी जुड़ी है। यह पुनरुत्थानवाद हमारा सांस्कृतिक संकट है।

ऐसा ही सांस्कृतिक संकट अमानवीकरण की तेज गति है। सामाजिक, आर्थिक न्याय के अभाव में एक 'स्टेज' पर निर्वासन और अमानवीकरण आता ही है। पश्चिम का प्रभाव न आता, तो भी कुछ हद तक देशी 'अमानवीकरण' होता ही। पूँजीवादी पश्चिम से एक 'रेडीमेड' अमानवीकरण का नमूना हमें मिल गया। अमानवीकरण यानी मानवी सम्बन्धों को नकारना और पशु-स्तर पर जीना। हमारे नवधनिक वर्ग ने जहाँ पश्चिमी जीवन-पद्धति अपना ली है, वहीं स्वाभाविक परम्परागत मानवी सम्बन्धों को भी त्याग दिया है। इस वर्ग की जीवन के प्रति पशु जैसी दृष्टि हो जाती है। चीता अपने लिए जीता है। मादा से सेक्स-सम्बन्ध केवल शरीर-स्तर पर—सम्भोग के बाद मादा से कोई सम्बन्ध नहीं। अपने लिए जानवर मारता है और अकेला उसे खाकर सो जाता है। चीते की कोई संस्कृति नहीं होती।

अमानवीकरण में भी इस नवधनिक वर्ग का हाल चीते जैसा हो गया है। अपने लिए पैसा कमाना और उसका सिर्फ आप ही भोग करना। सामाजिक दायित्व कुछ नहीं। दूसरे मनुष्य के प्रति कोई भावना नहीं। परिवार में भी सम्बन्ध टूट जाते हैं। पत्नी से कोई भावात्मक लगाव नहीं क्योंकि 'सेक्स' वह खरीद लेता है। बच्चों के प्रति प्रेम नहीं। यही रुख बीवी और बच्चों का। जो चीज अपने काम की नहीं वह बेकार। अमेरिका में माँ-बाप 'जंक' (पुराना रद्दी माल) हो गए हैं। ऐसा माल कबाड़ी को बेचा जाता है। पर कबाड़ी बूढ़े-बूढ़ी को खरीदता नहीं है, तो वे बूढ़ों के अनाथालयों में रहते हैं। भारत में इस वर्ग के माँ-बाप 'जंक' हो गए, नए

श्रवणकुमारों के लिए। यह अमानवीकरण बढ़ गया है, उच्च-मध्यम वर्ग में। संस्कृति का यह क्षय तेजी से हो रहा है।

बाकी चिन्ता की क्या बात? संस्कृति में अग्रणी बंगाल में ये एक साथ चल रहे हैं—सन्तोषी माँ, डिस्को, पाप संगीत, रामकृष्ण परमहंस, कैबरे, रवीन्द्रनाथ, कालगर्ल, विवेकानन्द और कार्ल मार्क्स भी।

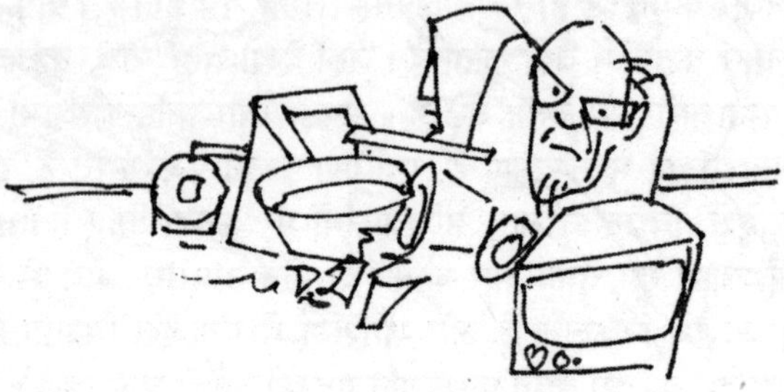

अब यह भारतीय संस्कृति!

इधर प्रधानमंत्री बार–बार अपनी संस्कृति की रक्षा की बात कर रही हैं और विशेष जोर से पश्चिम के 'सांस्कृतिक उपनिवेशवाद' के प्रयत्नों से सचेत कर रही हैं। कुछ प्रमुख बुद्धिजीवी इस सम्बन्ध में लिख रहे हैं कि भारतीय संस्कृति की रक्षा करनी चाहिए। मेरे लिए यह भारतीय संस्कृति विशेष रूप से साकार है। मैं देखता हूँ, प्रतिष्ठित शरीफ कहलानेवाले घरानों के लड़के लड़कियों का दुपट्टा छीन लेते हैं, उनका ब्लाउज फाड़ देते हैं और लोग इसे अनदेखी करके निकल जाते हैं। यह फलित संस्कृति है। 'गणित' संस्कृत पोथियों में है, रविशंकर के सितार में है, इन्द्राणि रहमान की नृत्य–मुद्राओं में है, बिरजू महाराज की थिरकन में है, नन्दलाल बोस के चित्रों में है, रवि ठाकुर के काव्य में है और है म्यूजियमों तथा संग्रहालयों में। फलित संस्कृति यह, सड़क पर है। जहाँ नारी पूजी जाती है वहाँ देवता रमते हैं— इसका आचरण हम देखते हैं और बिना हस्तक्षेप के निकल जानेवाली नपुंसक

सुसंस्कृत जाति के दर्शन करते हैं। पति के मरने के बाद विधवा को भाँग–धतूरा पिलाकर परिवार के लोग, पति की चिता में डालकर 'सती' कर देते रहे हैं जिससे उसकी जायदाद पर कब्जा कर लें। यह भी भारतीय संस्कृति। और भैंस काली, मगर दूध सफेद देती है—यह भी भारतीय संस्कृति।

किससे पूछूँ कि क्या है, भारतीय संस्कृति!

तुलसीदास को याद आया, अभी अज्ञेय एंड पार्टी ने 'जानकी जीवन यात्रा' की है। और याद आया सन् 55–60 के बीच अज्ञेय ने अमेरिकी फाउंडेशन की फैलोशिप देकर दक्षिण पूर्व एशिया की संस्कृति का अध्ययन किया था। अमेरिकी फैलोशिप में किया गया संस्कृति का अध्ययन विशेष महत्त्व का होता है। यह सी. आई. ए. के काम भी आ सकता है। अज्ञेय के आसपास सांस्कृतिक दल है।

तुलसी अज्ञेय के पास पहुँचा। वहाँ और भी गुणीजन थे। पंडित विद्याविनाश मिश्र थे, जो अतीत के किसी 'स्वर्ण युग' में रहते हैं। उनके ललित निबन्धों को पढ़ने से ऐसा लगता है कि उनका विश्वास है कि सुन्दरी तरुणी अभी भी अशोक वृक्ष पर पदाघात करे, तो वह पुष्पित हो जाएगा। इधर दो बँगलों में अशोक वृक्ष हैं। मुहल्ले में सुन्दरी तरुणियाँ भी हैं। किसी से कहूँगा कि अशोक को लात मार तो वह फूलों से लद जाएगा। कोई तरुणी शायद इसे बेवकूफी समझकर मेरी हँसी उड़ाए। यहाँ कदम्ब भी तो है। पर कोई कृष्ण चीरहरण करके उसके ऊपर नहीं बैठता, गुंडे चीरहरण करके पुलिस से पिटते हैं।

वहाँ शंकरदयाल सिंह भी थे जिन्होंने जानकी जीवन यात्रा का प्रबन्ध किया था। गद्‌गद और उद्वेलित व्यक्तित्व हैं। सबके प्रति उद्वेलित हो जाते हैं। आपातकाल में पंडित द्वारकाप्रसाद मिश्र के प्रति उद्वेलित होकर इधर जबलपुर उनसे देश का भविष्य पूछने आए थे, जिनका भविष्य इन्दिरा गांधी ने बीच में ही भूत कर दिया था। पर शंकरदयाल सिंह उद्वेलित व्यक्तित्व हैं—

हम इश्क के बन्दे हैं, मजहब से नहीं वाकिफ
गर काबा हुआ तो क्या, बुतखाना हुआ तो क्या

और थे नरेश मेहता। प्यारे आदमी। सन् 50 से मैंने इन्हें अज्ञेय के कट्टर विरोधी के रूप में देखा है। मगर रहन–सहन में अज्ञेय की नकल भी करते रहे हैं। अज्ञेय बगल में बटनवाला कुरता पहनते थे, तो नरेश मेहता भी बगल में बटनवाला कुरता। 'सुनो वनपाखी' को बहुत साल हो गए। इस बीच नरेश मेहता ने बहुत अच्छा लिखा है। वे हिन्दू राष्ट्रवाद और संस्कृति में डूब गए हैं। उनकी संशय की रात समाप्त हो गई। एशिया में अमेरिका द्वारा जो 'नास्तिकों' की कूटनीतिक और सैनिक घेराबन्दी की जा रही है उससे बाला साहब देवरस और अटल बिहारी वाजपेयी की श्रद्धा जनरल जिया उल हक पर हो गई है। अब देवरस भाषणों में उस मोहम्मद इकबाल की पंक्तियाँ बोलते हैं जिसके बारे में कहा जाता है कि पाकिस्तान

का विचार उसी का दिया हुआ है। देवरस सभाओं में कहते हैं—

कुछ बात है कि हस्ती मिटती नहीं हमारी
कब से रहा है दुश्मन दौरे जहाँ हमारा

यह 'कुछ बात' जिससे हमारी हस्ती नहीं मिटती, संस्कृति है। पर 'संस्कृति' का अर्थ इनके लिए दूसरा है। नरेशजी के लिए अब यही अर्थ हो गया है।

बहरहाल, बात तो शुरू करनी थी। तुलसी ने अज्ञेय से कहा, "अब आप 'शूर्पनखा जीवन यात्रा' कीजिए लंका से दंडकवन तक, जहाँ लक्ष्मण ने उसकी नाक काटी थी। नीरस हृदयहीन था लक्ष्मण! आपको वहाँ कहीं शूर्पनखा का रक्त मिलेगा। पर इस यात्रा में कागभुशुंड और गरुड़ को साथ रखिए। ये दोनों 'इनफर्मेशन ब्यूरो' हैं।"

विद्याविनाशजी ने पूछा, "कागभुशुंड और गरुड़ कहाँ पाएँगे?"

मैंने कहा, "नागार्जुन और अश्क तो हैं।"

अज्ञेय का सुन्दर मुख मलीन हो गया। वे बोले नहीं। नरेश मेहता ने कहा, "दोनों अज्ञेयजी पर हमला करते हैं। उन दुष्टों को साथ क्यों ले जाएँगे?"

शंकरदयाल सिंह, "देखिए नरेशजी, बाबा नागार्जुन हमारे बिहार के गौरव हैं। उन्हें दुष्ट न कहिए। हम आपको 'शूर्पनखा जीवन यात्रा' पर नहीं ले चलेंगे। हम कार नहीं देंगे।"

नरेश मेहता, "नहीं ले जाओगे, तो मैं जनवादियों के खेमे में चला जाऊँगा।"

अज्ञेय, "देखिए, नागार्जुन लिखते हैं कि हमने शब्द, स्पर्श, रस, रूप, गन्ध की क्षमता खो दी, इसलिए ऐसी यात्राएँ करते हैं। पर मैं तो शुरू से यायावर रहा हूँ। यात्राओं से संस्कृति का बोध बढ़ता है। चेतना आती है।"

तुलसी, "हाँ, मुझे याद है। 68-69 की बात होगी। आप लम्बे अरसे से विदेश में रहकर लौटे थे। पालम से आप टैक्सी से घर आए। आपको लगा कि टैक्सीवाले ने पहले से ज्यादा पैसे ले लिये। फिर कनाट प्लेस में अपने जूतों पर पालिश करवाया। पालिशवाले ने पहले से कुछ अधिक पैसे ले लिये। आपको क्षोभ हुआ। आपने कुछ इस तरह एक पत्र में लिखा था। मैंने पढ़ा था। शीर्षक था—'वापसी का दर्द'। आपने लिखा था—कैसे हैं ये लोग? एक आदमी एक अरसे बाद देश लौटा है। उसके साथ ऐसा व्यवहार! लिखा था न!"

अज्ञेय, "हाँ, लिखा था। मैं वास्तव में क्षुब्ध था कि मेरी अनुपस्थिति में देश के लोगों का कितना सांस्कृतिक पतन हो गया है।"

तुलसी, "पर आपने तब यह नहीं सोचा, न अब सोच रहे हैं कि पेट्रोल के और पालिश की डिब्बी के दाम बढ़ गए थे। उधर गेहूँ और दाल के भी दाम चढ़ गए थे। इसलिए गरीब पालिशवाले ने आपसे पच्चीस पैसे ज्यादा लिये। उसका सांस्कृतिक पतन नहीं हुआ था। पर आपका गुस्सा उसी गरीब पर था। बात यह है कि गेहूँ, चावल, दाल, नमक, प्याज के भाव आपको कभी मालूम नहीं रहे। ऐसी जानकारी

को आपने असांस्कृतिक माना। यह आत्मकेन्द्रित भ्रम की महिमा संस्कृति से पैदा होती है ?''

अज्ञेय, ''वह मैंने किसी 'मूड' में लिखा होगा। मगर आप भूलते हैं कि मैंने अकाल के समय बिहार की भी यात्रा की थी।''

तुलसी ने निवेदन किया—''हाँ, उस अकाल यात्रा की मोहक रिपोर्ट फणीश्वरनाथ 'रेणु' ने लिखी थी। मैंने पढ़ी थी। इस तरह थी—और यायावर कैमरा टाँगकर कार में बैठ गए। कार बढ़ चली। अकाल पीड़ितों के कई फोटो लिये। इन फोटुओं की अच्छी प्रदर्शनी हो सकती है। पर क्या जानते थे कि तब भी बिहार में अन्न के गोदाम भरे थे और लोग भूखे मर रहे थे। मैं पूछता हूँ—अकाल पीड़ितों के बढ़िया फोटो लेना संस्कृति है या भूखों को तैयार करके गोदाम लुटवा देना संस्कृति है ?''

बीच में विद्याविनाश मिश्र बोल पड़े, ''आप क्या मानते हैं ?''

तुलसी ने कहा, ''मैं गोदाम लुटवा देना सांस्कृतिक कर्म मानता हूँ और भूखे मरते लोगों के शौक से फोटो लेकर सजाना अमानवीयता मानता हूँ—बर्बरता! अश्लीलता!''

नरेश मेहता ने कहा, ''तो गुसाईंजी, आप ही संस्कृति समझा दीजिए।''

तुलसी ने कहा, ''मैं क्या समझाऊँ ? मैं तो जिज्ञासु की तरह आया हूँ। यों अनेक मनीषियों के विचार संस्कृति के बारे में मैंने पढ़े हैं—'नाना पुराण निगमागम' की चोरी करके घोलमाल करना हमारा पुराना धन्धा है।...ज्याँ पाल सार्त्र ने कहा है—जब मनुष्य दासता और दमन से अपने को मुक्त करता है, तब वह जिस शब्द से परिभाषित होता है, उसे 'संस्कृति' कहते हैं। अब लीजिए—दासता और दमन से मुक्ति के संघर्ष को संस्कृति कहा गया है। ऐसी कई बातें मनीषियों ने कही हैं। तो मैं आपके पास इसलिए आया कि जो संस्कृति-कर्म में लगे हैं, उनसे कुछ सीखूँ।''

अज्ञेय, ''परन्तु प्रधानमंत्री संस्कृति पर कुछ क्यों बोले ? और हम उस पर क्यों विचार करें ?''

विद्याविनाश बोले, ''ये राजनेता हर विषय पर बोलते हैं। चुनाव का साल है। धर्म, अध्यात्म, संस्कृति सब पर बोलेंगे। गरीबों, अपढ़ों के वोट लेना है न! हम न गरीब, न अपढ़। हम दिमागपच्ची क्यों करें ?''

शंकरदयाल ने कहा, ''नहीं पंडितजी, कुछ मनीषी भी सांस्कृतिक संकट के बारे में गम्भीरता से लिख रहे हैं। अभी अर्थशास्त्री पी. सी. जोशी का इस सम्बन्ध में एक लेख छपा है। मैंने पढ़ा है।''

विद्याविनाश मिश्र ने कहा, ''अरे, तो संस्कृति करने से कौन रोकता है ? प्रातःकाल उठो, स्नान करो, पूजन करो, लड्डू खाओ, दुग्धपान करो। दोपहर को सुस्वादु भोजन करो। संध्या समय भाँग छानो। रबड़ी खाओ। धोती पहनो, चन्दन लगाओ। संयम से स्त्री गमन करो—

अनुज वधू भगिनी सुत नारी
सुन शठ ये कन्या सम चारी
इनहिं कुदृष्टि बिलोके जोई
ताहि बधे कछु पाप न होई

यह भारतीय संस्कृति है।''

एक मसखरे युवक ने कहा, ''इस संस्कृति में गुरु-पत्नी के लिए स्वर्ण-हार लेकर, मूर्ख धनी को डॉक्टरेट दिलवाने का क्या महत्त्व है?''

नरेश मेहता ने कहा, ''जवानी में हम भी ऐसे ही साहसी वाचाल थे। 'समय देवता' ने सिखाया है कि व्यापारी की खाता-बही लिखना सबसे उत्तम सांस्कृतिक कर्म है। इसीलिए हम वणिक दल में हैं। चुनाव लड़ेंगे।''

तुलसीदास ने विनती की, ''पंडित विद्याविनाशजी, आप तो दैनिक कर्मकांड को संस्कृति मानते हैं। कर्मकांड और रूढ़ि क्या संस्कृति है? ताजमहल और अजन्ता क्या संस्कृति है? या संस्कृति कोई भीतरी मूल्यगत चीज है, जिसके उपादान और व्यक्त रूप से सब काव्य, कला, संगीत, नाट्य, नृत्य है। विद्याविनाशजी आप जरा गम्भीरता से सोचकर बताइए।''

विद्याविनाशजी ने कहा, ''देखिए, तुलसीदासजी, आपके 'बालकांड' के प्रथम श्लोक में ही व्याकरण की भूल है।''

उस तरुण ने जो सम्भवतः इन संस्कृति-वृत्तियों का सेवक था, कहा, ''वाह पंडितजी, आप 'जीनियस' में एक वचन, बहुवचन, कारक देखते हैं, जैसे ये तुलसीदास मिडिल स्कूल के छात्र हों।''

विद्याविनाशजी ने कहा, ''इन्हें उच्चारण भी सही नहीं आता। ये मुझे 'विद्याविनाश' कहते हैं, जबकि मेरा नाम 'विद्यानिवास' है।''

तुलसी ने कहा, ''प्रभु, क्षमा करें। भूलें मुझसे कई हुई होंगी। काव्य-विवेक एक नहिं मोरे, सत्य कहौं लिख कागद् कोरे। आप तो भाषा-शास्त्री हैं न! आप जानते ही हैं कि उच्चारण में कम-से-कम प्रयत्न करने से शब्दों के रूप बदल जाते हैं—जैसे बंगाली सुरेन्द्र को 'सुरेन' बोलते हैं। यहाँ वर्ण-विपर्यय के कारण ही मेरे मुँह से 'विद्याविनाश' निकल जाता है। क्षमा करें। पर हम सबकी मूल चिन्ता तो भारतीय संस्कृति है।''

अज्ञेय ने कहा, ''हमारी चिन्ता संस्कृति नहीं है। हम लोग तो महाश्वेता की खोज में जा रहे थे। आप बीच में आकर कहते हैं कि 'शूर्पनखा जीवन यात्रा' करो। और फिर आप ही संस्कृति का प्रश्न उठाते हैं। आपको प्रधानमंत्री को प्रसन्न करके कुछ पुरस्कार या फेलोशिप लेना होगा। तो अपना वह पद लिखकर प्रधानमंत्री को दे दीजिए—

कबहुँक अम्ब अवसर पाइ
मोरियो सुधि धाइबी कछु करुण कथा चलाइ।

तो वे किसी सचिव को कह देंगी आपके लिए। आपने हमें काफी भ्रमित किया।

जहाँ आपने बताया है, वहाँ भरद्वाज आश्रम है ही नहीं।''

तुलसी ने निवेदन किया, ''आप स्वयं भ्रम में थे। काव्य से कहीं पुरातत्त्व तक पहुँचा जाता है। आपको सत्संग करना था। बिनु सत्संग विवेक न होई, राम कृपा बिनु सुलभ न सोई। इसीलिए कहता हूँ कि कागभुशुंड और गरुड़ को साथ रखिए। छोड़िए महाश्वेता को। परम सुन्दरी शूर्पनखा के पथ पर जाइए। मुझे कोई पुरस्कार नहीं चाहिए।''

नरेश मेहता ने कहा, ''गुसाईंजी, संस्कृति की ही चिन्ता है न आपको! देखिए, संस्कृति वहाँ शुरू होती है, जहाँ मनुष्य अपने 'मैं' से निकलकर तू, तुम और सर्व तक पहुँचता है।''

विद्याविनाशजी ने कहा, ''इसकी चरम उपलब्धि है—आत्मवत् सर्व भूतेषु। या जैसा आपने कहा है—'सिया राम मय सब जग जानी, करौं प्रनाम जोरि जुग पानी'।''

नरेश मेहता, ''छिपकली अपने 'मैं' से बाहर नहीं जाती, इसलिए उसकी कोई संस्कृति नहीं है।''

अज्ञेय ने कहीं गहरे से कहा, ''है। छिपकली अपने 'मैं' से बाहर निकलकर कीड़े तक जाती है और उसे पकड़ती है। अपने 'मैं' से निकलना, जो भोग्य हो उसे पकड़ना और फिर अपने 'मैं' में घुसकर उसका भोग करना—यह संस्कृति है। 'मैं' को स्फीत करना सांस्कृतिक प्रक्रिया है।''

तुलसी ने देखा, यह सुनकर विद्याविनाश मिश्र, नरेश मेहता, शंकरदयाल सिंह के चेहरे फक पड़ गए। वे अपने नेता की इस बात से हतप्रभ हो गए। मेरी तरफ दीन भाव से देखने लगे। मुझे उन पर दया आई।

उस तरुण ने मेरा हाथ छुआ और थोड़ी दूर ले गया। बोला, ''गुसाईंजी, आप किस चक्कर में पड़े हैं। ये ऐसे ही हो गए हैं, अब। आप इन्हें छोड़िए।''

तुलसी वहाँ से भागा—केहि कै (लोभ नहीं) भोग विडम्बना कीन्हि न यह संसार!

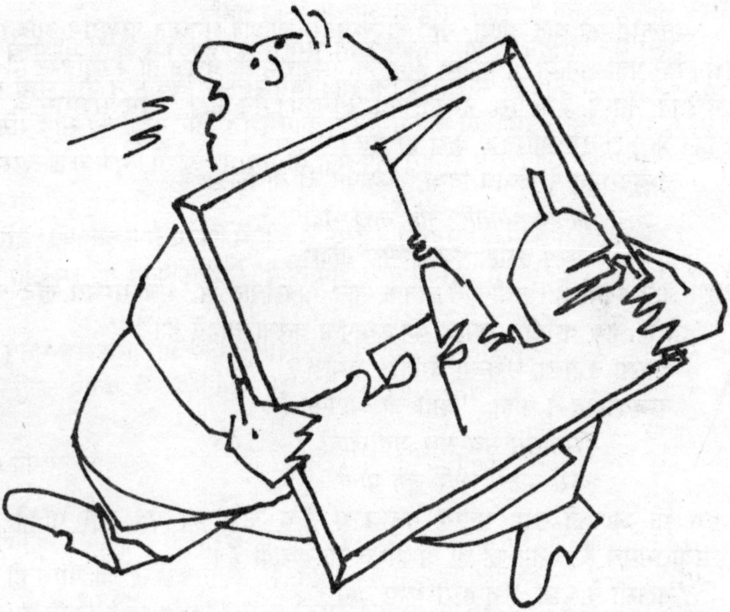

पर्दे के राम और अयोध्या

तुलसीदास दक्षिणी भारत घूमा। गुरु रामानुजाचार्य दक्षिण से ही आए थे। वहीं अब केरल में भगवान ऐयप्पा पन्थ जोरों से चल रहा है। ऐयप्पा दो पुरुष देवताओं के संसर्ग से पैदा हुआ युवा देवता है। यह विश्वास केरल के लोगों में ही है। भस्मासुर से शिव की रक्षा करने विष्णु मोहिनी रूप धारण करके गए थे और भस्मासुर को अपने हाथ से ही भस्म कराके शिव की रक्षा की थी। पर शिव स्वयं विष्णु के इस रूप पर मोहित हो गए और उनसे सम्भोग किया। तब यह पुत्र ऐयप्पा पैदा हुआ! यह कथा उत्तर भारत में नहीं है। मैंने एक ऐयप्पा-भक्त से कहा, ''यह क्या दुराचार तुम्हारी कल्प-कथा में हुआ है!'' उसने जवाब दिया, ''आपका ही काम आगे बढ़ाया है। आपने शिव और विष्णु को मित्र देवता बनाया। हमारे आराध्य शिव रहे हैं। तो हमने अपने शिव से विष्णु का सम्भोग करा दिया। अब सम्बन्ध और प्रगाढ़ हो गया। बात यह है कि इधर साम्यवाद से लड़ने के लिए ऐयप्पा को हमने अड़ा दिया।''

तुलसी को याद आया, यहीं तो नम्बूदरी ब्राह्मण भगवान परशुराम आकर बसे थे। मैंने पता लगाया तो मालूम हुआ कि परशुराम के वंशज तो कम्युनिस्ट हो गए। मैं इनके नेता ई. एम. एस. नम्बूदरीपद से मिला। मैंने कहा, "तुम परशुराम के उत्तम कुल के हो। तुम नास्तिक कैसे हो गए?"

नम्बूदरीपद ने जवाब दिया, "आपने ही तो लिखा है—

ज्ञानहि भगतहि नहिं कछु भेदा
उभय हरहिं भव सम्भव खेदा

हम ज्ञान-मार्गी हैं। नवीन वैज्ञानिक ज्ञान मार्क्सवाद से 'भव सम्भव खेद' हरना चाहते हैं। हम वर्गहीन समाज की स्थापना करना चाहते हैं।"

तुलसी ने पूछा, "कैसा वर्गहीन समाज?"

नम्बूदरीपद ने कहा, "वही जो आपका है—

सियाराम मय सब जग जानी
करौं प्रनाम जोरि जुग पानी

हम भी आपकी तरह मनुष्य-मनुष्य में ऊँच-नीच का भेद नहीं मानते—सब सियाराममय हैं। आप भी तो अघोषित साम्यवादी हैं।"

तुलसी ने पूछा, "तुम्हारा ध्येय क्या है?"

नम्बूदरीपद ने कहा, "वही जो आपका—रामराज की स्थापना!

दैहिक दैविक भौतिक तापा
राम राज काहू नहिं व्यापा!"

तुलसी चमत्कृत हो गया। मैंने कहा, "तुम तो मेरे ही शब्द मेरे मुँह पर फेंक रहे हो। तुम इतने संघर्ष, इतने आन्दोलन क्यों करते हो?"

नम्बूदरीपद ने कहा, "वही कर रहे हैं, जो आप चाहते हैं—

जासु राज प्रिय प्रजा दुखारी
सो नृप अवस नरक अधिकारी

दुनिया में प्रजा को दुखी रखनेवाली बहुत-सी राजसत्ताओं को हम नर्क भेज चुके—जिसके वे अधिकारी हैं।"

दक्षिण में ही भगवान राम के दर्शन हो गए—एन. टी. रामराव के। क्या छवि है! कमल लोचन, मुकुट, कुंडल—आजानु भुज शरचाप धर, संग्राम जित खर दूषणं! खर-दूषण अर्थात् सारे रेड्डी!

बोले, "सन्तवर, आपके ही लिए मैंने खासतौर पर यह 'मेकअप' किया है। बिलकुल भगवान राम दिखता हूँ न! यहाँ आन्ध्रप्रदेश में राक्षसों का राज चल रहा था। मैंने उन्हें परास्त किया और स्वयं सिंहासनारूढ़ हो गया। अब यहाँ रामराज है।"

तुलसी ने कहा, "सो तो ठीक है खिलौने के रामचन्द्र, पर कभी यहाँ दक्षिण में सी. राजगोपालाचारी, श्रीनिवास शास्त्री, टी. प्रकाशम् जैसे नेता होते थे, पर अब तुम, रामचन्द्रन, राजकुमार, प्रेम नजीर जैसे फिल्मी हीरो नेता हो गए। बुद्धिजीवियों और राजनेताओं का क्या हुआ?"

रामराव ने कहा, "बुद्धिजीवी कायर निकल गए और राजनेता बदनाम हो गए। हम सेलुलाइड के बाहर गए ही नहीं, तो हमारे चरित्रवान, गरीब-परवर और न्यायी की जो छवि पर्दे पर है, उसी पर लोग विश्वास करने लगे। कर्नाटक में मामला कन्नड़ भाषा का है, मगर कन्नड़ के लिए संघर्ष का नेतृत्व फिल्मी हीरो राजकुमार कर रहे हैं। उनके पीछे बुद्धिजीवी और राजनेता चल रहे हैं जुलूस में और राजकुमार की जय बोल रहे हैं। जो ऐसा न करे, वह पिटता है।"

तुलसी ने कहा, "फिल्मी प्रभु, वह मामला भाषा और साहित्य का नहीं है, नौकरियों का है। राजकुमार और उनके समर्थक तमिल, तेलगू, मलयालम और मराठी/भाषियों को वहाँ नौकरी नहीं करने देना चाहते। इस तरह कर्नाटक में तमिल विदेशी होगा, तमिलनाडु में तेलगू विदेशी होगा, आन्ध्र में कन्नड़ विदेशी होगा।"

रामराव ने कहा, "सन्त प्रवर, आप इधर दक्षिण की झंझट में मत पड़िए। ऐसा बोलेंगे, तो कहीं पिट-पिटा जाएँगे। आप जातिवादी, ब्राह्मणवादी, भाग्यवादी, सामन्तवादी, वर्णवादी, स्वर्ग-नर्कवादी, हरिजन विरोधी हैं। इधर ब्राह्मणों से राजसत्ता छीन ली गई है। अगर मैंने राम का रोल नहीं किया होता, तो मैं ही आपको पिटवा देता। आप मेरी एअरकंडीशंड कुटी में रहकर रामकथा दुबारा लिखिए।"

तुलसी ने कहा, "संन्यासी बनना भी कितना खर्चीला हो गया है, रामराव। तुम कीमती रेशमी भगवे वस्त्र पहनते हो। कुटी को एअर कंडीशंड कराते हो।"

रामराव ने कहा, "उत्तर के संन्यासी तो हमसे भी ऊँचे हैं। उनके अपने हवाई जहाज हैं, वे बन्दूक का कारखाना चलाते हैं, लड़कियाँ भगाते हैं, कालगर्ल का धन्धा करते हैं—मगर राजनेता उनके चरणों पर गिरते हैं।"

तुलसी ने कहा, "अच्छा, रामराव, उत्तर जाता हूँ। दक्षिण फिर आऊँगा।"

तुलसी महाराष्ट्र पार कर हिन्दी भाषी क्षेत्र में आया।

एक शहर में सड़क से निकल रहा था। कॉलेज का समय था। आज भी जगह-जगह लड़कियाँ छेड़ी जा रही थीं। उन्हें धक्का देकर गिराया जा रहा था। मगर आसपास के लोग ऐसे चले जा रहे थे, जैसे कुछ हुआ ही नहीं हो। मुझसे चुप रहते न बना और मैंने एक आदमी से पूछ लिया, "नारी की इज्जत लूटी जा रही है और तुम सैकड़ों लोग विरोध नहीं करते, उनकी रक्षा नहीं करते। तुम लोग क्या सब नपुंसक हो?"

उसने कहा, "आप साधु हैं। दुनियादारी समझते नहीं हैं। छेड़नेवाले भी छात्र

ही हैं। मारपीट करते हैं। हम बीच में पड़कर क्या पिटें। हम अपने काम से काम रखते हैं।''

मैंने पास खड़े एक पुलिस इन्स्पेक्टर से कहा तो वह बोला, ''हम क्या करें? ये लड़कियों पर हमला करनेवाले छात्र हैं और अच्छे घरों के हैं। आपका पाला अभी छात्र नेताओं से नहीं पड़ा। इतनी बात करने पर ही वे आपको ठोंक देते। बात यह है स्वामीजी, कि हम छात्रों से नहीं उलझते। हम पेशेवर गुंडे को पकड़कर हवालात में डाल दें और पिटाई कर दें, तो उसके समर्थन में गुंडों का जुलूस नहीं निकलेगा। मगर इनमें से एक भी बदमाश छात्र का हाथ पकड़ लें, तो कल पुलिस के खिलाफ छात्रों का जुलूस निकल जाएगा। वे नारे लगाएँगे—छात्र वर्ग पर अत्याचार! इन्सपेक्टर को सस्पेंड करो। छात्रों ने अपने को वर्ग बना लिया है। हम गुंडे, हत्यारे, डाकू से नहीं डरते। छात्रों से डरते हैं। समाज को खतरा पेशेवर गुंडों से कम है, इन छात्रों से ज्यादा!''

तुलसी ने पूछा, ''इन्स्पेक्टर साहब, क्या सभी छात्र ऐसे हो गए हैं?''

इन्स्पेक्टर ने कहा, ''नहीं, सिर्फ दो-तीन प्रतिशत। मगर राज यही करते हैं। बस में ये औरतों की चेन छीन लेते हैं। अगर बस में बैठे चालीस-पचास आदमी सिर्फ चिल्लाएँ, तो भी ये डरकर ढेर हो जाएँ। पर कोई चिल्लाता भी नहीं है। जब पब्लिक का यह हाल है, तो हम क्या करें? जिसमें पब्लिक की रजामन्दी है, वह होने देते हैं। हम 'पब्लिक सर्वेंट' कहलाते हैं न!''

तुलसीदास आगे बढ़ा तो इन्सपेक्टर ने पुकारा, बोला, ''आप लड़कियाँ भगाते हैं क्या? या अफीम की तस्करी करते हैं? योग-क्लास चलाते हैं कहीं और राजनेताओं के लिए अनुष्ठान करते हैं? किन तस्करों से मिले हैं? क्या सी. आई. ए. के एजेंट हैं?''

तुलसी ने कहा, ''मैं इनमें से कुछ नहीं करता।''

इन्सपेक्टर ने कहा, ''तो क्यों जिन्दगी बरबाद कर रहे हो? अरे, जुए का अड्डा ही खोल लो मेरे क्षेत्र में। हफ्ता देते जाना बराबर।''

तुलसीदास को हँसी आ गई और दरोगा समझ गया कि वह किसी काम का साधु नहीं।

तुलसीदास की भेंट शाम को एक हिन्दी के प्रोफेसर से हो गई। वह विश्वविद्यालय परिसर में अपने बँगले ले गया।

तुलसी ने कहा, ''अब गुरु कितने आराम से रहते हैं—बँगला है, फर्नीचर है, फ्रिज है, कूलर है, बगीचा है। अब आप लोग बड़े मनोयोग से पढ़ाते होंगे।''

आचार्य ने कहा, ''नहीं पढ़ाते। पढ़ते भी नहीं हैं। जिस दिन हमारी नियुक्ति होती है, उस दिन से हम अध्ययन बन्द कर देते हैं। कारखाने का मिस्त्री तो काम करते-करते नई कुशलता प्राप्त करता जाता है, पर हम जो पढ़ा है, उसे भी भूल जाते

हैं। हम गुटबन्दी में, एक-दूसरे की टाँग खींचने में और माया जोड़ने में लगे रहते हैं। पढ़ाते भी नहीं हैं क्योंकि छात्रनेता क्लास ही नहीं लगने देते।''

बात हो ही रही थी कि छात्रों को मेरा पता लगा। दो-तीन छात्र नेता आ गए। बोले, ''तुम तुलसीदास हो न! तुमने इतना कठिन क्यों लिखा?''

तुलसी ने कहा ''मैंने बहुत सरल लिखा है।''

छात्र नेताओं ने कहा, ''नहीं, फिर भी कठिन है। तुम 'गीतावली' फिर से सरल लिखकर जाओगे। वह कोर्स में है। छात्रों को परेशानी होती है।''

तुलसी ने कहा, ''काव्य इस तरह कह देने से नहीं लिखा जाता।''

वे बोले, ''तुम्हें लिखना होगा, वरना विश्वविद्यालय से बाहर नहीं जा सकोगे। हम तुम्हारी हड्डी-पसली तोड़ देंगे।''

तुलसी ने कहा, ''तुम मुझे कोरा साधु समझते हो। देखो, मैं काशी में अखाड़े चलाता था। मैं उस्ताद हूँ। मैं तुम तीनों को अभी पीटता हूँ। तुम्हारे पास छुरा-वुरा हो तो निकाल लो।''

वे बड़े गुस्से से झपटे। तुलसी ने एक के घुटने पर लात मारकर वहीं बिठा दिया। एक के दोनों हाथ पीठ के पीछे बाँध दिए और तीसरे को उठाकर फर्श पर पटक दिया और एक घूँसा उसके पेट पर मारा। वे फर्श से उठ नहीं सकते थे।

तुलसी ने कहा, ''तुम हराम की विलासिता से भीतर से खोखला हो गए हो। तुम पिलपिली वीर हो। इसी दम पर गुंडागीरी करते हो, धाँधली करते हो, अध्यापकों को डराते हो, पैसे वसूलते हो, समाज के लिए खतरे बनते हो। तुम भ्रष्ट और बेईमान हो। छात्र-नेतागीरी को तुमने धन्धा बना लिया है। तुम अधेड़ हो रहे हो, मगर कोई काम-धन्धा नहीं करते। तुम अस्सी साल की उम्र में मरोगे। तब भी छात्र नेता की तरह मरोगे।''

एक ने हिम्मत करके कहा, ''यह भ्रष्टाचार और हरामखोरी हमने अपने बुजुर्गों से ही तो सीखी है। हमारे राजनेता, बुद्धिजीवी, शासक, धर्माचार्य, अध्यापक सब भ्रष्ट हैं, पतित हैं। हम आखिर क्या सीखते?''

तुलसी ने कहा, ''तुम्हारा तर्क विचित्र है। तुम्हारा बाप अगर गन्दे डबरे में गिर गया है तो उसी की तरह तुम भी उसी गन्दे डबरे में गिरकर किलबिलाओगे? अरे तुम जवानों को करना यह चाहिए कि अपने बाप को गन्दे डबरे से निकालो। यह कोई तर्क है कि हमारा बाप मैला खा रहा है तो हम भी मैला खाएँगे।''

वे सकपकाए, फिर चुप हो गए।

इस बीच तीन-चार अध्यापक और आ गए।

मैंने कहा, ''पूरा भारत मैं घूम चुका। जो कहीं नहीं हैं वे दो बातें इसी हिन्दीभाषी क्षेत्र में हैं। दक्षिण भारत, बंगाल, पंजाब, असम, ओडिशा, गुजरात, महाराष्ट्र—कहीं भी, स्त्री सड़क पर या किसी सार्वजनिक स्थल पर नहीं छेड़ी

जाती। स्त्री इन क्षेत्रों में सुरक्षित है, सम्मानित है। पर यह जो हिन्दीभाषी क्षेत्र है—मध्य प्रदेश, उत्तर प्रदेश, बिहार और दिल्ली—इसमें स्त्री को सार्वजनिक स्थानों पर तंग किया जाता है। दूसरी बात—इसी क्षेत्र में गुंडे छात्र नेता होते हैं। आखिर इसका क्या कारण है?''

बस जवाब क्या? दर्शन का अध्यापक मौज-मजाक में कहता गया, ''बात यह है कि इसी क्षेत्र में आर्य ऋषि हुए, यहीं वेदों की रचना हुई, यहीं यज्ञ हुए, इसी क्षेत्र में पुण्य सलिला गंगा, यमुना, नर्मदा बहती हैं, इसी क्षेत्र में तत्त्व-चिन्तन हुआ, ज्ञान-साधना हुई, यहीं मर्यादा पुरुषोत्तम राम और योगिराज कृष्ण हुए, यहीं गीता का ज्ञान दिया गया, यहीं ऋषि दयानन्द ने कार्य किया, यहीं राष्ट्रीय आन्दोलन ने जन्म लिया, यहीं सन्त सूरदास, कबीरदास, तुलसीदास हुए। यह पुण्य क्षेत्र है। इसलिए तो अब यहाँ विलोम प्रभाव से सारे दुराचार चलते हैं।''

इसी बीच दूसरा प्रोफेसर बोल उठा, ''गोस्वामीजी, मूल कारण है आर्थिक। शिक्षितों में बेरोजगारी इतनी अधिक है कि शिक्षा में आस्था ही नहीं है। पढ़नेवालों के सामने अन्धकार-ही-अन्धकार है। इसलिए सारे मूल्य टूट चुके। अगर डिग्री मिलते ही काम मिलना पक्का हो जाए, तो युवा पीढ़ियाँ एकदम गम्भीर हो जाएँ, सुधर जाएँ। उद्देश्यहीनता के कारण ही यह अराजकता है।''

अब तीसरा प्रोफेसर कहने लगा, ''बात यह भी है कि सांस्कृतिक रूप से यह हिन्दी क्षेत्र बहुत पिछड़ा है और, अहंकारग्रस्त भी है। हम लोग भी क्या करें?''

एक और प्रोफेसर जो मुझसे शुरू से ही नाराज होगा, कहने लगा, ''आपने भी क्या लिखा है—गुणहीन ब्राह्मण को पूजो, स्त्री को पीटो, भाग्य में जो होगा, वह होगा। आपने सामन्तवाद की जय बोली है।''

तुलसीदास ने कहा, ''भई, हर कवि कुछ हद तक अपने युग के विश्वासों से बँधा होता है। फिर वह क्षमता के अनुसार नवीन चिन्तन भी करता है। तुम्हारी शिकायत ठीक है। पर मेरी भी मजबूरी थी। सामन्तवाद से दूसरी व्यवस्था की कल्पना भी मेरे समय में सम्भव नहीं थी। तो मैंने एक आदर्श, मर्यादावान, प्रजापालक राजा राम की कल्पना की। पर तुम मेरे दूसरे विचारों को भी तो देखो। किसी सन्दर्भ में मैंने भाग्यवाद का उल्लेख किया है, तो कहीं यह भी तो लिखा है—'कर्म प्रधान विश्व करि राखा, जो जस करहिं सो तस फल चाखा।' ऐतिहासिक परिप्रेक्ष्य में किसी बात को नहीं समझोगे, तो सब गलत हो जाएगा।''

तुलसीदास की बात अध्यापक और छात्रों पर भी प्रभाव छोड़ रही थी। पर रात का अँधेरा भी घना हो गया था।

छात्र नेताओं से मैंने कहा, ''तुम्हारी ठुकाई काफी हो चुकी। कल सुबह तक गुस्सा बचे और मुझे मारना हो, तो सुबह यहीं आ जाना।''

तीनों लँगड़ाते हुए चले गए। एक को छोड़कर सभी अध्यापक भी चले गए।

मेजबान अध्यापक ने कहा, "अब आप भोजन करके सो जाइए। सुबह होने से पहले आप मुझ पर कृपा करके, विश्वविद्यालय से चले जाइए। मुझे क्षमा कीजिए। कुलपति मुझसे वैसे ही नाराज हैं। जिन छात्र नेताओं को आपने पीटा और शिक्षा दी, उन्हें वे पाले हुए हैं। उनकी शराब और मुर्गे का इन्तजाम कुछ बड़े प्रोफेसर लोग ही करते हैं प्रभु! आपके कारण मैं आफत में डाल दिया जाऊँगा।"

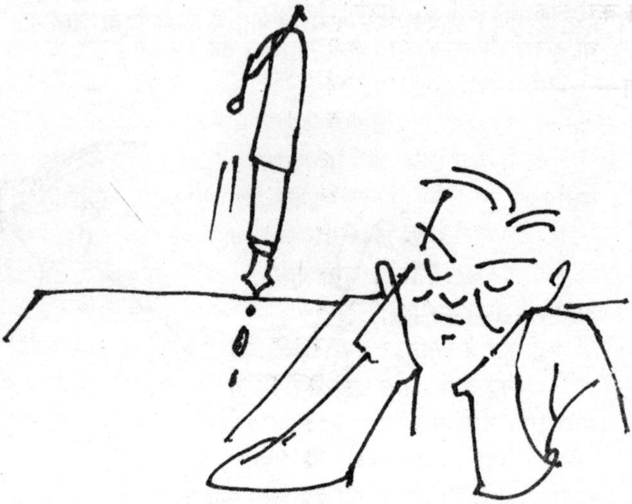

मो सम कौन कुटिल, खल, कामी!

'सारिका' के पिछले किसी अंक में मेरे ऊपर एक साल में तीन सम्मान और पुरस्कार बरसने के लिए बधाई दी गई है। अच्छी है। एक बात छूट गई है—मुझे इसी एक साल में जबलपुर विश्वविद्यालय से मानद डी. लिट्. भी मिल गई। सुसंस्कृत होने के कारण मैं अपने नाम को पहले 'डॉक्टर' से सुशोभित नहीं करता। लोग झट से 'डॉ.' वाला नया राइटिंग पेड छपा लेते हैं। वैसे मैं निरभिमानी हूँ। पर निरभिमानी का कर्तव्य है कि यदि सार्वजनिक रूप से उसकी कोई उपलब्धि भुलाई जाए, तो वह याद दिला दे।

यों तुलसी पूर्ण निरभिमानी है, अपने को तुच्छ मानता है। लिखा है—'काव्य विवेक एक नहिं मोरे, सत्य कहौं लिखि कागद कोरे।' कोई कहता—'ब्राह्मण के बच्चे, अगर तू जानता है कि तुझ में काव्य-विवेक नहीं है, तो स्टेशनरी क्यों बरबाद करता है? कागज के कारखाने तो खुले नहीं हैं और न कागज का आयात होता।

पर तुलसीदास के काँइयाँपन का निरभिमान है, यह। महाकाव्य लिखकर धर देगा। कोई तारीफ करेगा, तो कोई कहेगा—अरे, क्यों काँटों में घसीटते हैं। मुझमें क्या है? काव्य विवेक एक नहिं मोरे—यानी मैं महाकवि तो हूँ ही, निरभिमानी भी हूँ। जुलाहे से कम चालाक नहीं था ब्राह्मण।'

यों तुलसी में अन्तर्विरोध कम नहीं है। उस पर आरोप है कि वह नारी-विरोधी था—

ढोल गँवार शूद्र पशु नारी
ये सब ताड़न के अधिकारी

मगर फिर नारी की स्थिति पर कितनी सहानुभूति और करुणा है—

केहि विधि नारि रचेउ जग माहीं
पराधीन सपनेहु सुख नाहीं

आरोप है कि भाग्यवादी है—

हुई है वही जो राम रचि राखा
को करि तरक बढ़ावहीं साखा

मगर फिर कर्म की महत्ता—

कर्म प्रधान विश्व करि राखा
जो जस करहिं सो तस फल चाखा

और भी—

कादर मन कर एक अधारा
दैव दैव आलसी पुकारा

मगर बात तो मैंने सम्मान और पुरस्कारों की उठाई थी। यों ये चीजें बहुत सहज हैं, पर असहज बनाई जाती हैं।

इधर दूसरी जगहों में भी इन पुरस्कारों की चर्चा हुई। अश्कजी ने थोड़े रोष, ज्यादा काँइयाँपन से पत्र में लिखा है कि उनके साथ तुलसीदास की भेंट जो 'सारिका' में छपाई, वह इसलिए कि मुझे मध्यप्रदेश सरकार पुरस्कार दे दे। वह मुझे मिला। मगर इसकी घोषणा अश्कजी से भेंट छपने के डेढ़ महीने पहले हो गई थी। फिर भी उन्हें ही श्रेय देना चाहता हूँ। और उनसे पूछ रहा हूँ कि दुनिया के कौन-कौन से पुरस्कार उनके कारण मिलते हैं। क्या 'मेगसेसे एवार्ड' मिल सकता है? कोशिश करूँ? यों मैंने अश्कजी को लिख दिया है कि उनसे इस तुलसी का कोई झगड़ा नहीं। व्यक्तिगत कारणों से, व्यक्तिगत राग-द्वेष से लिखता भी नहीं। सार्वजनिक आचरण और लेखन के कारण लिखता है। जब 'सेन्स आफ डीसेन्सी, प्रोपोर्शन, प्रोप्राइटी' को आघात पहुँचता है, तब प्रतिक्रिया करना जरूरी हो जाता है। (अंग्रेजी शब्दों के लिए क्षमा)। वैसे उन्होंने लिखा है कि वे अब प्रसन्न हैं और बधाई देते हैं। शायद वे यह अभी नहीं समझे होंगे कि पुरस्कार चापलूसी, समर्थन और जोड़-

तोड़ के बिना भी मिलते हैं। अपने-अपने अनुभव, कर्म, निष्कर्ष, आचार और मूल्यवत्ता की बात है।

मगर प्रयाग की ही चिट्ठी आई है कि हिन्दी साहित्य सम्मेलन को बचाने के लिए एक सम्मेलन हो रहा है—'सम्मेलन बचाओ सम्मेलन'। मैं यह जानना चाहता हूँ कि साहित्य सम्मेलन को किनके लिए बचाया जाए। जब तक मालूम न हो कि इन-इनके लिए संस्था बचाना है, तब तक आत्मा में शुद्ध नैतिकता नहीं जागती। पवित्र संघर्ष की स्फूर्ति भी नहीं आती।

तो इतने सम्मानों और पुरस्कारों के मिलने से मेरी हालत यह हो गई है—

मो सम कौन कुटिल खल कामी।
जो तन दियो ताहिको मूल्यो ऐसो नमक हरामी।

इसमें 'तन' की जगह 'यश' या 'धन' कर लिया जाए। बहरहाल जब मैं खुद 'मो सम कौन कुटिल, खल, कामी' की मन:स्थिति में हूँ तो तुलसी किसी के बारे में इस बार नहीं लिखेगा। सब बेफिक्र रहें। सारे बच्चों की खैर माँगे चुन्नू फकीर! जो कशाघात करना होगा, अपने ऊपर ही करूँगा।

राशि-भविष्य में ज्योतिषी ने मेरे लिए यह माल अशुभ बताया था। मंगल पर शनि की कुटिल दृष्टि पड़ रही थी। मेरा सारा मंगल इस साल शनि नष्ट करनेवाला था। पर प्राचीन शास्त्रकार स्वयं मूर्ख नहीं थे। वे यथार्थवादी भी थे। पर वे वर्ग और वर्ण के हित के लिए आम लोगों को जरूर मूर्ख बनाते थे। यह परम्परा अभी तक चली आ रही है। पूर्व जन्म के कर्म-फल, गृहदशा, भाग्य, प्रारब्ध, नियति आदि की पूर्व निर्धारित अनिवार्यता बताकर भी शास्त्रकारों ने लिखा है—'परन्तु मनुष्य पुरुषार्थ से इन सबको बदल सकता है।' प्रबलतम पुरुषार्थ हुआ। पंडित हजारीप्रसाद द्विवेदी ने लिखा है—मनुष्य जब जय-यात्रा पर बढ़ता है, तब धर्म, शास्त्र, विधान, नीति, नियम, भाग्य सबको कुचलता हुआ निकल जाता है।

तो कुछ पुरुषार्थ हुआ कि शनि के मुँह पर तमाचा पड़ा और उसकी दृष्टि दूसरी तरफ हो गई। एक तो मनुष्य जाति का सामूहिक पुरुषार्थ! प्रकृति नौ ग्रह बनाकर घुमा रही है अन्तरिक्ष में। मगर मनुष्य की बुद्धि और पुरुषार्थ ने पच्चीसों उपग्रह बनाकर अन्तरिक्ष में छोड़ रखे हैं। भारतीय उपग्रह इनसेट बी-1 भी तो अन्तरिक्ष में घूम रहा है। शनि कितना ही ताकतवर हो, उसकी बदमाशी खत्म करने के लिए चार-पाँच उपग्रह काफी हैं। फलित ज्योतिषियों को मनुष्य के पुरुषार्थ के इन उपग्रहों के प्रभाव का भी हिसाब लगाना होगा, वरना भविष्यफल झूठा हो जाएगा। मगर एक आशंका भी है। ये मंगलकारी उपग्रह कभी शनि का अमंगलकारी काम भी कर सकते हैं। युद्ध हुआ तो इनसे हमारे ऊपर राकेट भी बरस सकते हैं पर ऐसा होने की सम्भावना लगभग नहीं है। मनुष्य की तीव्र जिजीविषा और विवेक युद्धोन्माद पर जरूर अंकुश लगाएँगे।

फिर मेरे पुरुषार्थ ने भी शनि को धक्का दिया होगा। 30-35 साल तक कोई

लगातार मेहनत से भाड़ भूजे तो भड़भूजों में उसे भी सम्मान मिलेगा। खरीददार भी उसकी छपरी पर आएँगे। मैंने तो 30-35 साल तक लगातार लिखा है और उसके जो बुरे फल होते हैं, वे भी भोगे हैं। ऐसे आदमी को शनि भी बरकाकर चलते हैं। कई चलते-फिरते शनि हैं, छोटे पावर के, जो मुझे बरका जाते हैं—ऐसे आदमी से कौन उलझे। भगवान देखेगा उसे।

टेढ़ जान शंका सब काहू।
वक्र चन्द्रमा ग्रसे न राहू॥

मुझे लोग बतलाते रहते हैं कि कुछ खास राजनीति के लोग मेरा लिखा पढ़ते जाते हैं और मुझे गन्दी-गन्दी गालियाँ देते जाते हैं। मेरे एक मित्र ने बताया—मैंने उन लोगों से कहा कि आप इस लेखक को लिखो कि ऐसा मत लिखा करो। उन्होंने कहा—अरे, तब तो वह साला हरामजादा और ज्यादा खराब लिखेगा। बहुत लोग इस देश में हैं, जो चाहे भगवान को स्मरण करना भूल जाएँ, पर मुझे गाली देना नहीं भूलते। रोज नियम से गाली देते हैं। 2-4 लेखक हैं, जो जितना समय मेरी निन्दा में लगाते हैं, उतना अध्ययन और लेखन में लगाते तो बहुत अच्छे लेखक होते। उनकी शिकायत है कि मैं न होता तो वे महान् लेखक हो जाते। सिर्फ मेरे न होने से वे कैसे अच्छा लिखते, यह मैं नहीं समझ पाता। मुझे याद है 1956-57 में फणीश्वरनाथ 'रेणु' के 'मैला आँचल' का हल्ला था और शिवदानसिंह चौहान वगैरह बड़ी तारीफ कर रहे थे, तब मैंने एक-दो उपन्यासकारों की बड़ी दर्दनाक हालत देखी थी। एक सम्मेलन था। एक उपन्यास लेखक जो समझते थे कि आखिरी 'क्लासिक' मैं लिख चुका, लेखकों से लगभग रोकर कहते हैं—शिवदान कहते हैं कि वे 'मैला आँचल' पर इक्कावन पृष्ठ लिखकर आए हैं। क्या धरा है उसमें। मगर भई, तुम आलोचक कहलाते हो तो सौ पेज लिखो! मुझे डर था कि संगम पर कोई लाश उतराती न मिले। यह भी लगा कि 'रेणु' को पुलिस सुरक्षा की माँग करना चाहिए। नवधा भक्ति होती है। इसमें एक शत्रु भाव से भी भक्ति है। रावण की राम के प्रति ऐसी ही भक्ति थी!

तो पुरुषार्थ से शनि हारा। पहले बीमारी गई। फिर पुरस्कारों का ताँता। कुछ लोगों ने कहा—एक साल में चार सम्मान तो ऋग्वेद के रचयिता किसी ऋषि को भी नहीं मिले होंगे। एक और सम्मान नागपुर की एक संस्था से गैरहाजिरी में मिल चुका होगा। मेरे साथ ही अभिनय के लिए शबाना आजमी, लोकप्रिय लेखन के गुलशन नन्दा, अच्छे निर्देशन के लिए मृणाल सेन, फिल्म 'गांधी' में अच्छी पोशाक के लिए भानु अथैया को भी सम्मान दिया गया होगा। निरभिमानी हूँ, इसलिए यह बताना मैंने जरूरी समझा। बतला गया। जानकारी के अधिकार की माँग—जो दुनिया के कुछ हिस्सों में उठ रही है, उसी की पूर्ति कर रहा हूँ। 'जानकारी का अधिकार' माँगनेवाले राजनीतिक लोग दूसरे पक्षों की गुप्त फौजी तैयारियाँ जानना चाहते हैं। बड़ी भोली माँग है यह! मुझे सम्मान दिया गया—'सामाजिक परिवर्तन के लिए लेखन तथा संघर्ष हेतु।'

एक हद होती है। एक सलीका होता है। जिन्दगी में एकाध बार सम्मान मिले तो लोग जश्न मना लें। 2–3 साल में भी एक पुरस्कार मिलता जाए, तो लोग पिछली दुर्घटना भूलकर बधाइयाँ वगैरह दें। मगर यह क्या बदतमीजी है कि साल-भर में पाँच सम्मान और पुरस्कार! पन्द्रह दिनों में दो पुरस्कार। शुभचिन्तक पिछलावाला भूले, इसके पहले आप एक और लिये खड़े हैं। अर्थशास्त्र में एक है 'थियरी आफ डिमिनिशिंग वेल्यू।' वही लागू हो गई।

डॉक्टरेट अखबारी शोर के साथ ली। अखबार में बयान दे दिया कि नहीं लूँगा और फिर जबलपुर विश्वविद्यालय के विशेष अनुरोध पर ले भी ली। टिप्पणियाँ हुईं—यह आदमी स्टेट करके प्रचार करता है। फिर आया साहित्य अकादमी पुरस्कार। यह महत्त्वपूर्ण माना गया। अखबारों में फोटो और सम्पादकीय टिप्पणियाँ। मुझे इस समझ की टिप्पणियों से सार्थकता का बोध हुआ कि यह पुरस्कार व्यक्ति रूप में लेखक को न होकर सामाजिक परिवर्तन और स्वस्थ जीवन मूल्यों के संघर्ष के लिए है।

'चकल्लस पुरस्कार' में निर्णायकों की टिप्पणी में भी यह वाक्य है—'वे मूल्यों की लड़ाई से सीधे जुड़े हैं।' ऐसी ही बात शिखर सम्मान के प्रशस्ति-पत्र में है। इससे कुछ जगह अड़चनें पैदा हुई हैं, यह मैं जानता हूँ। (इसका जिक्र बाद में)। मगर इस पुरस्कार का समाचार एक कालम में आठ लाइनों में छपा। बधाई देनेवाले भी इने-गिने। एक दो संगठनों के अखबार मेरा सिर्फ मृत्यु का समाचार बधाई के साथ छापेंगे। दूसरा कोई समाचार नहीं।

फिर मध्यप्रदेश का शिखर सम्मान! लोग 'बोर' हो चुके थे। मगर मुश्किल यह थी कि यह मध्यप्रदेश सरकार का था। तो इसे प्रचार मिला। ज्यादा प्रचार तब हुआ, जब मुख्यमंत्री ने अपने जबलपुर प्रवास के दौरान मुझे घर आकर पुरस्कार दिया। यह सहज शालीनता की बात थी। उस दिन काफी मित्र-स्नेही घर आए। पर इनके अलावा जो आए, वे ज्यादा थे और वे मेरे कारण नहीं, मुख्यमंत्री के कारण आए थे।

हद हो गई। अब अगर नोबेल पुरस्कार भी मिल जाए, तो पड़ोसी भी ध्यान नहीं देगा। वह सोचने लगा है कि इसके साथ तो यह होता ही रहता है। फिर मुझे बधाई ग्रहण करना और पुरस्कार लेना भी नहीं आता। मुझसे मुस्कुराते ही नहीं बनता। मेरे दाँत ही नहीं निकलते। पचासों फोटो खिंचे, मगर किसी में मेरे दाँत नहीं दिखते। गम्भीर चेहरा है। बधाई देने लोग आते, पर मुझे गम्भीर देखते, तो चुप बैठे रहते। पता ही नहीं चलता कि बधाई देने आए हैं या बीमारी देखने। एक श्रमिक नेता मित्र ने बधाई की बात की तो मैंने कहा—अरे, यह तो 'बोनस' है।

सम्मान मिले, पैसा मिला। पर सहानुभूति सब गई। अभी तक लोग कहते थे—परसाई को इतने साल लिखते हो गए। बेचारे को क्या मिला? कुछ भी तो नहीं। अब कहते हैं—अरे, अब क्या कमी है। पुरस्कारों की वर्षा हो रही है। मालामाल हो रहे हैं। अब व्यंग्यकार क्या—पुरस्कार हो गए हैं। भारत में विशेषकर हिन्दी में लेखक को 'बेचारा'

जब तक न बना लिया जाए, उसे न महत्त्व दिया जाता, न स्नेह! दूसरी तरफ सम्पन्न मैथिलीशरण गुप्त को 'राष्ट्रकवि' बनाते हैं और राज्यसभा की सदस्यता भी देते हैं।

लोग पूछते हैं—क्या करोगे इस पैसे का? संस्थाओं को कुछ दान वगैरह करोगे? देखो अज्ञेय और जैनेन्द्र दोनों ने ट्रस्ट बना दिए हैं। मैं कहता हूँ—यार, कुल रकम पचास हजार भी तो नहीं होती। यह तो मेरी जरूरतों से भी कम है। अगर मैं सरकारी नौकरी न छोड़ता तो इससे तीन गुना प्राविडेंट फंड और ग्रेजुटी मिलाकर होता।

मैं बताता हूँ कि ज्ञानपीठ पुरस्कार मिलने पर रघुपति सहाय 'फिराक' ने जवाबी भाषण में क्या कहा था। उन्होंने कुछ इस तरह कहा था—लोग पूछते हैं कि इस पैसे का क्या दान करोगे? संस्थाओं को दोगे? ट्रस्ट कायम करोगे? मुझे तब की एक घटना याद आती है जब मैं लड़का था। हमारे यहाँ के तहसीलदार ने जमींदारों और पैसेवालों की एक मीटिंग बुलाई और कहा—देखो, अपने समाज में विधवाओं की हालत बड़ी खराब होती है। बेचारी कितनी गरीबी, कितना दुख भोगती हैं। मैं विधवाओं के भले के लिए कुछ करना चाहता हूँ। मैंने एक योजना बनाई है। आप लोग चन्दा दो और दान इकट्ठा करो। मेरे पास जमा करो। थोड़े दिनों में ही बहुत पैसा जमा हो गया। दो साल बीत गए और तहसीलदार ने कुछ नहीं किया। तो कुछ लोगों ने उनसे पूछा था कि आप विधवाओं के भले के लिए क्या कर रहे हैं? तहसीलदार ने बड़ी संजीदगी से जवाब दिया—भई, मैं कर रहा हूँ। देखो, आदमी की जिन्दगी का कोई भरोसा तो है नहीं। आज मैं हूँ और कल मर जाऊँ। तो मेरी बीवी तो विधवा हो जाएगी न। यही सोचकर मैंने सारा पैसा बीवी के नाम बैंक में जमा कर दिया है। तहसीलदार के तर्क से ही यह सारा पैसा मैं अपने लिए ही रख रहा हूँ।

मेरा अपना हाल यह है—एक तो मैं अनाथ, बिना माँ-बाप, बीवी वाला। दूसरे ब्रह्मचारी। तीसरे ब्राह्मण। तो मैं अकेला ही एक अनाथालय के बराबर हूँ। मैं अपने निजी अनाथालय को यह धन दान कर दे रहा हूँ। मो सम कौन कुटिल खल कामी!

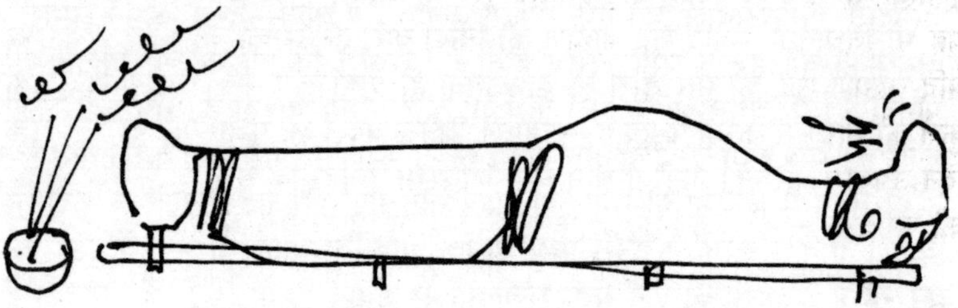

धर्म अभी मरा नहीं है...

धर्म अभी मरा नहीं है। वर्ण-व्यवस्था का पालन हो रहा है, हालाँकि पापी, नास्तिक धर्म के विरुद्ध बहुत प्रचार कर रहे हैं।

जयपुर में विधानसभा में एक विधायक फूट-फूटकर रोया। उसने अध्यक्ष के चरण पकड़ लिये और विनती की—मेरी रक्षा करो। जिला परिषद के अध्यक्ष के भतीजे ने मुझे बुरी तरह पीटा। उसने मुझे जान से मारने की धमकी दी है। मेरी जान खतरे में है।

हरिजनों की सामूहिक हत्या और उनके झोंपड़े जलाए जाने की घटनाओं के लगातार होने तथा इनमें अक्सर राज-पुरुषों का हाथ होने से, तुलसीदास का सोलहवीं शताब्दी का मन प्रसन्न और आश्वस्त है। अभी भगवान को अवतार लेने की तकलीफ करने की जरूरत नहीं है। धर्म की 'ग्लानि' अभी नहीं हुई है। आस्तिक हो, नास्तिक हो, शैव हो, वैष्णव हो, शाक्त हो, द्वैतवादी हो, अद्वैतवादी हो,

विशिष्टाद्वैतवादी हो—कोई बात नहीं। ये धर्म नहीं हैं। धर्म केवल वर्ण-व्यवस्था है। इसका पालन करो, फिर चाहे किसी देव को पूजो या किसी को न पूजो।

परन्तु यह घटना विशिष्ट है। पिटनेवाला मामूली शूद्र नहीं, विधायक है। इस मामले को लेकर विधानसभा में काफी हंगामा हुआ। इसलिए इस विधायक रामप्रसाद लट्ढा को सोलहवीं शताब्दी के तुलसीदास को समझाना पड़ेगा।

देख अधम रामप्रसाद, यह सब पूर्व जन्म के कर्मों का फल है जो तू भोग रहा है। शास्त्रों, स्मृतियों के विधान झूठे नहीं होते। तूने पूर्व जन्म में जो पाप किए थे, उनके कारण तू शूद्र हुआ। शूद्र हुआ तो तेरा धर्म है ऊँचे वर्णों की सेवा करना और उनके अत्याचार प्रसन्नतापूर्वक सहना। यह तेरा पुण्य होगा। शास्त्रों में लिखा है कि तू ब्रह्मा के पाँवों से पैदा हुआ। ब्राह्मण मुख से, क्षत्रिय भुजा से और वैश्य पेट से। यह भी विधान है—यदि शूद्र ब्राह्मण की निन्दा करे, तो उसकी जीभ काट लो। पर यदि ब्राह्मण शूद्र को मार डाले तो वह उतना ही प्रायश्चित करे, जितना सूअर या कुत्ते को मारने से करना पड़ता है—नहा ले, जनेऊ बदल ले, पूजा-पाठ कर ले, एक दिन उपवास कर ले। यानी प्राचीन धर्म-व्यवस्था के हिसाब से तू कुत्ता और सूअर की बराबरी का होता है। तूने शिकायत की तो तू अपने धर्म से गिरा।

रामप्रसाद, तुझे पीटनेवाला ऊँचे वर्ण का है, तो यह धर्मानुसार ही हुआ। पूजिय विप्र सीलगुणहीना शूद्र न पूजिय जदपि प्रवीना, पूर्वज कह गए हैं। तू इस जन्म में सेवा करेगा और पिटेगा, तो यह तेरा पुण्य होगा। इस पुण्य से तू अगली बार किसी काला-बाजारी वैश्य के घर जन्म लेगा और सुख से रहेगा। देख, हानि-लाभ जीवन-मरण, जस-अपजस विधि हाथ! तेरे भाग्य में यही लिखा है। प्रारब्ध को कोई मेट नहीं सकता। पर तू जो शिकायत कर रहा है, हल्ला कर रहा है, पुलिस कार्यवाही की माँग कर रहा है—यह सब पाप है। इस पाप से तू नर्क जाएगा। फिर शूद्र के घर में जन्म लेगा और इस जन्म के पापों का फल भोगेगा। धर्म है यह। परम्परा है। तेरा यही प्रारब्ध है। प्राचीन धर्म-शास्त्रों में लिखा है। वे झूठे कभी नहीं होते।

यह तो सोलहवीं सदी के तुलसीदास का उपदेश उस शूद्र, विधायक को हो गया। इससे पुरी के शंकराचार्य भी सन्तुष्ट होंगे, विश्व हिन्दू परिषद के नेता भी खुश होंगे और बाला साहब देवरस भी प्रसन्न होंगे।

मगर 1984 के तुलसीदास को भी बोलना पड़ेगा। समाचार में कोई ख़ुलासा नहीं है कि हरिजन विधायक को मारनेवाला कौन जाति का है ? वह भी क्या कांग्रेस का ही है। भारतीय जनता पार्टी का होता, तो सदन में प्रमुख विरोधी यह दल इतना हल्ला नहीं करता—वह सिद्ध करता कि इस हरिजन ने ही बेचारे जिला परिषद के अध्यक्ष पर हमला किया। हरिजनों के भी तो दिमाग चढ़ गए हैं। वह अध्यक्ष शायद निर्दलीय हों। मगर निर्दलीय अध्यक्ष कैसे होता ? शायद कांग्रेस का हो, तभी शोर

और विरोध में कांग्रेसी विधायकों ने बाद में औपचारिक भाग लिया। क्या मामला लेन-देन का है ? क्या राजनीतिक दुश्मनी है ? क्या हरिजन विधायक ने उस अध्यक्ष का कोई काम करने से इनकार किया ? या शुद्ध सवर्ण का हमला हरिजन पर है ? कुछ स्पष्ट नहीं होता।

मगर एक बात बता दूँ रामप्रसाद कि तू अगर खुश हो कि सभी पक्षों ने तेरा समर्थन किया, तेरे पिटने को गम्भीरता से लिया, पीटनेवाले को सजा देने की माँग की—तो तू भ्रम में है। विरोधी लोगों ने तो इसलिए तेरे पक्ष में हल्ला किया कि तेरे बहाने सत्ता पक्ष पर हमला करने का सुनहरा मौका तूने उन्हें पिटकर दिया। सत्ता पक्ष ने भी इस कृत्य की निन्दा की, तेरे प्रति सहानुभूति बताई, कार्यवाही का आश्वासन दिया, यह इसलिए कि जनता की नजरों में उसे गिरना नहीं था, अपने को हरिजन-रक्षक बताना था।

मैं तुझसे सच बात कहूँ—ये दोनों पक्ष झूठे हैं। कांग्रेस में सौ में से सत्तर हरिजन विरोधी हैं। भारतीय जनता पार्टी में सौ में से सौ ही विरोधी हैं। ये सब वर्णवादी, जातिवादी और उपजातिवादी हैं। गाँव का पुराना जमींदार या बड़ा किसान चाहे कांग्रेसी हो चाहे जनता पार्टीवाला, चाहे भारतीय जनता पार्टीवाला, वह हरिजन से खेतों पर बेगार कराने की कोशिश करेगा। इसमें सफल नहीं हुआ, तो कम मजदूरी देगा। अगर हरिजनों ने वाजिब मजदूरी माँगी, तो उन्हें पिटवाएगा, उनके झोंपड़ों में आग लगवा देगा। हरिजनों को अगर सरकार चार-पाँच एकड़ जमीन दे दे, तो सिर्फ पट्टा ही हाथ रहेगा। वे खेत जोत नहीं सकेंगे। जोतने जाएँगे तो पिटेंगे। पटवारी, सरपंच, थानेदार, तहसीलदार सब हरिजन के खिलाफ होते हैं और बड़े भूमिपति के साथ। इन अत्याचारियों का कुछ नहीं बिगड़ता क्योंकि ऊपरवाले नेता और मंत्री इन्हें बचा लेते हैं।

बहुत कम प्रतिशत अत्याचार वर्ण-द्वेष के कारण होते हैं। अधिकांश अत्याचार मजदूरी, जमीन पर कब्जा आदि आर्थिक कारणों से होते हैं। जो कहते हैं कि भारत में वर्ण-संघर्ष प्रधान है, वे गलत हैं। यह वर्ग-संघर्ष है जिसमें विशेष व्यवस्था के कारण वर्ण मिल गया है। वर्ण-संघर्ष कैसा ? जगजीवनराम हरिजन हैं। 33 साल मंत्री रहे। इन सालों में अपना काम कराने के लिए हजारों ब्राह्मणों, क्षत्रियों और वैश्यों ने उन्हें दंडवत प्रणाम किया है। हजारों ब्राह्मणों ने उनके घर भोजन किया होगा। चमार कलेक्टर के आगे कितने विप्र देवता सिर झुकाते हैं। गाँव के चमार का लड़का जूते के कारखाने में काम करता है, तो कारीगर या मशीनमैन या सुपरवाइजर होता है। वह चमारों में नहीं उठता-बैठता। ऊँची जातिवालों में बैठता है। उत्पादन के साधन के साथ उसकी जाति बदल जाती है। मगर हाथ से जूता सीनेवाला उसका बाप चमार और अछूत रहता है। फिर इस बात का पता लगाओ कि जो हरिजन आई. ए. एस. और आई. पी. एस. हो जाते हैं वे किस जाति में

शादी करते हैं। वे अपनी जाति में शादी नहीं करते। वे ऊँची जाति में शादी करते हैं। कहाँ रही वर्ण-व्यवस्था? और गाँव में पंडितजी का लड़का शहर में आकर जूते की दुकान में नौकरी कर लेता है और चमार ग्राहक को अपने हाथ से जूते पहनाता है।

मामला ऐसा है रामप्रसाद! संस्कार में छूत-अछूत है, यह सही है। पर यह भेद मिटता भी है। अगर कोई हरिजन गाँव में काफी जमीन कर ले, मकान बनवा ले, तो हरिजनों से लड़ाई में वह ठाकुरों का साथ देता है भैया! तीसेक साल पहले जगजीवनराम रेलमंत्री थे। अंग्रेजी राज था, तो रेलवे स्टेशन पर गाड़ी रुकते ही आवाज आती थी—हिन्दू चाय! मुस्लिम चाय! हिन्दू पानी! मुस्लिम पानी! जगजीवनराम के रेलमंत्री होने पर चाय और पानी का सम्प्रदायवाद खत्म हुआ। मगर सारे देश में अफवाह फैल गई कि जगजीवनराम ने स्टेशनों पर के 'पानी पांडे' अलग करके शूद्रों को पानी पिलाने के काम पर लगा दिया। ऊँची जातियों को इस तरह भ्रष्ट किया जा रहा है। तब बहुत से प्यासे मरते यात्रा करते थे—जाति बचाने के लिए। और अब पढ़े-लिखों का हाल देख लो। एक असिस्टेंट इंजीनियर ने मुझे बताया—हमारे रेस्ट हाउस में एक दिन दो जिलों के आई. ए. एस. कलेक्टर ठहर गए। एक ब्राह्मण और दूसरा हरिजन। मैंने ब्राह्मण कलेक्टर से कहा—सर, आप दोनों का भोजन टेबिल पर लगवा देता हूँ। उसने कहा—नहीं, हमारा खाना कमरे में ही भेज दो। उसने हरिजन कलेक्टर के साथ खाना नहीं खाया। मैंने पूछा—अगर हरिजन चीफ सेक्रेटरी होता तो? उसने जवाब दिया—तो ब्राह्मण आई. ए. एस. उनके आसपास 'सर सर' करते चक्कर लगाता और अपने हाथ से भोजन परोसता! वर्ण अहंकार कठोर भी है और फुसफुसा भी।

भैया रामप्रसाद, आर्थिक कारणों से टकराहट बढ़ रही है। नीची जातियों के धन्धे भी ऊँची जातियों ने ले लिये। ब्राह्मण और वैश्य ने 'लांड्री' खोल ली है, तो धोबी का धन्धा गया। इधर दूसरी तरफ से संघर्ष चालू है। 'आरक्षण' विरोधी आन्दोलन हो रहे हैं। इनका कहना है कि गरीब और पिछड़े हुए क्या सिर्फ हरिजन हैं? क्या ब्राह्मण गरीब नहीं हैं? ब्राह्मणों के आरक्षण की नीति बदलने के लिए सम्मेलन होते हैं। ब्राह्मण सचमुच गरीब हैं—गाँव में जो सिर्फ पौरोहित्य करता है, वह ब्राह्मण हरिजन की तरह ही गरीब है। पिछड़ा हुआ भी है। पर हरिजन दूसरों के द्वारा गरीब और पिछड़ा हुआ बनाया गया है। ब्राह्मण अपने कर्म या अकर्म से इस दुर्गति पर पहुँचा है। वैदिक काल में यज्ञ-विधि पर यानी एक 'टेकनीक' पर ब्राह्मण ने कब्जा कर लिया था। वह पूजा जाता था। वह ऋषि था। बाद में उपनिषद काल में तत्त्व चिन्तन में क्षत्रियों ने ब्राह्मण को पीछे कर दिया। तब ब्राह्मण ने तरह-तरह के कर्म-कांडों का आविष्कार किया। जन्म के पहले से मृत्यु के बाद तक ब्राह्मण कोई पूजा रचा, अनुष्ठान, गृहशान्ति, मारण और उच्चाटन कर्मकांड आदि करता

रहा। इन टेकनीक पर भी उसने एकाधिकार किया। चरण-स्पर्श कराना, आशीर्वाद देना और पूजा कराना—इतना ही कर्म है। कोई उत्पादन करना न ब्राह्मण ने सीखा न किया। वह 'पंडितजी' कहलाया। पर उत्पादन न करनेवाला कब तक टिकता। गोदान इक्कावन रुपए का भी होता है और सवा रुपए का भी। आखिर ब्राह्मण भिखमंगा हो गया। जिन ब्राह्मणों के लड़के थोड़ा पढ़-लिख गए वे नौकरी करने लगे। ब्राह्मण ऊँचे-से-ऊँचे पद पर भी हैं और नीचे-से-नीचे चपरासी के पद पर भी।

इनका हमला इस तरह है। मेरे शहर से सौ किलोमीटर दूर एक ही दिन दो रेल-दुर्घटनाएँ हो गईं। बड़ा हल्ला हुआ। प्रचार यह हुआ कि दोनों गाड़ियों के ड्राइवर नीची जाति के हैं और शराब पीकर गाड़ी चला रहे थे। मेरे पास भी दो रेलवे के ही ब्राह्मण अधिकारी आए। चुनौती की मुद्रा में बोले—अब आपको क्या कहना है? ये चमारों-टेढ़ों को ड्राइवर बना दिया है और ये दारू पीकर गाड़ी चलाते हैं। मैंने कहा—मैं व्यक्तिगत रूप से दो ब्राह्मण ड्राइवरों को जानता हूँ, जो शराब पीकर गाड़ी चलाते हैं। असल में इस बारे में रेलवे के जो नियम हैं, उनका पालन नहीं होता। हमारे यहाँ के राज्यपाल ब्राह्मण भगवतदयाल शर्मा जो अभी रिटायर किए गए, उनका डॉक्टरों के सम्मेलन में जो भाषण हुआ, उसमें अखबारी रिपोर्ट के अनुसार, उन्होंने कहा—कि कम नम्बर में मेडिकल कॉलेज में रिजर्वेशन के तहत भरती होती है। कम नम्बर पाकर भी हरिजन को डॉक्टरी की डिग्री मिल जाती है। नतीजा यह है कि ये देश की जनसंख्या घटा रहे हैं। ब्राह्मण राज्यपाल को संविधान का भी ध्यान नहीं रहा।

मैंने शिक्षा विभाग के अधिकारियों से पूछा—इन हरिजन लड़कों के घर में शिक्षा की पृष्ठभूमि नहीं रहती। इनका जीवन-स्तर भी नीचा होता है। इनके लिए अलग से 'ट्यूटोरियल्स' की व्यवस्था क्यों नहीं की जाती। उन्होंने कहा—ऐसी व्यवस्था है। मैंने मेरे परिचित प्रोफेसरों से पूछा, तो उन्होंने बताया—हाँ, हरिजन छात्रों को अलग से घंटे-डेढ़ घंटे पढ़ाने के लिए कुछ अध्यापकों को लगाया जाता है। उन्हें इसके लिए पैसा भी दिया जाता है। पर छात्रावास जाने में उस पैसे से दुगने का पेट्रोल स्कूटर में लग जाता है। तो सारा काम कागज पर ही होता है।

भाई पिटनेवाले रामप्रसाद, अब मैं तुझे समाजशास्त्रियों का निष्कर्ष बता दूँ। समाजशास्त्री कहते हैं—हमारे विकासशील समाज में उत्पादन के साधन बढ़ रहे हैं, विकास योजनाएँ चलती जाती हैं, उत्पादन बढ़ रहा है। धन्धे और नौकरियाँ बढ़ रही हैं, धन-प्राप्ति की सम्भावनाएँ बढ़ रही हैं, धनाश्रित जीवन मूल्य हो गए हैं, वहाँ स्पर्धा होगी ही और हजारों सालों से रूढ़िबद्ध वर्ण-संघर्ष भी होगा, जो वास्तव में वर्ग-संघर्ष ही है।...क्योंकि विकास के साथ ही सामाजिक-आर्थिक न्याय की कोई व्यवस्था नहीं है।

यह समाजशास्त्री कहते हैं, रामप्रसाद! आशा है, अब झगड़ा मिट गया होगा। तुम्हें पिस्तौलधारी सुरक्षा गार्ड मिल गया होगा। उस जालिम जिला परिषद अध्यक्ष पर काफी थूका जा चुका है। पर थूक इन लोगों के लिए साबुन का झाग होता है। मैल साफ हो गया होगा।

तुम तो रामप्रसाद अगले चुनाव के लिए टिकिट का जुगाड़ जमाओ।

गोस्वामीजी, हम बदल नहीं सकते

तुलसीदास नदी-किनारे घूम रहा था। देखा, एक तरुण नदी के पानी में खड़ा-खड़ा जोर-जोर से कुछ बोल रहा है। वह बाहर आया तो मैंने पूछा—क्या प्रभु वन्दना कर रहे थे? उसने कहा—नहीं, अपनी कविताओं का पाठ कर रहा था। अज्ञेयजी नदी में खड़े होकर कविता-पाठ करते हैं। कवि सम्मेलन में कविता नहीं पढ़ते।

मैंने कहा—अज्ञेय चतुर हैं। वे जानते हैं कि कवि-सम्मेलन में कविता पढ़ूँगा, तो 'हूट' हो जाऊँगा।

वह बोला—पर वे नदी में खड़े होकर कविता पढ़ते हैं, इसीलिए वे बड़े कवि हैं। मैं भी उन्हीं की तरह बड़ा कवि होना चाहता हूँ।

मैंने उसे समझाया—देखो भाई, नदी के ठंडे पानी में खड़े होकर काव्य-साधना करने से कविता भी ठंडी होती है। अज्ञेय की प्रेम कविताओं में प्यार की ऊष्मा ही नहीं है। प्रेम की कविता में ऊष्मा और उन्माद होता है, जो अज्ञेय की कविताओं में

गायब है। ऐसा कहीं प्रेम होता है। अज्ञेय का प्रेम-काव्य तो 'केल्कुलेटर' के जोड़-घटाना-गुणा-भाग जैसा है। उनके दूसरे काव्य में ऊर्जा नहीं है। तो इस नदी वाले चक्कर में मत पड़। ठंडे हो जाओगे। अज्ञेय कविता वैसे ही लिखते हैं, जैसे व्यापारी आयकर विभाग के लिए हिसाब लिखता है।

वह कवि चौंका। उसने पूछा—आखिर आप हैं कौन स्वामीजी? काव्य पर आप फौजदारी वकील की तरह बात करते हैं।

मैंने अपना नाम बताया। उसने कहा—अरे, गुस्साईंजी, प्रणाम! मैंने रामचरितमानस कई बार पढ़ी है। मेरे पिता रोज पाठ कराते थे। मुझे 'सुन्दरकांड' पूरा याद है। सुनाता हूँ।

मैंने कहा—कविता को धर्म से मिला देने से यही होता है कि भक्त उसे रट लेते हैं, पर समझते नहीं। जो लोग रोज गीता-पाठ करते हैं, वे उसे समझते बिलकुल नहीं। मुझे सुन्दरकांड सुनाकर मत उबाओ। अपना नाम बताओ।

उसने परिचय दिया—मैं कवि भुवनेन्द्र शर्मा 'कातर' हूँ। यह एक छोटा शहर है। पर यहाँ विश्वविद्यालय बहुत बड़ा है। मैं वहाँ हिन्दी का अध्यापक हूँ। यहाँ दो दैनिक पत्र निकलते हैं। उनमें मेरी कविताएँ छपती हैं। एक बार मुझे कुत्ते ने काट लिया तो मैं डॉक्टर के पास तो बाद में गया, पहले अखबार के दफ्तर में जाकर समाचार बनाकर दिया—'कवि 'कातर' को कुत्ते ने काटा।' तमाम लोग जान गए मुझे। जितना यश कविता से नहीं मिला, उतना कुत्ते के काटने से मिला मुझे।

मैंने कहा—होता है ऐसा। कुछ साहित्यकारों को साहित्येतर कारणों से अधिक यश मिलता है। आप कोई लड़की भगा लें तो अनन्त यश के भागी होंगे।

कातरजी ने कहा—आप साधु होकर भी मजाक करते हैं! खैर! अब आप कहाँ जाएँगे? रात्रि होने वाली है। मेरे घर भोजन करके कृतार्थ कीजिए। रात्रि को वहीं विश्राम कीजिए।

मैं उसके घर चला गया। वह विश्वविद्यालय परिसर में रहता था। अगर मुझे पहले बता देता, तो मैं कदापि वहाँ नहीं जाता। एक बार जाकर भोग चुका था।

खैर, भोजन के बाद तीन घंटे उसकी कविताओं की यातना भोगी, तब सोया।

सुबह प्रो. कातरजी ने भोजन के बाद कहा—आपका एक्सटेंशन लेक्चर करा देते हैं। कुछ रुपए मिल जाएँगे। मैंने कहा—मुझे न रुपए चाहिए, न मैं भाषण दूँगा। उसने कहा—फिर भी विश्वविद्यालय चलिए। मैं उसके साथ चला गया। पहले वह मुझे रजिस्ट्रार के पास ले गया।

वह बड़ा रोबीला आदमी था। कातरजी उसके सामने और कातर हो गए। उन्होंने मेरा परिचय रजिस्ट्रार से कराया। उसने श्रद्धापूर्वक नमन किया। फिर प्रो. कातर से कहा—आप क्लास लीजिए। गोस्वामीजी को मेरे पास छोड़ दीजिए। कातरजी चले गए।

रजिस्ट्रार ने कहा—प्रभु, इस देश की जो दुर्गति हुई है, उसके लिए सबसे बड़ी जिम्मेदारी किनकी है, जानते हैं? इन विश्वविद्यालयों की। इनके आचार्यों की। इन बुद्धिजीवियों की। अगर आपको पाँच-दस मूर्ख चाहिए, तो सारे शहर में घूमना पड़ेगा। पर इस कैम्पस में आपको एक ही जगह दो-ढाई सौ मूर्ख मिल जाएँगे। इनमें लुच्चे, नीच, धोखेबाज, चार सौ बीस, अपराधी—सब मिल जाएँगे। ये लोग स्वाधीनता के बाद देश में लाखों की तीन युवा पीढ़ियाँ निकाल चुके पढ़ाकर जो निकम्मी, दकियानूस, चरित्रहीन, अपढ़ है। पूँजी निवेश में सबसे मूल्यवान पूँजी यह युवा पूँजी है। मगर इन आचार्यों ने सब जाली नोट छापकर दे दिए। ये सबसे गैर जिम्मेदार लोग हैं।

इन्होंने 1947 से ही देश के साथ धोखा किया है और करते जा रहे हैं। अब देख लीजिए, मैं पुलिस का आदमी रजिस्ट्रार बनकर बैठा हूँ।

मैंने कहा—अब विद्या के मन्दिर पुलिस चला रही है।

उसने कहा—हाँ, मैं आई. पी. एस. हूँ। पढ़ा-लिखा हूँ। इतिहास और राजनीति का डबल एम. ए. हूँ। एक साल एक कॉलेज में पढ़ाया। इस बीच आई. पी. एस. में बैठ गया। टॉप किया। मैं सीनियर सुपरिंटेंडेंट पुलिस था। इस विश्वविद्यालय में अराजकता थी, तो सरकार ने मुझे यहाँ डेपुटेशन पर भेज दिया। यही हालत रही तो आगे हर क्लास में एक हवलदार डंडा लेकर खड़ा रहेगा। शिक्षा व्यवस्था भी पुलिस के हाथों में आ जाएगी।

तुलसी ने पूछा—तो आपने व्यवस्था कैसे ठीक की?

उसने एक तरफ का दराज खोला। उसमें एक रिवाल्वर रखा था। दूसरा दराज खोला। उसमें दो छुरे रखे थे। बोला—यह तैयारी रखता हूँ। पहले-पहल गुंडे छात्र नेता आए माँगें लेकर। मेरी टेबिल पर घूँसा मार-मारकर चिल्लाने लगे। धमकी देने लगे। मैंने धीरे-से पिस्तौल और छुरे निकालकर टेबिल पर रखे। पिस्तौल तान दी। मैंने कहा—देखो, मैं डाकुओं से लड़ने के बाद यहाँ आया हूँ। ये दो छुरे मैं तुम्हारी तरफ फेंक देता हूँ। फिर पिस्तौल तुम पर चला देता हूँ। तुम घायल होगे, मरोगे। मैं पुलिस में रिपोर्ट करूँगा कि तुम छुरा लेकर मुझे मारने आए थे और मैंने आत्म-रक्षा में पिस्तौल चला दी। मेरा कुछ नहीं बिगड़ेगा। तुम्हारी जेब में भी तो छुरे होंगे। अब बोलो, क्या माँगें हैं तुम्हारी? उन बहादुरों को पसीना आ गया। कहने लगे—नहीं सर, कोई माँग नहीं है। हम जाते हैं। मैंने कहा—तुम्हारे हाथ में जो माँग-पत्र है, वह मुझे दे दो। जो माँगें जायज हैं और मेरे वश में हैं, वे पूरी हो जाएँगी। अब सर्वत्र शान्ति है। इन्हें पालनेवाले पूज्य आचार्य भी डरे रहते हैं।

मैंने पूछा—पर क्या यह उचित है?

उसने कहा—बिलकुल गलत है। पुलिस का यहाँ होना भी पाप है। मगर हालात ऐसे हो गए हैं कि मजबूरन हमें भगवान की भी बन्दूक लेकर रक्षा करनी पड़ती है।

इतने में प्रो. कातरजी आ गए। वे मुझे हिन्दी विभाग में ले गए। वहाँ सबसे मेरा परिचय कराया। विभागाध्यक्ष ने कहा—हम आपका काव्य पढ़ाते हैं। इस बार हम मैथिलीशरण गुप्त की 'भारत भारती' भी विशेष अध्ययन में रख रहे हैं।

मैंने कहा—हे भगवान्! 'भारत भारती' क्यों?

उन्होंने कहा—वह राष्ट्रीय गौरव का काव्य है।

मैंने कहा—एक तो वह काव्य नहीं है। दूसरे, उसमें राष्ट्रीय गौरव नहीं है। वह घोर साम्प्रदायिक, अतीतवादी, पुनरुत्थानवादी, संकीर्णतावादी तुकबन्दी है। उससे छात्रों के दिमाग भ्रष्ट होंगे।

आचार्य बोले—गुसाईंजी, आप कैसी बातें करते हैं? मैथिलीशरण गुप्त राष्ट्रकवि हैं।

तुलसी ने कहा—और माखनलाल चतुर्वेदी डिप्टी राष्ट्रकवि हैं, रामधारीसिंह 'दिनकर' असिस्टेंट राष्ट्रकवि हैं। बाकी कवि क्या अराष्ट्रीय हैं। देखिए, राष्ट्रकवि कोई नहीं होता। किसी भी राष्ट्र का कोई एक राष्ट्रकवि नहीं होता। मैथिलीशरण गुप्त को तो भारतीय राष्ट्रीयता समझ में भी नहीं आती थी।

'दिनकर' के साथ तो बड़ा मजाक हुआ। उनकी कविता 'मेरे नगपति मेरे विशाल' बड़ी ओजस्वी राष्ट्रीय कविता मानी जाती थी—साकार दिव्य गौरव विराट पौरुष की पुंजीभूत-ज्वाल। मगर 1962 में 'दिनकर' के सामने ही चीनी इस 'मेरे नगपति मेरे विशाल' पर चढ़कर इस पार आ गए। स्वाधीनता के लम्बे आन्दोलन में जिस कवि की कविता को गाते हुए लाखों लोगों ने पुलिस की लाठी खाई और जेल गए, वह एक मामूली अध्यापक था—श्यामलाल पार्षद। उसका झंडा गीत था—

विजयी विश्व तिरंगा प्यारा
झंडा ऊँचा रहे हमारा
आओ प्यारे वीरो आओ
मातृभूमि पर बलि बलि जाओ
एक साथ सब मिलकर गाओ,
प्यारा भारत देश हमारा।

इसे गाते थे, स्वाधीनता संग्राम सैनिक इससे प्रेरणा पाते थे। 'भारत भारती' और दिनकर से नहीं। और प्रेरणा पाते थे ऐसी कविताओं से—

सरफरोशी की तमन्ना अब हमारे दिल में है।
देखना है, जोर कितना बाज़ुए कातिल में है।

एक पंडितजी बोले—यह तो उर्दू की कविता है। हम तो अपने पूर्वजों की यह बात मानते हैं—

बोलो सब मिल भारत सन्तान
हिन्दी, हिन्दू, हिन्दुस्तान!

तुलसीदास का सिर चकरा गया। मैंने कहा—पंडितजी, नाश कर दिया है, इस नारे ने। यह नारा हिन्दी, हिन्दू और हिन्दुस्तान तीनों का दुश्मन है। उर्दू की बात उठती है तो आप कहते हैं—उर्दू अलग भाषा नहीं, हिन्दी की शैली है। अगर ऐसा है तो ग़ालिब और मीर को हिन्दी के कोर्स में रखिए।

दूसरे आचार्य बोले—एक तो उर्दू मुसलमानों की भाषा है। दूसरे, विदेशी है—ईरान की है। फारसी उसका मूल है।

मैंने कहा—प्रेमचन्द और फिराक़ हिन्दू थे। और मलिक मुहम्मद जायसी, रहीम, रसखान मुसलमान थे। मुसलमान कवि अगर राधा-कृष्ण पर लिखे, तो आप गद्‌गद हो जाते हैं कि हिन्दू धर्म की जय हो गई। आपके पवित्रतावाद ने हिन्दी को बहुत कमजोर बना दिया है। मगर आम अपढ़ भारतीय कहता है—'कल वाइफ को बुखार आ गया था।' इसमें 'वाइफ' अंग्रेजी है, 'बुखार' फारसी है। यह भाषा बोलेगा भारतीय। आप इसे रोक नहीं सकते। जिसे लोग बोलें, वह भाषा होती है। जिस रास्ते लोग चलें, वह सड़क होती है। आप यहाँ बैठे-बैठे कृत्रिम भाषा बनाइए, उसे कोई नहीं बोलेगा। हिन्दी को सम्पन्न करने के दो रास्ते हैं—फारसी और लोक-भाषाएँ। फारसी का रास्ता आपने हिन्दू साम्प्रदायिक संकीर्णता से बन्द कर दिया है। लोकभाषा का रास्ता उसे गँवारू कहकर बन्द कर दिया। तो हिन्दी क्या बची?

एक रीडर ने कहा—अगर उर्दू देवनागरी में लिखी जाए, तो वह स्वीकार हो जाएगी।

मैंने कहा—देवनागरी में वे कुछ ध्वनियाँ नहीं हैं जो उर्दू में हैं। उर्दू में नुक्ता है। इससे शब्द का अर्थ बदल जाता है। 'जलील' में 'ज' में और 'खाना' में 'ख' में नुक्ता होने से अर्थ बदल जाता है। क्या आप देवनागरी लिपि में सुधार करने को तैयार हैं कि वे ध्वनियाँ और स्वर उसमें आ जाएँ? यह भी आप नहीं करेंगे क्योंकि देवों की भाषा मानते हैं। उसे गरीब रखना चाहते हैं। कुछ साल हिन्दी लिपि में नुक्ता चला। पर मूढ़ पवित्रतावादियों ने उसे बन्द कर दिया। अब वह नहीं छपता। मैं जानता हूँ मुझे लिखने में कितनी तकलीफ होती है। इस पवित्रतावाद से भाषा की ताकत घट गई। अभिव्यक्ति-क्षमता कम हो गई और आप समझते हैं, हिन्दू धर्म की जय हो गई। कितने सुसंस्कृत लोगों की कितनी सुसंस्कृत भाषा है यह। समृद्ध ईरानी संस्कृति से यह आई है। यह नहीं कहते—क्या आप बीमार हैं? कहते हैं—सुना है, जनाब के दुश्मनों की तबीयत नासाज है। खुद फिरदौसी ने लिखा है कि कितनी समृद्ध संस्कृति थी, हम ईरानियों की। मगर इन बर्बर गँवार अरबों ने आकर सब भ्रष्ट कर दिया। अब धार्मिक उन्माद ने ईरानियों को भी भेड़िया बना दिया। देखिए, उर्दू भारतीय भाषा है। यहीं पैदा हुई और बढ़ी। अब आप पंडितजी, हिन्दू पवित्रतावाद की संकीर्ण भाषा का जाला मकड़ी की तरह बुनिए और उसमें बन्द हो जाइए। अरे महाराज, जो अंग्रेजी के शब्द भी इस्तेमाल में आते हैं आम आदमी के, उनका शुद्धि-

संस्कार कर लीजिए। वे हिन्दी हो चुके। लोग कहते हैं—आजकल 'ट्रेनें' बहुत लेट हो रही हैं। वे बहुवचन 'ट्रेन्स' नहीं कहते, 'ट्रेनें' कहते हैं। उन्होंने इस शब्द को अपने व्याकरण में ले लिया।

इसी वक्त इतिहास के एक अध्यापक आ गए। मेरा उनसे परिचय कराया गया। मैंने पूछा—क्यों साहब, पिछले आठ सौ सालों में क्या इस देश के करोड़ों हिन्दू-मुसलमानों का एक ही काम था—आपस में नफरत करना और लड़ना? मेरा मतलब उस समय से है, जिसे आप लोग 'मुस्लिम पीरियड' कहते हैं। उसमें कभी भी देश के एक-तिहाई हिस्से से ज्यादा पर, किसी सुलतान या दिल्ली के शहंशाह का राज रहा है?

उन्होंने कहा—नहीं रहा। मगर हमने तो वही पढ़ा है जो इतिहासकारों ने लिखा है और वही पढ़ाते हैं।

मैंने कहा—यानी मिलर, स्मिथ, आर. सी. मजूमदार, राधाकुमुद मुकर्जी, ईश्वरी प्रसाद। ये ही न? इन सबको बहुत पहले दफना देना था। यह झूठा और साम्प्रदायिक इतिहास है। हिन्दी-उर्दू की भाषा की पाठ्य-पुस्तकें भी इसी दृष्टिकोण से बनाई जाती हैं। स्कूल से ही हिन्दू-मुसलमान दोनों के बच्चों के दिमाग में नफरत का जहर भर दिया जाता है। इसी झूठे बदमाशी के इतिहास से पाकिस्तान बना। यही दंगे कराता है। यही अभी भी हिन्दू-मुस्लिम द्वेष रखे हुए है। पिछले तीस सालों में जो शोध हुई है, उसने इस इतिहास को झूठा साबित कर दिया है। प्रमाण मिल गया है उज्जैन में—औरंगजेब की सनद कि महाकालेश्वर मन्दिर को इतना दान दिया गया और खर्च के लिए इतनी रकम हर साल दी जाएगी। यह एक ही बात इतिहास में पढ़ा दी जाए, तो साम्प्रदायिकता बहुत हद तक खत्म हो जाए। पर पाठ्य-पुस्तकें आप लोग बदलते ही नहीं। नई शोध के तथ्य सामने लाते ही नहीं।

इतिहास के अध्यापक बोले—हम क्या करें? हमसे ऊपर के लोग ही यह नहीं करने देते।

फिर हिन्दी के आचार्य बोले—याने मुस्लिम काल में हिन्दू-मुस्लिम सद्भाव था?

मैंने कहा—हाँ, वरना मुस्लिम कवि राधा-कृष्ण, राम-सीता पर क्यों लिखते। राजा और नवाब और शाह लड़ते थे। यह राजनीतिक लड़ाई थी। हिन्दू राजा हिन्दू राजा से लड़ता था। मुसलमान राजा मुसलमान राजा से लड़ता था। हिन्दू राजा मुसलमान सुलतान से लड़ता था। मुसलमान राजा की फौज में हिन्दू होते थे। हिन्दू राजा की फौज में मुसलमान। यह हिन्दू-मुस्लिम लड़ाई हुई या राजनीतिक लड़ाई? जनता नहीं लड़ती थी। आम हिन्दू-मुसलमान सद्भाव से रहते थे।

आचार्य ने पूछा—यह आप कैसे कहते हैं?

मैंने कहा—उन आठ सौ सालों के काव्य को देखिए। किसी भी युग का सबसे

अच्छा गवाह तत्कालीन साहित्य होता है। आप भाटों को छोड़ दीजिए। पर जायसी, सूरदास, कबीर, मैं, घनानन्द, विद्यापति इनके काव्य में कहीं हिन्दू-मुस्लिम द्वेष नहीं है। उधर अमीर खुसरों से लेकर मीर, ग़ालिब, मोमिन, जौक, दाग किसी की शायरी में हिन्दू-मुस्लिम द्वेष नहीं है। कबीर ने हिन्दू-मुसलमान के पाखंड पर चोट की है, पर यह नहीं लिखा कि ये लड़ते हैं। कबीरदास ने यह भी नहीं लिखा कि—हिन्दू-मुस्लिम भाई-भाई हैं। यह किसी कवि ने नहीं लिखा। क्यों नहीं लिखा? इसलिए कि इसकी जरूरत नहीं थी। बीसवीं सदी के आरम्भिक वर्षों में अंग्रेजों ने झगड़ा चालू कराया। पहली बार कवि को यह लिखना पड़ा—

मजहब नहीं सिखाता आपस में बैर रखना।
हिन्दी हैं हमवतन हैं हिन्दोस्ताँ हमारा।

इसके पहले किसी कवि ने यह बात नहीं लिखी क्योंकि इसकी जरूरत नहीं थी। क्यों साहबान, मैं झूठ बोल रहा हूँ।

वे लोग चुप थे। एक ने कहा—पर करें क्या?

मैंने कहा—बदलिए। पढ़ाना बदलिए। साहित्य और इतिहास की पुस्तकें बदलिए। दृष्टि बदलिए।

एक साहसी रीडर ने कहा—गोस्वामीजी, हम बदल नहीं सकते। हममें साहस नहीं है। देश-भर के विश्वविद्यालयों में बौद्धिक कायरों का वर्ग है। यह 'नोचेजर' है। सुविधाभोगी है। कायरता छोड़ने से असुविधा होती है। इसलिए हम हजारों की तादाद में सुखी बौद्धिक कायर शिक्षा पर कब्जा किए हैं।

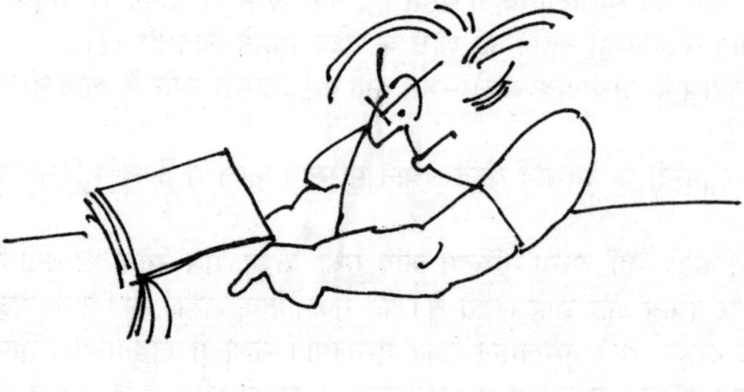

मानव-सेवा के लिए

तुलसीदास दो-तीन दिन अखबारों में कोट व टाई पहने मुस्कुराते हुए एक आदमी की फोटो देख रहा था। और उसके सम्बन्ध में समाचार पढ़ रहा था, कि वे लायन्स क्लब के 'डिस्ट्रिक्ट गवर्नर' हो गए हैं। मैंने एक भगत से पूछा कि भाई ये किस कारण से महत्त्वपूर्ण हो गए हैं। इन्होंने महत्त्वपूर्ण होने के लायक क्या किया है। उसने जवाब दिया—गोसाईंजी, आप इस माया रहस्य को नहीं समझते। आप पुराने सन्त हैं। मैंने कहा, भगत, सन्त तुम लोगों से अधिक चतुर व काँइयाँ होता है। वह दुनिया के सारे दन्द-फन्द जानता है। सन्त सिर्फ आशीर्वाद देनेवाला उल्लू नहीं होता है। फिर भी तुम मुझे समझाओ।

भगत ने कहा—प्रभु, ये बड़े लोगों की संस्थाएँ हैं, लायन्स क्लब, रोटरी-क्लब वगैरह। ये लोग डिस्ट्रिक्ट गवर्नर जैसे पदों को प्राप्त करने के लिए लाखों रुपए खर्च कर देते हैं। मैंने कहा—अगर ये इतना धन खर्च करते हैं तो यह 'इन्वेस्टमेंट'

(पूँजीनिवेश) हुआ, इससे कई लाख कमाते होंगे। क्या जरिये हैं कमाने के, कौन से धन्धे करते हैं यह डिस्ट्रिक्ट गवर्नर लोग। भगत ने कहा, यह तो मैं भी नहीं जानता। यह किसी ईमानदार लॉयन से ही पूछिए। मैं तो इतना समझता हूँ कि इस पद से प्रतिष्ठा बढ़ती है। तुलसी ने कहा, भगत, यह प्रतिष्ठा किन लोगों में रहती है? डिस्ट्रिक्ट लॉयन के घर के सामने से निकलनेवाले लोग क्या यहाँ रुककर नमन करते हैं? क्या आम लोग आपस में श्रद्धा भाव से कहते हैं कि इस घर में लॉयन के डिस्ट्रिक्ट गवर्नर रहते हैं। साधारण आदमी नहीं जानते कि यह कैसा क्लब है और क्या करता है। उनकी इसमें बिलकुल भी रुचि नहीं। वे इस बात की कतई परवाह नहीं करते कि कौन लॉयन है और कौन नहीं, कौन गवर्नर हो गया। नागपुर में एक गांधीवादी कानेटकरजी थे। वे सुबह नियमपूर्वक रेलवे स्टेशन जाते थे और झाड़ू लेकर प्लेटफार्म साफ करते थे। वे विद्वान आदमी थे। उनकी प्रतिष्ठा नागपुर-भर में थी। हर आदमी उन्हें जानता था। उनका आदर करता था। उनकी प्रतिष्ठा पूरे महाराष्ट्र में थी। ये डिस्ट्रिक्ट गवर्नर जो हुए हैं तो इनकी प्रतिष्ठा कितने लोगों के बीच बढ़ी। भगत ने कहा, गोसाईंजी इनकी प्रतिष्ठा लायन्स क्लब के सदस्यों के बीच में ही बढ़ी। मैंने कहा, यानी लायन्स क्लब एक रक्षित वन है। 'एनिमल सेक्चुअरी' जैसा है जिसके शेर हैं, चीते हैं, बारहसिंगे हैं, जंगली सूअर हैं, हिरन हैं, जंगली भैंसें हैं। चारों तरफ से घिरा वह वन ही उनकी दुनिया है। जब इस वन में एक सफेद शेर ले आया जाए तो सारे जानवरों में उसकी सबसे ऊँची प्रतिष्ठा होगी। ऐसी ही प्रतिष्ठा इन लॉयन गवर्नरों की होती है। अच्छा मुझे तुम लायन्स क्लब के बारे में और बताओ। उसने कहा— मैं कुछ विशेष नहीं जानता। लॉयन्स क्लब के किसी सदस्य से पूछ लीजिए।

दूसरे दिन सिविल लाइन की सड़क पर तुलसी चल रहा था कि उसकी नजर छोटे-से बँगले पर गई। सामने ऊँचा फाटक लगा था जो बन्द था। उस पर दो लकड़ी की तख्तियाँ लगी थीं। एक तख्ती पर अंग्रेजी में लिखा था 'लायन के. के. अग्रवाल', दूसरी तख्ती पर अंग्रेजी में लिखा था 'बिवेयर ऑफ डाग'। मैंने सोचा कि साधारण आदमी इसे पढ़कर क्या अर्थ निकालेगा। यह अर्थ निकालेगा कि यहाँ कोई शेर रहता है जिसका नाम के. के. अग्रवाल है। मगर वह शेर बहुत डरपोक है इसलिए उसने कोई भयंकर कुत्ता पाल रखा है और इस तख्ती द्वारा लोगों को सावधान किया गया है कि शेर से कोई डर नहीं है, मगर कुत्ते से सावधान रहो।

मैं सड़क पर खड़ा हो गया। मेरे साधु-वेश को देखकर कुत्ता झपटकर गेट तक आया और भौंकने लगा। मैं खड़ा रहा। मैं कुत्ते के चरित्र को सही जानता हूँ। मनुष्य के चरित्र को जानने में जरूर भूल हो जाती है। कुत्ता उसी को काटता है जो उस अहाते में घुस रहा हो, जो उसका है। फाटक के बाहरवाले को देखकर इसलिए भौंकता है कि वह आदमी फाटक में न घुसे। कुत्ता फाटक से निकलकर सड़क पर जाते आदमी को नहीं काटता। कोई-कोई कुत्ते सड़क पर निकलकर भी आदमी पर भौंकते हैं और

कभी-कभी उसे काट भी लेते हैं। ये कुत्तों की जाति में अपवाद होते हैं। ये उन विधायकों की तरह होते हैं जो दूसरी पार्टी के विधायक से दल-बदल करते हैं।

जब बहुत देर तक कुत्ता भौंकता रहा और मैं खड़ा रहा तो अधेड़ उम्र के एक सज्जन फाटक तक आए, कुत्ते को चुप किया और मुझसे कहा—महाराज, आप क्यों यहाँ खड़े होकर हल्ला करवा रहे हैं। ये लीजिए रुपया और जाइए। उन्होंने एक रुपए का नोट मेरी तरफ बढ़ाया। मैंने कहा, मुझे पैसा नहीं चाहिए। मुझे आपसे बात करनी है। उसने कहा, क्या बात करेंगे आप? कुंडली देखेंगे, हाथ देखेंगे और भविष्य बतलाएँगे। मुझे फुर्सत नहीं है। मैंने सोचा कि अंग्रेजी बोले बिना शेर दबेगा नहीं। मैंने कहा, आई नॉट बिलीव इन एस्ट्रालॉजी एंड पामेस्टी। दे आर अन-साइन्टिफिक। इफ सम पंडित इज ऑलरेडी बिफूलिंग यू बाई फोरकास्टिंग योर फ्यूचर, स्टाप बीइंग ए फूल आलदो आई नो दैट इज व्हेरी डिफीकल्ट टू अटॉफ बीइंग ए फूल रादर मोर डिफीकल्ट दैन बीइंग वाइज। अब लॉयन के. के. अग्रवाल ने आँखें फाड़कर मुझे देखा। फिर चश्मा उतारकर देखा। शेर एकदम नरम हो गया था। उन्होंने फाटक खोला और मुझसे कहा, आइए।

मुझे उन्होंने बैठक में सोफे पर बिठाया। इतने में उनकी पत्नी आ गईं जिनसे उन्होंने परिचय कराया। ये मेरी पत्नी हैं लॉयनेस कुमुदनी अग्रवाल। वे मोटे डील-डौल की बेडौल स्त्री थीं और उनका चेहरा देखकर लगता था कि ये जरूर लॉयनेस होंगी। लॉयन अग्रवाल ने पूछा, स्वामीजी, आप हैं कौन? आप बहुत विचित्र मालूम होते हैं। मैंने अपना परिचय दिया। उन्होंने कहा, ठीक है, ठीक है, मैं समझ गया। मेरे फादर रोज आपकी रामायण पढ़ते थे। मैंने पूछा, आपने भी पढ़ी है। उन्होंने कहा, नहीं जी, मैं तो इंग्लिश स्कूल और कॉलेज में पढ़ा। मैंने कहा, कोई बात नहीं। तो फिर आपने अंग्रेजी कविता पढ़ी होगी। मिल्टन की कविता की कुछ पंक्तियाँ सुनाइए। लॉयन ने कहा, आप गलत नाम ले रहे हैं। वह मिल्टन नहीं, हिल्टन है। हिल्टन इंटरनेशनल होटल दुनिया के बड़े-बड़े शहरों में हैं। पर इनकी कविता मुझे अभी याद नहीं है। किताब में देखकर बताऊँगा। मैंने कवियों की इज्जत बचाने के लिए कविता की बात यहीं खत्म कर दी और लायन्स क्लब की बात शुरू कर दी। मैंने पूछा, ये लायन्स क्लब क्या है और कहाँ-कहाँ हैं? उन्होंने कहा, सब देशों में नहीं हैं। वास्तव में इसे ब्रिटेन में अंग्रेजों ने शुरू किया था और यह उन देशों में खुला जिन-जिन देशों में अंग्रेजों का राज था और अंग्रेजी बोली जाती थी। वहाँ-वहाँ यह क्लब खुला। लायन्स क्लब अमेरिका में भी है।

मैंने कहा, बहुत अच्छी बात है कि आप लॉयन हैं। अग्रवाल खुश हुए। बोले, स्वामीजी मैं टेल टूविस्टर भी हूँ और आपकी कृपा और आपका आशीर्वाद हुआ तो 'बिस्कर पुलर' भी हो जाऊँगा। मैंने कहा, मैं समझ गया कि आप अभी शेरों की दुम मरोड़नेवाले हैं और आगे शेर की मूँछ उखाड़नेवाले हो जाएँगे। ये आपके क्लब के

पद हैं। आपने कहा था कि मानव सेवा के उद्देश्य से अंग्रेजों ने लायन्स क्लब चालू किया। अंग्रेजों का तब आधी दुनिया में साम्राज्य था। वे अपने अधीन देशों को लूटते थे, वहाँ के निवासियों का शोषण करते थे। लाखों काले आदमियों को उन्होंने गुलाम बनाकर बेच दिया। वे गुलामों से अपने कारखानों और बड़े-बड़े खेतों में काम कराते थे और कोड़े मारते थे। गोलियों से उन्होंने इन देशों के लाखों आदमी मार डाले। इसी मानव-सेवा के लिए क्या उन्होंने लायन्स क्लब खोले थे। फिर अपने अधीन देशों में आप जैसे लोगों से इस मानव-सेवा में सहयोग देने के लिए लायन्स क्लब खुलवाए। इन देशों के ये साम्राज्यपरस्त लॉयन अपने को प्रतिष्ठित मानते हैं, जबकि वे अंग्रेजों की नजर में चूहे थे। अंग्रेजी साम्राज्य तो खत्म हो गया, लेकिन आप जानते हैं चूहे बड़ी मुश्किल से मरते हैं। चूहों को मारना लगभग असम्भव है। तो आप लोगों ने समझा कि आपने अंग्रेजों की जगह ले ली। आप सचमुच शेर हो गए और साधारण आदमी आपके सामने चूहे हो गए। अब आपके घर में ही देखिए। आपने अंग्रेजी में तख्ती लटकाई जिस पर लिखा है—'बिवेयर ऑफ डॉग'। हिन्दी में तख्ती नहीं लटकाई जिस पर लिखा हो 'कुत्ते से सावधान'। इसका मतलब है कि आप अंग्रेजी जाननेवाले को ही आदमी समझते हैं। और उस आदमी को आप कुत्ते से बचाना चाहते हैं क्योंकि आप मानव-सेवा करते हैं। मगर अंग्रेजी न जाननेवाले को आप बकरी या गाय समझते हैं। वह फाटक में घुसे तो आपका कुत्ता इसे चीर डाले, जिसे आप कुछ गलत नहीं समझते क्योंकि वह अंग्रेजी नहीं जानता है और घुस पड़ा है। जानवर है। उसकी सेवा करना लायन्स क्लब का उद्देश्य नहीं है। आपका उद्देश्य तो मानव-सेवा है।

शेर का चेहरा तमतमा उठा। उसने कहा, ये सिविल लाइन्स है। मैंने कहा, जी हाँ, इसीलिए आप लोगों का व्यवहार 'अनसिविल' है देखिए, अंग्रेजी साम्राज्य से मुक्त होने के बाद भी सारे देशों में ये लायन्स क्लब चलते हैं। आप शेरों का व्यवहार साधारण मनुष्य के साथ वैसा ही है जैसा अंग्रेजों का था। अब अमेरिका की बात लीजिए। दूसरे महायुद्ध के बाद ब्रिटेन तो बहुत कमजोर देश हो गया। उसका साम्राज्य चला गया था। अब आप कहते हैं लायन्स-क्लब अमेरिका में भी हैं, और वे भी मानव-सेवा के लिए समर्पित हैं। अब इनकी मानव-सेवा को देख लीजिए। अमेरिकी बहुराष्ट्रीय कम्पनियाँ विकासशील और गरीब देशों को लूटती हैं। अमेरिका चाहे जिस देश में फौज भेजकर वहाँ के निर्दोष आदमियों पर बम गिराता है, विकासशील देशों को आपस में लड़वाकर अपने हथियार बेचता है और सबसे बड़ी बात यह है कि पूरी मनुष्य जाति का नाश करने के लिए आणविक हथियार बनाया जा रहा है और उन्हें तैनात करता जाता है। यह क्या मानव-सेवा हुई? अमेरिका के लायन्स क्लब क्या इसी मानव-सेवा में सहयोग करते हैं? क्या आपके भारत के लायन्स क्लबों ने कभी यह माँग की कि मनुष्य जाति को बचाने के लिए आणविक हथियारों को नष्ट कर देना चाहिए और आगे नहीं बनाना चाहिए? बताइए ऐसा

प्रस्ताव पास किया आप लोगों ने? आप लोगों ने विश्व-शान्ति की माँग की।

अब लॉयन अग्रवाल बहुत तमतमा उठे थे और दुखी भी थे। वे बोले, विश्व-शान्ति की बात कम्युनिस्ट लोग करते हैं। मैंने पूछा, क्या आप विश्व-शान्ति नहीं चाहते? अग्रवाल ने कहा, चाहते क्यों नहीं हैं। मैंने कहा, तो फिर हथियारबन्दी और विश्व-शान्ति की माँग करने में क्यों शर्म आती है? अग्रवाल का धीरज छूट चुका था। उन्होंने कहा, देखिए स्वामीजी, आपने जितनी बातें अभी तक कही हैं वैसी बातें कम्युनिस्ट करते हैं और हम लोग कम्युनिस्टों से नफरत करते हैं। मालूम होता है आप भी कम्युनिस्ट हैं। तुलसी ने कहा, नहीं भाई, मैं कम्युनिस्ट नहीं हूँ। साधू-सन्त कम्युनिस्ट नहीं होते। अग्रवाल ने कहा, होते क्यों नहीं हैं। एक बिहार के स्वामी सहजानन्द थे। वे कम्युनिस्ट थे। और बौद्ध साधु राहुल सांकृत्यायन भी कम्युनिस्ट थे। सैकड़ों साधु कम्युनिस्ट हैं। अफ्रीका में सैकड़ों पादरी कम्युनिस्ट हैं। इंग्लैंड में ही आर्कबिशप डॉक्टर जानसन कम्युनिस्ट थे। स्वामीजी, धर्म रह कहाँ गया। मैंने कहा, आप धन्धा करते हैं न। आपके नगर में धर्म अब सिर्फ धर्मकाँटे में रह गया है।

श्रीमान अग्रवाल ने चाय-नाश्ता कराया और बोले, स्वामीजी, यदि आप कम्युनिस्टों की बात न बोलें तो मैं आज शाम हमारी मीटिंग में आपका भाषण करा दूँ। कोई धर्म, नैतिकता जैसे त्याग, क्षमा, अपरिग्रह, अहिंसा आदि पर बोलें।

मैंने कहा, भगवान महावीर के माफिक व्यापारी त्याग, अहिंसा, क्षमा आदि ग्राहक में चाहते हैं दुकानदार में नहीं। अच्छा मैं धर्म और नैतिकता पर बोलूँगा। पर ऐसे भाषणों से क्या आप लोगों की नैतिकता बढ़ती है।

लॉयन ने कहा, नहीं, हम पर कुछ असर नहीं होता। पर हम अखबारों में प्रचार करते हैं कि हम नैतिकता को बहुत मानते हैं।

खैर, शाम को मैं लायन्स क्लब की मीटिंग में गया। वातावरण अद्‌भुत कौतूहलमय था। एक के बाद एक लॉयन आता और हाथ मिलाकर झुककर कहता—ग्लैड टू मीट यू, दि प्लेजर इज़ माइन। तरह-तरह के कौतुक वहाँ हुए। वहाँ बड़े व्यापारी, बड़े वकील, बड़े डॉक्टर, बड़े, एजेंट, बड़े डीलर, बड़े अफसर इकट्ठे हुए थे। मैंने एक घंटे वहाँ सामाजिक नैतिकता पर भाषण दिया। वे लोग मूर्ति की तरह बैठे रहे। उनके चेहरे पर कोई भाव नहीं था। भाषण के बाद मैं हॉल से बाहर निकला तो एक युवक मेरे पास आया। उसने कहा, गुसाईंजी, चलिए मेरे साथ। मैं आपसे कुछ बात करना चाहता हूँ। वह लॉन के छोर पर पड़ी एक बैंच पर मेरे साथ बैठ गया। उसने कहा, आप-सरीखे सन्त इन लोगों के चक्कर में कैसे आ गए। मैंने कहा, भई बात ऐसी है—

जड़ चेतन गुण दोष मय, विश्व कीन्ह करतार
सन्त हंस गुण पय लहहिं, परिहरि वारि विकार

भई, मैंने हंस की तरह यहाँ से दूध तो लिया और पानी छोड़ दिया। एक लाल कवि हो गए हैं जिन्होंने कहा है—

विधि के बनाए जीव जेते जहाँ लगि,
खेलत फिरत तिन्हें खेलन फिरन दैं।

ये विधि के बनाए तरह-तरह के जीव हैं। ये खेलते-फिरते हैं तो उन्हें खेलने-फिरने दें।

उस युवक ने कहा, इनमें से एक ने भी आपका एक शब्द भी नहीं सुना। उनका काम बैठना है। तो वह एक घंटे शान्ति से बैठे रहे। पर आप किसी से पूछें कि आपने क्या कहा है तो कोई कुछ नहीं बता पाएगा। वे लोग ध्यान से सुनते हैं भाषण, इनकम टैक्स अफसर का, सेल्स टैक्स अफसर का, रेवेन्यू बोर्ड के चेयरमैन का, किसी कम्पनी के बड़े एक्जीक्यूटिव का। इन भाषणों में भी इन्हें आध्यात्मिक आनन्द मिलता है। यहाँ एक-दूसरे का धन्धा साधते हैं। वकील अपने मुवक्किल को बताता है, जरूरत पड़ने पर फलाने डॉक्टर के पास जाना और डॉक्टर मरीज को बताता है कि फलाँ वकील के पास जाना। ये लोग लॉयन दुकानदारों के पास ग्राहक भेजते हैं और दुकानदार लॉयन वकील व लॉयन डॉक्टर बताता है। और सब मिलकर बिजनेस को बढ़ाने और टैक्स बचाने की साधना में लगे रहते हैं। इनकी अलग दुनिया है।

मैंने कहा, मगर यह लोग मानव-सेवा भी तो करते हैं। उसने जवाब दिया, हाँ, ये कभी-कभी मुफ्त चिकित्सा शिविर लगाते हैं। इनमें अक्सर गाँव के गरीब लोग आते हैं, किसी की आँख का आपरेशन होता है, किसी के कान का, किसी की और कोई बीमारी होती है। और गाँव का एक आदमी भी अच्छा होकर चला जाता है तो सारे गाँव में प्रचार करता है, कि उन डॉक्टर साहब के पास जाना। तो यह मानव-सेवा भी मरीज बटोरने के लिए है। इसमें धन्धा है। मैंने पूछा, पर यहाँ बहुत अच्छे डॉक्टर तो होंगे ना।

उसने जवाब दिया, हाँ, बहुत अच्छे डॉक्टर भी हैं इसमें शक नहीं। पर ऐसे डॉक्टर भी हैं जिन्हें भगवान ने स्वर्ग से भेजा है। जैसे एक कान के डॉक्टर हैं। शहर के जितने बहरे हैं उनमें से आधे उनके बनाए हुए हैं। एक आँख के डॉक्टर। इस शहर में जितने काने हैं उनमें से आधे इन डॉक्टर के बनाए हुए हैं।

मैंने कहा—आप कौन हैं ? क्या आप लॉयन हैं ?

उसने कहा, नहीं, मैं पत्रकार हूँ। ये लोग मुझे बुलाते हैं। कल मैं आज के कार्यक्रम का बहुत बढ़िया विवरण अपने अखबार में छापूँगा।

बुद्धिजीवियों से मुलाकात

तुलसीदास अखबारों में बुद्धिजीवियों के बयान और अपीलें पढ़ रहा है। वे पंजाब की समस्या पर बयान देते हैं, बड़ा पवित्र—यह महान् राष्ट्र है—हिन्दू-सिख भाई-भाई हैं—गुरुओं ने प्रेम सिखाया है—हिंसा पाप है—शान्ति से, प्रेम से समस्या का हल होना चाहिए।

इतने में भिवंडी में हिन्दू-मुस्लिम दंगा हो गया। तो फिर बुद्धिजीवियों की अपील छपी—साम्प्रदायिकता देश के लिए घातक है। हिन्दू-मुस्लिम भाई-भाई हैं। इस्लाम और हिन्दू धर्म दोनों प्रेम और भाईचारा सिखाते हैं। हम ऐसे दंगों की निन्दा करते हैं। सब भाई-भाई की तरह प्रेम से रहो।

तुलसी एक बुद्धिजीवी से मिला जिसका नाम इन अपीलों में था। मैंने कहा—आपने अपील की है। आप बुद्धिजीवी लोग देश के प्रति बहुत जिम्मेदार हैं।

उसने कहा—अरे गुसाईंजी, यह तो डूब पड़े की हरगंगा है। दस साल पहले

तक हम इन झंझटों से मतलब ही नहीं रखते थे। लेकिन तमाम लोगों ने आरोप लगाना शुरू किया कि बुद्धिजीवी वर्ग गैर जिम्मेदार है। देश की समस्याओं पर ध्यान नहीं देते। इस हल्ले से तंग आकर हमारे नेता हर बार एक बयान बना लेते हैं और हम उस पर दस्तखत कर देते हैं। वह बयान अखबारों में छप जाता है। ऐसा न करें तो लोग चिल्लाने लगें कि इस शहर में दो विश्वविद्यालय हैं, मगर बुद्धिजीवी चुप हैं। हमारी समस्या कोई पंजाब या भिवंडी का दंगा या राष्ट्रीय विघटन थोड़े ही है। हमारी समस्या थी यू. जी. सी. ग्रेड पाना जिसके लिए हमने पाँच साल आन्दोलन किया। और सही बात यह है कि हम एक्सीडेंट से बुद्धिजीवी हो गए हैं।

मैंने पूछा—कैसे 'एक्सीडेंट'? क्या किसी ट्रक दुर्घटना में घायल होने से आपको विश्वविद्यालय में अध्यापक बना दिया गया?

उनके साथी ने समझाया—गुसाईंजी, ऐसा है कि मिठाइयों में जो घटिया स्थान 'अन्दरसा' का होता है, वही स्थान नौकरियों में 'मदरसा' का होता है। हम क्या प्रोफेसर होना चाहते थे? कतई नहीं। महाराज, हमने पूरी कोशिश की कि पुलिस, आबकारी, इनकम टैक्स, सेल्स टैक्स में कहीं 'इंस्पेक्टर' ही हो जाएँ। इन विभागों में बेहिसाब पैसा खाने को मिलता है। पाँच साल की नौकरी में लोक कर्म विभाग या सिंचाई विभाग के मामूली इंजीनियर का मकान बन जाता है और लाखों बैंक में होते हैं। पर इन विभागों में कहीं जगह नहीं मिली तो झख मारकर पी-एच. डी. की। कुलपति कान्यकुब्ज थे, तो हमारी नियुक्ति लेक्चरर की हो गई। हम अभी भी थानेदार होना चाहते हैं। हमें बुद्धिजीवी मानकर लोग हमारे पीछे क्यों पड़े रहते हैं। जेबकतरों को कोट और शर्ट के भी नीचे की जेब को काटकर नोट निकाल लेने में क्या कम बुद्धि लगती है? फिर जेबकतरे को बुद्धिजीवी क्यों नहीं माना जाता? जेबकतरों से अपील क्यों नहीं की जाती कि वे लोगों को शिक्षित करें। सिर्फ अध्यापक लोगों को हर बार क्यों तंग किया जाता है।

तुलसी निरुत्तर हो गया। मेरे पास उसके तर्क का कोई जवाब नहीं था।

इतने में 2-3 अध्यापक और आ गए। बात आगे बढ़ी तो एक अध्यापक ने कहा—स्वामीजी, सारी परेशानी तो दिल्ली से शुरू होती है। वहाँ बड़े-बड़े बुद्धिजीवी हैं जिनके पास पैसा भी खूब है। हमने माना कि वे हमसे बहुत अधिक पढ़े-लिखे हैं। मगर जब भी कोई वारदात हुई वे आराम से कमरे में बैठकर बुद्धिजीवियों के नाम अपील निकालकर अखबारों में छपवा देते हैं। तब हम छोटे लोगों की मुसीबत आती है और हमें भी बयान निकालना होता है। मगर मैं कहता हूँ कि जो दंगे की योजना बनाते हैं, वातावरण तैयार करते हैं वे जवाहरलाल नेहरू विश्वविद्यालय के इतिहास, राजनीति, समाजशास्त्र आदि के बुद्धिजीवी प्रोफेसरों से अधिक बुद्धिमान हैं। आप डॉक्टर विपिन चन्द्र या डॉक्टर हरबंस मुखिया से कहिए कि वे एक छोटे शहर में दंगे की योजना बना दें। वे नहीं बना सकते। मगर आप इसी शहर में हिन्दू

और मुसलमान साम्प्रदायिक संगठनों के छोटे से नेता से कहिए तो वह तुरन्त दंगे की योजना बना देगा। ये लोग सब जानते हैं—इतिहास को कैसे साम्प्रदायिक अर्थ देना—आर्थिक संरचना, धार्मिक मामलों में संवेदनशील बिन्दु, व्यक्तिगत मनोविज्ञान, समूह का मनोविज्ञान। ये सब जानते हैं। इसलिए जब चाहें तब दंगा करा देते हैं। असली बुद्धिजीवी ये हैं और इनके बाप हैं, राजनीति के लोग जो एक सीट पक्की करने के लिए खुशी से सैकड़ों आदमी मरवा डालें।

एक दूसरे अध्यापक ने कहा—गोसाईंजी, इस शहर में रोज एक-दो घटनाएँ होती हैं जिनसे दंगा हो सकता है—लड़की भगाने की, बलात्कार की, गाय काटने की, मस्जिद में सुअर घुसेड़ देने की। मगर दंगा नहीं होता, क्योंकि दंगे करानेवाले नहीं कराते। जब उन्हें कोई राजनीतिक या आर्थिक फायदा दिखेगा तब वे बिना कुछ घटना हुए भी दंगा करा देंगे।

तभी एक दर्शनशास्त्र के वृद्ध प्रोफेसर बोल उठे—देखिए, आप तो सन्त हैं, ज्ञानी हैं, हिन्दू-मुसलमान एक हो कैसे सकते हैं। देखिए, मुसलमान दाढ़ी रखते हैं और हम चोटी रखते हैं। हम बाएँ तरफ से लिखते हैं और वे दाहिने तरफ से लिखते हैं। हम धोती पहनते हैं और वे लुंगी लगाते हैं। हम गाय का मूत्र पीते हैं और वे गाय का मांस खाते हैं। उनकी भाषा की जड़ अरबी-फारसी है और हमारी वाणी देवभाषा संस्कृत है। अब बताइए दोनों एक कैसे हो सकते हैं।

तुलसी ने उन्हें प्रणाम किया और कहा, पंडितजी, आप तो ऋषितुल्य हैं। मंत्र बोलते हैं। आपका गहन तत्त्वचिन्तन है। मुझ जैसा मूर्ख आपसे बात करने के योग्य नहीं। जब तक आप जैसे दिव्य मनीषी इस देश में आचार्य हैं तब तक हमारे शत्रुओं को कोई चिन्ता करने की बात नहीं है। आप जैसे लोग देश को आत्मघात का दर्शन पढ़ा रहे हैं।

एक अध्यापक ने गम्भीरता से पूछा कि गुसाईंजी हम लोग करें क्या? हमसे क्या आशा की जाती है। मैंने कहा 1947 के स्वाधीनता संघर्ष के पहले ऐसा सवाल किसी बुद्धिजीवी ने नहीं किया। उस समय बड़े-बड़े बुद्धिजीवी, कवि, लेखक, कलाकार, डॉक्टर, वैज्ञानिक, अपने आप स्वाधीनता संग्राम में कूद जाते थे और जेल जाते थे। उन्हें उनके पिता लन्दन बैरिस्टरी की डिग्री लेने भेजते थे। वे डिग्री लेकर लौटते थे मगर अदालत नहीं जाते थे। वे 'वन्देमातरम' और 'भारत माता की जय' बोलकर जेल चले जाते थे। अब ऐसा क्या हो गया है कि आप बुद्धिजीवी लोग अपने आप कुछ नहीं करते। जैसे गाड़ीवान बैल को आर लगाता है या घुड़सवार घोड़े को हंटर लगाता है वैसे ही आपको चलाना होता है।

उसने कहा—प्रभु, स्वाधीनता संग्राम के जमाने में त्याग, बलिदान, उत्सर्ग का माहौल था। एक महान् उद्देश्य था। तो आदमी स्वयं प्रेरित होकर उस संग्राम में कूद पड़ता था। पर स्वाधीनता के बाद धीरे-धीरे जीवन-मूल्य पलटने लगे और

त्याग की जगह छीन, झपट, कमाई, भ्रष्टाचार, अपना घर भरना, दो नम्बरी पैसा, बेईमानी, झूठ, फरेब जीवन-मूल्य हो गए। जो 1947 के पहले गाते थे—प्यारा भारत देश हमारा! वे गाने लगे—भाड़ में जाए भारत देश हमारा! तो हम भी ऐसे ही हो गए। हम भी इसी समाज में हैं न! दंगे करानेवाले बड़े लोगों को सब जानते हैं। उनमें से कुछ को पकड़कर पेड़ से बाँधकर उनका चमड़ा निकालना था! 'लिंचिंग' होना था दंगा करानेवालों का। पर वे तो बाइज्जत हवेलियों में रहते हैं। इतने साम्प्रदायिक दंगे हुए। इनमें एक भी बड़ा हिन्दू या बड़ा मुसलमान नहीं मारा गया। मारे गए कुंजड़े पिंजाड़े, मजदूर, सब्जी के ठेलेवाला, कुली। अजा पुत्रं बलिं दध्यात देवोपि दुर्बल घातक:।

मैंने कहा—पर आप लोग छात्रों को सही शिक्षा देकर, समाज को शिक्षित करके ऐसा वातावरण तो बना सकते हैं कि साम्प्रदायिक सद्भाव हो।

एक अध्यापक ने कहा—गोस्वामीजी, छात्रों के अकेले हम गुरु थोड़े ही हैं, उनके दूसरे भी गुरु हैं जो हमसे ताकतवर हैं क्योंकि उन गुरुओं ने उन्हें बचपन से ही पकड़ लिया है। उदाहरण के लिए राष्ट्रीय स्वयंसेवक संघ वाले छात्र को हम साम्प्रदायिकता विरोधी कितना ही पढ़ाएँ, वह नहीं मानेगा। वह अपने संघ के जो गुरु हैं, उन्हीं की साम्प्रदायिक द्वेष की बात मानेगा। वे तो तीन साल की उम्र के बच्चे को पकड़ लेते हैं और अपने शिशु मन्दिर में ले जाते हैं। यदि साम्प्रदायिक शिक्षा देना है तो हमें भी तीन साल की उम्र से शुरू करना होगा।

उर्दू के मुसलमान अध्यापक ने कहा—यही हाल मुसलमानों में है। एक तो मस्जिद में जब मदरसा लगता है, उसी में मुसलमान बच्चे के दिमाग में मौलवी जहर भर देता है। फिर मुल्ला लोगों का असर बहुत है। फिर जमात-ए-इस्लामी जैसे संगठन हैं जो इस्लाम के नाम पर साम्प्रदायिक जहर भरते हैं। मैं क्लास में कितना ही पढ़ाऊँ, लड़के घर लौटकर पूरी दुनिया पर इस्लामी हुकूमत के सपने देखते हैं।

एक अध्यापक ने कहा—यह जो शिक्षा बाप-दादों से चली आ रही है, इससे कोई भी सही रूप में शिक्षित नहीं होता। यह शिक्षा अज्ञानी पैदा करती है। इस शिक्षा से गलत इतिहास और गलत साहित्य पढ़ाया जाता है। इससे वैज्ञानिक दृष्टि नहीं बनती। डॉक्टर ऑफ साइंस भी अवैज्ञानिक दृष्टि रखता है। एक बार इस शहर में दंगा हुआ। हमारा मुहल्ला सिविल लाइंस जैसा है। मेरे घर के सामने के मकान में एक रिटायर्ड मुसलमान अफसर रहते थे। पास में ही रहनेवाले एक प्रसिद्ध प्रोफेसर डी. लिट्. मेरे पास आए। वे परेशान थे। बोले—यार, यह सामने जो मुसलमान रहता है, इसके यहाँ रात को सौ हथियारबन्द मुसलमान आ गए हैं। रात को वे हमला करेंगे हिन्दुओं पर। मैंने कहा—डॉक्टर साहब, मैं तो यहीं हूँ। असल में उसकी दूसरी बीवी जो अलग रहती थी, बच्चों को लेकर सुरक्षा के लिए आ गई है। उस घर में अब कुल चार मर्द बालिग हैं। जरा सोचिए—तमाम बस्ती हिन्दुओं की है।

मेरा अन्दाज है, चार में से एक घर में बन्दूक होगी। मुसलमानों के मुहल्ले यहाँ से चार-पाँच किलोमीटर दूर हैं। यह किस दम पर यहाँ गड़बड़ करेगा? पचासों मुसलमान तो उन्हीं के मुहल्ले में मारे जा चुके हैं। यह दंगा नहीं, सुनियोजित हमला है। यह पढ़ा-लिखा मुसलमान अकेला इस घर में इस भरोसे पर रहता है कि यह पढ़े-लिखे, समझदार लोगों की बस्ती है। पर आपके कहने से मालूम होता है कि वह गलती में है। जो बात आप कह रहे हैं, वे सामने की झोंपड़ियों में रहनेवाले, अपढ़ रिक्शावाले और मजदूर भी नहीं कहते। याने वे समझदार हैं। और हम लोग जो डी. लिट् लिये हुए हैं, तर्कहीन और नासमझ हैं।

उन्होंने कहा—अरे, तुमने मुस्लिम काल का इतिहास नहीं पढ़ा। ये बड़े जालिम और धोखेबाज होते हैं।

मैंने कहा—इतिहास मैंने आपसे ज्यादा पढ़ा है—आपने गलत नजरिए से इतिहास पढ़ा है और मैंने सही नजरिए से।

उनका हठ कम नहीं हुआ। वे बोले—तुम्हें मालूम है, आज सुबह भोपाल वाली गाड़ी से पाँच सौ मुसलमान गुंडे बुरके में छिपकर उतरे हैं, और रेलवे लाइन के बराबरी से जानेवाली सड़क पर वे जाते हुए देखे गए।

मुझे हँसी आई। मैंने कहा—आपकी जिन्दगी में तर्क का कोई स्थान है क्या! जरा तर्कपूर्वक सोचिए कि जो पाँच सौ गुंडे बुरके पहनकर यहाँ धोखे से मारपीट करने आए हैं, वे क्या सड़क के ऊपर पाँच सौ बुरकों का जुलूस निकालेंगे जिससे फौरन पकड़ लिए जाएँ, जरा सोचिए तो? यह झूठी अफवाह फैलाई जा रही है और आप जैसे परम बुद्धिमान साधारण समझ और तर्क को त्यागकर उस पर विश्वास कर रहे हैं।

दूसरे अध्यापक ने कहा—हम लोगों ने एक कौमी एकता सप्ताह मनाया। हजारों की संख्या में पर्चे बाँटे। इनमें बताया गया था कि मध्ययुग का इतिहास गलत लिखा गया है जिससे साम्प्रदायिकता को प्रोत्साहन मिलता है। सही इतिहास हम बताते हैं। हमने बताया कि मध्ययुग में सामन्तों व राजाओं की लड़ाइयाँ होती थीं और ये हिन्दू धर्म और इस्लाम के लिए नहीं होती थीं, बल्कि क्षेत्रों पर कब्जा करने के लिए होती थीं। शिवाजी और राणा प्रताप की सेना में मुसलमान अफसर थे और औरंगजेब की सेना में हिन्दू सेनापति। ये लोग धन्धे से सैनिक होते थे, हिन्दू या मुसलमान नहीं। आम जनता में हिन्दू और मुसलमान आठ सौ सालों तक आपस में नहीं लड़े। वे सद्भाव से साथ रहते थे। अब यह तो हमारा प्रचार था पर हमने कांग्रेस के एक बड़े मुसलमान नेता को बुला लिया भाषण देने के लिए। उन्होंने अपना भाषण यूँ शुरू किया—हम मुसलमानों ने इस मुल्क पर आठ सौ सालों तक शान से हुकूमत की है। हमने यहाँ के रहनेवालों को कुचलकर रख दिया था। और आज यह हाल है कि हम 'माइनारिटी कम्युनिटी' कहलाते हैं। गोसाईजी, हमने अपना

सिर पीट लिया। देखिए, दोनों तरफ से आग बराबर लगी हुई है। यह एक उच्च शिक्षा प्राप्त हिन्दू और उच्च शिक्षा प्राप्त मुसलमान का हाल है। जो गलत और जहरीला हमारे गुरु ने पढ़ा था वही उन्होंने हमें पढ़ाया और हम भी अपने छात्रों को वही पढ़ा रहे हैं और हम पहले ही कह चुके हैं कि छात्रों के अकेले हम गुरु नहीं हैं। इनके दूसरे गुरु भी हैं जिनका असर इन पर ज्यादा है। एक अध्यापक ने कहा—फिर भी जो समझदार बुद्धिजीवी हैं उन्हें अपीलें निकलवाते जाना चाहिए, समझाते जाना चाहिए। इस प्रक्रिया को निराश होकर बन्द नहीं करना चाहिए। मैं अपने अनुभव से कहता हूँ कि इसका असर बहुत लोगों पर पड़ता है। अगर हम लोगों ने पिछले सैंतीस साल में ठीक शिक्षा दी होती तो तीन पीढ़ियाँ सही दिमाग की निकलतीं। हमें आज अपीलें नहीं करनी पड़तीं। पर हम विवश हैं। शिक्षा नीति शिक्षाशास्त्री तय नहीं करते बल्कि सरकार तय करती है। जो शिक्षाशास्त्री इसमें सलाह के लिए लिये जाते हैं वे सब मध्ययुगीन दिमाग के होते हैं। आधुनिक वैज्ञानिक मानसिकता के नए बुद्धिजीवी इस निर्णय में शामिल नहीं किए जाते।

एक अध्यापक ने कहा—अभी प्रधानमंत्री ने कहा है कि हमसे शुरू में भूल हो गई। हमें आजाद होने के बाद ही शिक्षा-पद्धति को बदल देना था।

तुलसीदास ने कहा—यानी प्रधानमंत्री मानती हैं कि पिछले सैंतीस सालों में गलत शिक्षा दी गई। पर मैं यह कहता हूँ कि यही प्रधानमंत्री सैंतीस साल और बनी रहें तो भी वे शिक्षा-पद्धति नहीं बदलेंगी। यथास्थिति वे भी कायम रखना चाहती हैं। परिवर्तन से वे भी डरती हैं।

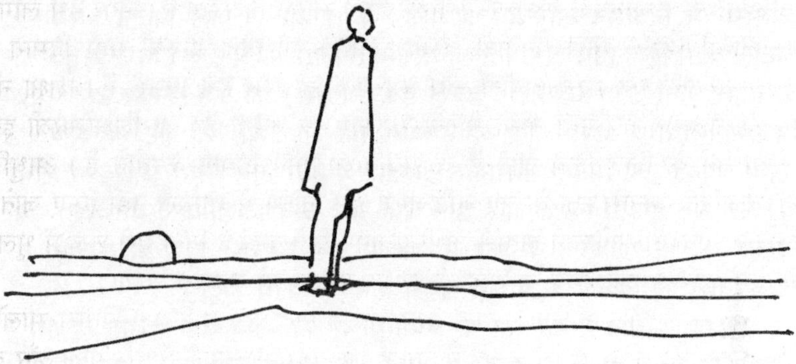

मूल्यों का उलटफेर

गरज कि काट दिए गर्मी के दिन ए दोस्त, वो कूलर के साथ हों या कूलर की याद में। इसी जमीन पर फिराक साहब का शेर है—गरज कि काट दिए जिन्दगी के दिन ए दोस्त, वो तेरी याद में हों या तुझे भुलाने में।

हम 'प्राविंशल' लोग कहलाते हैं। कूलर मामूली चीज है मगर एक 'प्राविंशल' के लिए विशिष्ट है। इससे आराम कम मिलता है, प्रतिष्ठा ज्यादा। एक बार दिल्ली में फोन पर टाइम का नम्बर डायल किया था। उधर सुरीली नारी आवाज आई—टाइम इज टेन मिनिट्स पास्ट फाइव। मैं इतना गद्‌गद हुआ कि बोल उठा—थैंक यू। मेरे पास बैठे दो दोस्त हँसे और बोले—अरे यार, 'प्राविंशल' हो। वहाँ तुम्हारा 'थैंक यू' सुनने को कोई सुन्दरी नहीं बैठी है। रिकॉर्ड है।

मैं झेंपा नहीं। मैं जानता था, ये जो हँस रहे हैं, ये भी उत्तर प्रदेश के गाँवों के किसानों या गरीब पुरोहितों के लड़के हैं। आटा-दाल गाँव से लाकर ये इलाहाबाद

और बनारस में पढ़े। तब दिल्ली के दरवाजे नौकरियों के लिए खुले थे। ये दिल्ली अच्छी नौकरियों पर आ गए। गाँव में तो पूरा गाँव घर था। दिल्ली में फ्लैट पूरी दुनिया थी। गाँव में बाहर निकलते थे तो हर मिलनेवाले से दुआ-सलाम, जैरामजी की, पालागी होती थी। दिल्ली में दिन-भर कनाट प्लेस में खड़े रहें तो भी एक भी नमस्ते करनेवाला नहीं मिलता था। तब के इनके लेखन में जो एकाकीपन और निर्वासन था, वह पश्चिम की नकल था, यह कुछ हद तक सही है। लेकिन एक बड़ा कारण यह भी था—गाँव से आकर महानगर में बस जाना। यों पूँजीवादी व्यवस्था में निर्वासन अनिवार्य अभिशाप है। इन्होंने न जाने कितने हास्यास्पद अटपटे काम किए होंगे खास दिल्लीवालों की नजरों में। ये टू वे ट्रेफिक सड़क पार करते हुए दोनों तरफ देखते थे, 'डबल डैकर' (बस) का नाम सुनकर उसे अंग्रेजी फिल्म समझते थे, छुरी-काँटा का उपयोग नहीं आता था, 'टी पॉट' के साथ रखे 'शुगर क्यूब्ज' को मिठाई समझकर खा जाते थे और फिर बेयरा से शक्कर माँगते थे। यह सब इन्होंने किया और इतने वर्षों बाद अब दिल्लीवाले बन गए। मगर दिल्ली की ही राजनीति के बारे में जब मैं इन्हें बताता, तो ये चौंक जाते थे। दिल्लीवाले को दिल्ली के बारे में सबसे कम जानकारी होती है।

बहरहाल, बात मैं कर रहा था अपने कूलर की। अब जब बरसात हो रही है और ठंडा-ही-ठंडा है, तब ये दो हफ्ते की मरम्मत की छुट्टी से लौटे हैं। इसके पहले जब तापमान 44 तक था, ये दस दिन की मरम्मत की छुट्टी पर जा चुके हैं। इनकी मोटर पन्द्रह मिनट तक 'सुर-सुर' करती, तब पंखा चलता। एक दिन इनके भीतर की बिजली के तार जल गए। इनमें डाला आधा पानी बाहर आ जाता है, जिसमें बिजली का करेंट होता है। सारा परिवार इस पानी से दूर रहता है। इनके फेफड़े खराब हो गए हैं। ये अब पानी फेंकते हैं, हवा नहीं। चौथे साल ये मृत्यु को प्राप्त हो गए, हालाँकि दिल की बीमारी इन्हें दूसरे साल ही शुरू हो गई थी।

घोर गर्मी में जब ये मरम्मत कराने गए थे, मैं सिर पर गीला नेपकिन रखे बैठा रहता था। मेरे मित्र कहते—तुम बिलकुल विनोबा भावे मालूम होते हो। बस, मोटे जरूर हो। तो पन्द्रह दिन सिर्फ एक बार भोजन करो। दुबले हो जाओगे। तब यह नेपकिन सिर पर डालोगे तो बिलकुल विनोबा लगोगे। पवनार आश्रम में विनोबा की जगह अभी भरी नहीं है। तुम मजे में 'बाबा' (द्वितीय) हो सकते हो जैसे धूनीवाले दादा (तृतीय) चल रहे हैं। मौज से आश्रम में रहोगे और लफंगे से 'सन्त' बन जाओगे। मैं कहता हूँ—तुम्हारा सुझाव है तो लुभावना, पर मुझसे वह काम बनेगा नहीं। वहाँ प्रार्थना करना पड़ेगा, जो मुझसे बनता नहीं। फिर दूध पीना पड़ेगा तथा शहद खाना पड़ेगा। मैं चाट खाने का शौकीन हूँ—समोसा-कचौड़ी, दही-बड़ा, पकौड़ी और गोलगप्पे। मुझे बढ़िया मुर्गा भी पसन्द है।

मित्रों ने कहा—हम समझ गए, जिन्दगी बनाने का हर मौका छोड़ने की तुम्हारी आदत है। मगर नया कूलर क्यों नहीं खरीद लेते?

मैंने कहा—अब वह दो हजार में मिलता है। मैंने चार साल पहले कूलर चौदह सौ में खरीदा था।

मित्रों ने कहा—अभी तुम्हें पुरस्कार मिले हैं। पैसा काफी है, तो तुम कंजूसी पर उतर आए हो। जब पैसा कम था, तब एकदम कूलर खरीद लिया था।

मैंने कहा—प्यारे यही महाजनी चरित्र है। अभी लन्दन में पश्चिम के सात महाजन देशों के नेता इकट्ठे हुए थे। इनमें दो छोटे महाजनों—फ्रान्स और इटली—के दिल में गरीब और विकासशील देशों के लिए दर्द उठ पड़ा। उन्होंने कहा—गरीब देशों को कर्ज पर ब्याज-दर हमें कम कर देनी चाहिए और वसूली में सख्ती नहीं बरतनी चाहिए। मगर अमेरिकी राष्ट्रपति रोनाल्ड रेगन ने कहा—हम न ब्याज-दर में कमी करेंगे और न वसूली में रियायत करेंगे। जो गरीब देश हैं लेकिन कर्ज से अपेक्षित विकास नहीं कर रहे हैं, उनके साथ रियायत करने का कोई सवाल नहीं। जो विकास कर रहे हैं (जैसे भारत) वे तो ब्याज देने में समर्थ हैं।

इस नीति का मतलब—गरीब पर अविकसित तथा गरीब पर विकासशील, दोनों प्रकार के देशों को कर्ज और ब्याज से बाँधे रहो। इससे अपना मूलधन भी बढ़ेगा और ब्याज से कमाई भी होगी।

मेरी आर्थिक नीति अब अमेरिकी लाइन पर है। मूलधन से खर्च मत करो। यहाँ-वहाँ से ब्याज बटोरो।

1978 में मुझे एकाएक बोध कराया गया था, कि कूलर मेरी प्राथमिकता है। कूलर के बिना मेरा लिखना-पढ़ना हो नहीं सकता। यह बोध मुझे विज्ञापनों, परिवारजनों और मित्रों ने कराया। मुहल्ले में तीन परिवारों में कूलर थे। कूलर मेरी आत्मा में बैठ गया। मैंने कलम रख दी। अब कूलर आ जाएगा, तभी लिखना सम्भव होगा। पैसे बैंक में बहुत नहीं थे, इसलिए झट से खरीद लिया। अब पैसे ज्यादा हो गए हैं तो इसी जर्जर कूलर को सुधरवाते खींच रहे हैं। इसे सब बीमारियाँ हैं—फेफड़े खराब हो चुके, दिल की बीमारी है, पानी पीता है तो कै होती है, दमा की बीमारी है। और मैं सोचता हूँ, यह गर्मी कटी जा रही है। अगले साल नया लेंगे।

कूलर की बात मैंने विस्तार से इसलिए बताई कि कैसे एक जरूरत पैदा की जाती है चीज की कि वह प्रतिष्ठा की निशानी बन जाती है। सफलता की साधक बना दी जाती है, और उसके बिना आदमी अपने आपको धिक्कारता है। उपभोक्ता इसी तरह बनाए जाते हैं और कुछ लोग तो आज की संस्कृति को उपभोक्ता संस्कृति ही कहते हैं। मैं मानता हूँ कि विज्ञान और तकनीक से सारे सुभीते मनुष्य को मिलने चाहिए। मगर झंझट प्राथमिकता की है।

एक क्षेत्र के नेताओं से दिल्ली में पूछा गया कि आपके क्षेत्र में या तो रेडियो

स्टेशन खुल सकता है या हैवी इलेक्ट्रिकल कारखाना। आप कोई एक ले लीजिए। नेताओं ने सोच-विचार के बाद कहा कि साब, रेडियो स्टेशन खोल दीजिए। अब देखिए—हैवी इलेक्ट्रिकल कारखाना खुलता तो हजारों लोगों को काम मिलता, आसपास कई छोटे उद्योग खुल जाते, पूरे क्षेत्र का विकास हो जाता और आम आदमी खुशहाल हो जाता। मगर नेताओं ने सोचा होगा कि रेडियो स्टेशन खुलना प्रतिष्ठा की बात होगी। हम जनता में शान से कह सकेंगे कि लो, यहाँ भी रेडियो स्टेशन खुलवा दिया। हमारी लोकप्रियता बढ़ेगी और हम जब तक जिन्दा हैं, वोट मिलते जाएँगे। मेरा ख्याल है कि नेताओं को चौराहे पर खड़ा करके खूब जूते मारने चाहिए थे कि तुमने क्षेत्र का विकास नहीं होने दिया। पर प्रचार इतना विकट है कि आम आदमी को भी यह गर्व अनुभव होने लगा कि हमारे शहर में ही रेडियो है।

यह मूल्यों की उलटफेर है, सुनियोजित प्रचार है, अनावश्यक को अनिवार्य बनाने की मानसिकता तैयार करने की तरकीब है। यह बहुत अद्‌भुत है।

इन्दौर के मेरे एक पत्रकार मित्र ने बताया कि शहर से कुछ किलोमीटर दूर एक गाँव में पानी के अभाव की विकट समस्या थी, इसके समाचार अखबारों में छपते थे। एक दिन कलेक्टर ने हम दो-तीन पत्रकारों से कहा—चलिए, उस गाँव को हो आएँ। हम वहाँ पहुँचे। गाँव के लोग एक जगह एकत्र हुए, उन्हें बताया गया कि कलेक्टर साहब और बड़े-बड़े अखबारवाले आए हैं। कलेक्टर ने पूछा—आप लोगों की क्या जरूरत है? आपको क्या चाहिए? दो-तीन सयाने आदमी खड़े हुए और कहा कि हुजूर, इन्दौर में टेलीविजन आ गया। हमारे गाँव में भी टेलीविजन खुलवा दीजिए। किसी ने पानी की समस्या की बात नहीं की। कलेक्टर ने खुद पानी की समस्या उठाई और उन्हें बताया कि पानी की पूर्ति का ऐसा इन्तजाम हम कर रहे हैं। इधर मेरे शहर में बहुत जल्दी एन्टीना का संघर्ष चलनेवाला है। दस-बारह लाख के इस शहर की सड़कों का यह हाल है—सावधानी से लोग न चलते तो शहर के आधे आदमी अभी तक लँगड़े हो जाते। सिर्फ आठ किलोमीटर दूर नर्मदा नदी है मगर मार्च के महीने से जल संकट शुरू हो जाता है। कीचड़ पीते हैं। आधी रात से गरीब औरतें घड़ा लेकर सार्वजनिक नल के आसपास बैठ जाती हैं। इन पर छोटे-मोटे आन्दोलन हुए हैं। अखबारों में भी हर साल छपता रहता है लेकिन पिछले साल-भर से टेलीविजन का संघर्ष युद्धस्तर पर चल रहा है। ऐसा वातावरण बनाया गया है कि लोग भूल गए हैं कि पिछले दो महीने में दाल दो रुपया किलो अधिक महँगी हो गई है। वे पूछते हैं—अपने यहाँ टेलीविजन कब तक आ जाएगा।

इस शहर का आदमी ग्लानि से मरा जा रहा है कि भोपाल, इन्दौर और रायपुर में टेलीविजन खुल गया मगर हमारे महान् शहर में अभी नहीं खुला। जुलूस महँगाई के खिलाफ भी निकलते हैं। लेकिन कोई अगर टेलीविजन के लिए जुलूस निकालने की पुकार लगाए तो इतिहास का सबसे बड़ा जुलूस निकल जाएगा। लोग गुस्से में

उपद्रव करेंगे तो पुलिस की गोली से दो-चार सौ आदमी खुशी से मर जाएँगे। वे अमर शहीद होंगे। झोंपड़ीवाला भी टेलीविजन की बात करता है, बँगलेवाला भी। मुझसे मिलनेवाले कहते हैं—यहाँ टेलीविजन क्यों नहीं खुल रहा है। आप इस बारे में कुछ लिखिए ना। अखबारों में ऐसे शीर्षकों के नीचे टेलीविजन की माँग करते हुए नागरिकों के पत्र छपते हैं—

जबलपुर के साथ अन्याय क्यों? जबलपुर से सौतेला व्यवहार। आखिर टी.वी. कब तक खुलेगा? जबलपुर ने क्या बिगाड़ा है? नगर के नेता वर्ग को धिक्कार।

खूब सघन प्रचार से टेलीविजन का वातावरण बनाया जा रहा है। कभी खबर छपी कि ट्रांसमिशन टावर आ गया। दूसरे दिन से लोग अखबारों में चिल्लाने लगे कि टावर खड़ा क्यों नहीं किया जाता है।

दो-तीन साल पहले दिल्ली से एक अधिकारी यह अनुमान लगाने आए थे कि इस शहर में टेलीविजन की सफलता की कितनी सम्भावना है। वे मुझसे मिलने भी आए। मैंने उनसे कहा—आप बेखटके टेलीविजन खोल दीजिए। सारे शहर में एन्टीना दिखेंगे। आप मेरे घर के पास की सड़क से आगे बढ़ते जाइए। दोनों तरफ रहनेवाले दस परिवारों में से 5 परिवार दो नम्बरी पैसेवाले हैं—चाहे सरकारी नौकरी में हों, चाहे धन्धा करते हों। कुछ महकमों का तो क्लर्क भी शाम को जेब में से सौ रुपए निकालकर रखता है। पास में अरबों की लागत की योजना चालू है और यह आम जानकारी है कि वहाँ की आधी सीमेंट और लोहे से शहर में इमारत बन रही है। आप बे-खटके यहाँ टी.वी. सेन्टर खोलिए। इतने एन्टीना होंगे कि बारिश की बूँदें सब ऊपर अटक जाएँगी।

अब इस शहर के मध्यम वर्ग में एन्टीना की लड़ाई होनेवाली है, बल्कि शुरू हो चुकी है। मुहल्ले में अमुक-अमुक के घर पर दूर से ही एन्टीना दिखता है। एक ये अपना घर है कि इसमें घुसो तो शर्म आती है। इस ग्लानि से वह मध्यवर्गीय मारा जाएगा, जिसे ऊपरी आमदनी नहीं है। इसमें खासकर अध्यापक लोग होंगे। बच्चे माँ के पीछे पड़ेंगे और माँ अपने पति से कहेगी कि बच्चे दूसरे के घर टी.वी. देखने जाते हैं तो बड़ी शर्म आती है। तुम भी ले आओ न। घर का मालिक कहेगा—भाई, वे लोग घूस खाते हैं, तो उनके पास पैसा है। मैं तो घूस नहीं खाता। उनकी पत्नी कहेगी—तुम्हारी ईमानदारी को क्या चाटें कि बच्चों के लिए टेलीविजन सैट नहीं ला सकते? क्या फायदा ऐसी ईमानदारी से? बच्चे भी कहेंगे—बाबूजी, आपने हमारे लिए कुछ नहीं किया। हमको तो अब दोस्तों से मिलने में शर्म आती है। उन सबके यहाँ टी.वी. आ गया है। बच्चे बहुत चतुर हो गए हैं। वे कहते हैं—भोपाल से आपके मित्र पांडेजी आए थे ना, उनका लड़का कह रहा था कि बाबूजी कहते हैं कि टी.वी. से मेरा भी बहुत ज्ञान बढ़ा है। लड़का बाप को फुसला रहा है कि तुम अपना ज्ञान बढ़ाने के लिए टी.वी. लाओ।

मेरे भानजे का चार साल का बच्चा मुझसे कहता है—मामाजी, हम टी.वी. कब लाएँगे। उसे कहाँ लगाएँगे।

इस बच्चे को बिलकुल पता नहीं कि टेलीविजन क्या होता है। लेकिन चारों तरफ टेलीविजन की अनिवार्यता के रूप में हल्ला है और जो वातावरण बना है, उसे बिना जाने हुए वह भी टी.वी. माँगता है।

इस कदर अनिवार्यता और प्रतिष्ठा की निशानी और जीवन का एक मात्र मूल्य बना दिया गया है कि मुझे लगता है कि शहर में जो कुछ ईमानदार बचे हैं वे भी भ्रष्टाचारी हो जाएँगे और टी.वी. रखेंगे। अगर ऐसा नहीं तो हीनता की भावना व घरवालों के ताने से मर जाएँगे।

आगे का एक साल टेलीविजन साल होगा। इस साल में गेहूँ, चावल के दाम दुगने हो जाएँ, पीने को पानी न मिले, डकैती हो, स्त्रियों की इज्जत लूटी जाए। कोई विरोध प्रकट नहीं करेगा। सबकी मानसिकता पर टेलीविजन छाया रहेगा। मैं यह नहीं कहता कि विज्ञान तकनीक का लाभ हमें नहीं उठाना चाहिए। जरूर उठाना चाहिए। यह सभ्यता और संस्कृति की आवश्यकता है। पर कब उठाना चाहिए—बुनियाद बनने के बाद यह सब होना चाहिए या बुनियाद कोई न हो और हमें ट्रान्समिशन टावर से लटक जाना चाहिए। यों पश्चिम के समाज-शास्त्रियों का यह मत बनने लगा है कि टेलीविजन के असीमित उपयोग से सामाजिक सम्बन्ध टूट रहे हैं। यहाँ भी ऐसा होगा। जो लोग शाम को बाहर निकलते हैं, लोगों से मिलते हैं,मित्रों के साथ बैठते हैं, वे टेलीविजन के पर्दे से चिपक जाएँगे व सम्बन्ध ढीले होते जाएँगे।

रामराज काहू नहिं व्यापा

तुलसीदास दिल्ली जा रहा था। एक भगत ने टिकिट ले दिया जो पहले दर्जे में बैठा था। बगल में एक संसद सदस्य थे। उन्होंने चमचों द्वारा पहनाई गई मालाएँ उतारीं और पसीना पोंछते हुए बोले—बड़ी मुसीबत है। लोग मुझे इतना चाहते हैं कि तंग हो जाता हूँ।

तुलसी ने कहा—आदमी को सुखी रहने के लिए दो चीजें जरूरी हैं—भ्रम और मूर्खता। वे दोनों आपमें हैं, इसलिए आप खूब सुखी हैं। अरे नेता महाराज, ये मालाएँ नहीं साँप हैं। जिन्होंने आपको ये मालाएँ पहनाईं वे आपसे प्रेम नहीं नफरत करते हैं। मगर उन्हें आपसे काम कराना है, तो माला पहनाते हैं। मैं तो उनके चेहरे से समझ रहा था। जिस दिन आप राजपद पर नहीं होंगे, उस दिन यही लोग आपको जूते मारेंगे।

संसद सदस्य ने मुझे गौर से देखा। बोला—आप साधु हैं, तो आपको बतलाने

में कोई हर्ज नहीं है। मैं भ्रम में नहीं हूँ। ये हरामजादे एक से बढ़कर एक बदमाश हैं। कुछ साल पहले मेरा जानी दुश्मन चुन लिया गया था, तो उसे भी ऐसी ही मालाएँ ये पहनाते थे। यह राजनीति है स्वामीजी! कोई भगवत् भजन नहीं है। तमाम गुंडों, बदमाशों, तस्करों, टैक्सचोरों, दो नम्बरियों को पटाकर रखना पड़ता है, तब चुनाव जीतते हैं। इस बार तो दंगा कराना पड़ा—जिसमें पचास आदमी मारे गए और दो सौ झोंपड़े जले। मैंने खुद गाय का गोश्त मन्दिर में डलवाया था। पुजारी को पाँच सौ रुपए दिए थे। बड़ी कठिन हो गई है राजनीति।

तुलसी ने कहा—को न राज-पद पाय नसाई।

उसने पूछा—क्या मतलब आपका?

तुलसी ने कहा—

जाहि नाथ दारुण दुख देई।
ताकि मति पहले हर लेई॥

उसने पूछा—पहले दर्जे में जा रहे हो स्वामीजी। किस मंत्री के स्वामी हो? 'फाइव स्टार' स्वामी हो कि 'थ्री स्टार'? काहे की तस्करी करते हो। अफीम की या रुद्राक्ष की। कोई 'सीताराम' गन फैक्टरी है, कहीं क्या?

तुलसी ने कहा—आपका कोई अपना स्वामी है?

उसने कहा—हाँ, है। हमारे कसबे के हैं। पहुँचे हुए साधु हैं। तंत्र-मंत्र सिद्ध हैं। मैं उन्हीं के अनुष्ठान से चुनाव जीतता हूँ।

तुलसी ने पूछा—मगर पिछली बार क्यों हार गए थे?

उसने कहा—अरे स्वामीजी, वह साल विरोधी 'फोर स्टार' साधु हिमालय से ले आया था। हमारा है विन्ध्याचल का 'टू स्टार स्वामी'। तो उस फोर स्टार स्वामी ने हमें हरा दिया।

तुलसी ने कहा—याने आपके चरित्र, व्यक्तित्व, कर्म, जनसेवा, क्षेत्र का विकास, त्याग, तपस्या कोई काम नहीं आए? उस 'फोर स्टार' स्वामी का जादू चल गया।

उसने कहा—अरे महाराज, कुछ किया हो तो काम आए। घर भरने से फुरसत किसे है। चरित्र, सेवा, त्याग, आपके रामराज में होता होगा। इन्हें आप सदगुण समझते हैं, हम इन्हें बेवकूफी मानते हैं।

तुलसीदास ने कहा—ठीक है, भारत भाग्यविधाता। बात यह है—

मारग सोई जा कहुँ जोई भावा।
पंडित सोई जो गाल बजावा॥

संसद सदस्य ने पूछा—दिल्ली जाना कैसे हो रहा है स्वामीजी?

तुलसी ने कहा—इस वक्त संसद का अधिवेशन चल रहा है। बड़ा मजा आता है। मैं संसद की दर्शक दीर्घा में बैठकर दिन-भर 'वाक आउट' देखता हूँ तो बड़ा मजा आता है। फिर रोज बोट क्लब पर रैलियाँ होती हैं जिनसे देश की जनता की

इच्छा मालूम होती है। अखबारों में पढ़ रहा हूँ कि दहेज विरोधी और सख्त कानून के लिए महिलाएँ रैली कर रही हैं। सचमुच दहेज समस्या बड़ी विकट हो गई है।

संसद सदस्य ने कहा—जनता जितना सख्त कानून दहेज रोकने के लिए चाहती है, उतना हम एकदम एकमत से बना देंगे। परसों मेरा भाषण है, दहेज के विरोध में। आप सुनिए। बहुत जोरदार भाषण है। मगर दो महीने पहले मैंने अपने लड़के की शादी साठ हजार रुपए दहेज लेकर की है। लड़की भी संसद सदस्य की ही है। उनका भी जोरदार भाषण कल सुन लीजिए।

तुलसीदास चकित रह गया। मुँह से निकल गया—

तब माया बस जीव गोसाईं।
नाचत नट मरकट की नाईं।

सांसद ने कहा—गुसाईंजी, चकित मत होइए। सौ में से पंचानवे संसद सदस्य दहेज लेते-देते हैं और वही दहेज विरोधी कानून बनाते हैं प्रभु! यही तो गांधीवाद है, यही समाजवाद है। यही आपका रामराज है। क्या लिखा है आपने—

दैहिक दैविक भौतिक तापा।
रामराज काहू नहिं व्यापा॥

आप हम लोगों को देखिए—हमें दैहिक, दैविक, भौतिक कोई ताप नहीं सताता। हम तो यह कानून बना दें कि जिसके मुँह से दहेज शब्द निकले, उसे गोली मार दी जाए। मगर हम दहेज लेंगे-देंगे। मैं कहता हूँ—कितना भी कठोर कानून हो, इस आर्थिक और प्रशासनिक व्यवस्था में दहेज बन्द नहीं होगा। इस देश की जनता कितनी भोली है कि हम पाखंडियों से कानून बनवाती है और बेईमान प्रशासन से आशा करती है कि वह उसे लागू करेगा। अरे मजिस्ट्रेट और पुलिस कप्तान दोनों पार्टियों में खुद दहेज की रकम तय करवाते हैं और कमीशन खाते हैं। अपना कलेजा कड़ा कर लीजिए गुसाईंजी। बहरहाल, दिल्ली में कहाँ ठहरेंगे? मेरे साथ ही ठहर जाइए। मैं रहता तो हूँ संसद सदस्यों के होस्टल 'वेस्टर्न कोर्ट' में पर वहाँ दो-चार मेरे साथ ठहर सकते हैं। वहाँ रहना किफायत का है। नाम मात्र का किराया। भोजन सरकार द्वारा 'सब्सिडाइज' किया हुआ सस्ता। आप जो चाहें खाइए। तुलसीदास उसी के कमरे में ठहर गया।

सुबह उसने डबलरोटी, बहुत-सा मक्खन और सेब मँगवाए और कहा—खाइए गोस्वामीजी। जितना मोटा डबलरोटी का टुकड़ा उस पर उतना ही मोटा मक्खन का ढेर। इस तरह खाइए। आपको तो खाना ही नहीं आता। लीजिए, सेब खाइए। अरे खर्च की चिन्ता मत कीजिए। बिल तो अपना काम करानेवाले चुकाते हैं। अपना कुछ नहीं जाता। यही समाजवाद है। यही राम-राज है—

नहिं दरिद्र कोउ दुखी न दीना।
नहिं कोउ अबुध न लच्छन हीना॥

तुलसी ने कहा—मालूम होता है, 'रामचरितमानस' पढ़े हो। कौन-सा भाग तुम्हें सबसे अच्छा लगता है?

उसने कहा—मुझे वह भाग सबसे अच्छा लगता है, जहाँ रावण सीता को फुसलाता है।

तुलसी ने कहा—तुम्हारा मन बड़ा पापी है।

उसने कहा—नहीं प्रभु, मैं रामभक्त हूँ। मगर इस फुसलानेवाले अंश में आपका काव्य बहुत ऊँचाई पर पहुँच जाता है। हम जैसे क्षुद्रों को उससे शिक्षा मिलती है। अच्छा गुसाईंजी! मैं तो जाऊँगा संसद। आपका क्या कार्यक्रम है।

तुलसी ने कहा—मैं तो घूमूँगा।

तुलसीदास पहुँचा बोट क्लब। वहाँ स्त्रियों की रैली थी। नारे लग रहे थे—दहेज कानून कड़ा करो। दहेज प्रथा मुर्दाबाद। बहू को जलानेवालों को फाँसी दी जाए।

अधिकतर प्रौढ़ा और वृद्धा स्त्रियाँ थीं। इतने में संसद से कुछ सत्ता पक्ष और कुछ विपक्ष के नेता निकल आए। इनमें मंच पर चढ़कर भाषण देने के लिए धक्का-मुक्की होने लगी। हर एक अखबारों में अपना भाषण छपवाना चाहता था।

भाषण वगैरह खत्म हो गए तो स्त्रियाँ छाया में सुस्ताने बैठ गईं।

तुलसीदास ने एक-एक वृद्धा से पूछा—आपने तो बेटों की शादी बिना दहेज लिये की होगी।

वृद्धा ने जवाब दिया—हमारे बेटों की शादी हुई थी तब तो दहेज विरोधी कानून नहीं था। तो रीति के हिसाब से दहेज लिया था। अब कोई लड़का शादी करने को नहीं है तो इस रैली में आती हैं।

दूसरी प्रौढ़ा से पूछा—आपका बेटा शादी के लायक है?

उसने कहा—हाँ स्वामीजी, इसी साल उसकी शादी करनी है।

तुलसीदास ने कहा—तो आप मेरे सामने कसम खाइए—हे भगवान! अगर मैं दहेज लूँ, तो लड़के का बाप मर जाए।

उसे गुस्सा आ गया। बोली—साधु न होते तो मैं चप्पलों से पीटती। मैं ऐसी कसम क्यों खाऊँ?

तुलसी ने कहा—देवीजी, आप मुझे चप्पलें मार लें। मगर मैं कहता हूँ कि आप झूठी और पाखंडिनी हैं। आप डटकर दहेज लेंगी। आपको इस रैली में आने में शर्म नहीं आती?

वह नीचे देखने लगी।

एक तरफ सात-आठ प्रौढ़ाएँ बैठी थीं। मैंने उनसे बात करने की कोशिश की तो उनमें से एक ने कहा—देखिए जी, हम तो रोज यहाँ इसलिए आ जाती हैं कि घर पर दोपहरी नहीं कटती। यहाँ रोज कुछ-न-कुछ तमाशा होता है। दो-तीन घंटे मजे में कट जाते हैं।

अब रैली की नेत्री से मिला। वे वास्तव में समझदार और चिन्तित महिला थीं। मैंने कहा—देवीजी, इनमें अधिकतर महिलाएँ तो झूठी हैं।

वे बोलीं—मैं जानती हूँ। मगर बिना हल्ला किए कुछ होता नहीं है, इसलिए जो मिलें उन्हीं को समेट लाती हूँ। यह भी जानती हूँ कि भीतर जो सम्माननीय बैठे हैं, उनमें भी अधिकतर झूठे हैं। पर कर्तव्य करती हूँ।

मैंने पूछा—क्या आप सोचती हैं कि और सख्त कानून से दहेज बन्द हो जाएगा।

वे बोलीं—मैं इस भ्रम में नहीं हूँ। हत्या की सजा मौत है, यह जानते हुए भी लोग हत्या करते हैं। मगर मैं यह सोचती हूँ कि सख्त कानून के तहत अगर हम कुछ लोगों को सजा दिला सकें, तो डर से रोक तो लगेगी।

तुलसी ने कहा—बात यह है कि समाज में बुरे पर थूकने की शक्ति होती थी। इससे दुराचरण रुकते थे। यह शक्ति समाज खो चुका है। अब या तो लोगों का थूक सूख गया है, या वे थूक गटक जाते हैं। आप समाज में थूकने की यह आदत फिर पैदा कीजिए। धिक्कार की ताकत।

वे बोलीं—मैं समझती हूँ। पर व्यवस्था ऐसी है कि मानवीयता का लोप हो रहा है। खैर, अब कुछ लड़कियों में यह दम तो आया है कि वे शादी से इनकार कर देती हैं और बरात लौटा देती हैं।

तुलसी ने कहा—हाँ, इन लड़कियों का फोटो छपता है, तारीफ छपती है। ये वीर कहलाती हैं। पर यह आठ-दस दिन होता है। इसके बाद उस लड़की का और उसकी छोटी बहिनों का क्या होता है, इसकी परवाह कोई नहीं करता। उस परिवार में कौन सम्बन्ध करे जो वर-वक्ष को जेल भेजना चाहता है।

नेत्री बोली—इसके लिए हम एक 'पूल' बना रहे हैं, याने ऐसे युवकों का स्टाक रहेगा, जो इस तरह की साहसी लड़कियों से शादी कर लें।

तुलसी ने कहा—इनमें से आधे युवकों को लोभ खा जाएगा। एक बात और। यह जो विकट प्रचार होता रहता है कि बहुएँ जलाई जाती हैं, इसका एक नतीजा तो यह हुआ है कि लड़कियाँ शादी करने से डरने लगी हैं। वे सोचती हैं कि शादी की और जलाई गईं। दूसरे कई शहरों में ऐसे वकील तैयार हो गए हैं, जो स्त्री को जलाने की सुरक्षित विधि बताने लगे हैं—किस पोजीशन में कहाँ आग लगाना, किस हालत में अस्पताल पहुँचाना, पुलिस और डॉक्टर को पैसा खिलाना।

उन्हें चिन्तित छोड़कर मैं सांसद के कमरे पर लौटा।

वहाँ एक चौबेजी चिन्तित बैठे थे। कहने लगे—गुसाईंजी, राजा जनक तपस्या के या ज्ञान के कारण 'विदेह' नहीं हुए थे—उनकी चार लड़कियाँ विवाह के योग्य बैठी थीं इसलिए वे 'विदेह' हो गए थे—उन्हें देह की सुधबुध नहीं रहती थी। मेरी दो लड़कियाँ हैं। दहेज की माँग के कारण मैं उनकी शादी नहीं कर रहा हूँ तो मैं भी आधा-सा 'विदेह' हो गया हूँ। अच्छा, यह बताइए, दहेज विरोधी कानून में जब

भी सख्ती लाई जाती है, दहेज की रकम क्यों बढ़ जाती है? कानून को इसलिए सख्त किया जाता है कि दहेज लेना बन्द हो। पर उल्टे रकम बढ़ जाती है। खुद मुझे यह अनुभव है।

तुलसीदास ने कहा—चौबेजी, वर का बाप नए कानून से बचने के लिए खर्च भी जोड़ता है न। आपने चालीस हजार में तय किया। इतने में कानून सख्त हो गया। तो वह कानून की पकड़ से बचने के दस हजार और जोड़ लेता है। चार-पाँच महीने बाद फिर कानून में नई धाराएँ आ गईं तो दस हजार और बढ़ा देगा। पुलिस को खिलाने की जरूरत पड़ जाए, वकील लगाना पड़े।

तब तक संसद सदस्य आ गए थे—उन्होंने कहा—चौबेजी, रेट बढ़ने का कारण है—मुद्रास्फीति, कितना काला धन रोज आता है। तो शादी के बाजार में भी मुद्रास्फीति बढ़ती जाती है। दो साल पहले जो सरकारी अधिकारी पचास हजार दे सकता था अपनी लड़की के लिए वर खरीदने को, वह अब अस्सी हजार देने को तैयार है, उसी मवेशी के। उसने इस बीच खूब पैसा खा लिया है। अरे बाजार में बैल, मुर्गा, बकरा तक के दाम बढ़ते जाते हैं, तो यह तो कार्यशील मनुष्य है। इसे एक 'एसेंशल कमोडिटी' (अनिवार्य उपभोक्ता वस्तु) बना दिया गया है। लड़की को पति अनिवार्य है तो जो अनिवार्य है, वह अपनी ऊँची-से-ऊँची कीमत लेगा ही।

तुलसीदास ने कहा—अगर लड़कियों की एक पीढ़ी कह दे कि हम पति के बिना काम चला लेंगी, अकेली रह लेंगी तो बाजार में इस पति नाम की जिन्स की बिक्री 'क्लीअरेन्स सेल' पर होने लगेगी। बल्कि मुफ्त में मिलेगा।

संसद सदस्य न सेंडविच और चाय मँगा लिए थे। बोले—खाइए स्वामीजी, बढ़िया सेंडविच। यही समाजवाद है। यही गांधीजी का रामराज है—

दैहिक दैविक भौतिक तापा।
रामराज काहू नहिं व्यापा॥

ये 'काहू' हमारी बिरादरी है स्वामीजी!

सम्भवामि युगे-युगे

तुलसीदास कुछ दिन दिल्ली में रम गया। मेरे मेजबान सांसद ने मेरे लिए 'समाजवाद' और 'रामराज' खाने का काफी इन्तजाम कर दिया था—मिठाई, मेवे, फल वगैरह भी ढेर सारे रख दिए थे। आगे चुनाव के लिए वह मेरी सेवा करके शायद पुण्य बटोर रहा था। उसने मुझे शायद 'फाइव-स्टार' गोस्वामी समझ लिया था।

शाम को तीन-चार सांसद और आ गए। उन लोगों ने मदिरा की बोतलें खोल लीं। उन्होंने मुझसे कहा—गुसाईंजी, यह तो देवताओं का पेय है। इन्द्र सोमरस का पान करते हैं। आप दिल्ली में रम गए हैं तो यह 'रम' भी ग्रहण कीजिए। 'रम' के उच्चारण से ही 'राम' की ध्वनि निकलती है। आप 'रम' पिएँगे, तो रामभक्ति ही होगी—नवधा से बढ़कर दसवीं भक्ति! 'रम' कहो, चाहे 'राम' कहो, पुण्य वही मिलता है—

तुलसी अपने राम को रीझ भजौ के खीझ।
खेत पड़े पै ऊगहै उलटो सीधो बीज॥

तुलसी को हँसी आई। कहा—दिन में मैंने आप लोगों को संसद में देखा है। तब ऐसा लगता था, जैसे आप लोग एक-एक बोतल का नशा किए हैं। कितना चिल्लाते हो, बार-बार 'वाक-आउट' करते हो, घूँसाबाजी करते हो। संसद का आधा समय इसी में निकल जाता है।

वे बोले—उसी थकान को तो इस मदिरा से मिटा रहे हैं। कल फिर वही कसरत करना है। संसद में रोज 'ओलिंपिक' होता है।

तुलसी ने पूछा—संसद में जो नशा होता है वह क्या सत्य का नशा होता है?

एक ने कहा—नहीं प्रभु, सत्य का नशा उतने जोर से नहीं चढ़ता। वह असत्य का नशा होता है। सत्ता पक्ष और विपक्ष दोनों को यह नशा होता है। कभी-कभी सत्य का नशा भी होता है। पर सत्य के लिए इतने जोर से चिल्लाते आपने कभी किसी को देखा है। इतना जोर झूठ से ही पैदा होता है।

वे पी रहे थे और हल्के हो रहे थे।

तुलसीदास ने कहा—संसद का प्रति मिनिट का खर्च कई हजार होता है। यह गरीबों का देश है। गरीबों की मेहनत की कमाई से संसद चलती है। क्या आपको नहीं लगता कि आप गरीबों का पैसा बरबाद कर रहे हैं?

एक सदस्य ने उत्तेजित होकर कहा—स्वामीजी, गरीबों का देश है, यह सुनते-सुनते हमारे कान पक गए हैं। सैंतीस सालों से यही सुन रहे हैं गरीबों का देश है, तो क्या हम संसद को 'एनज्वाय' नहीं करें—संसद को नहीं भोगें। आप ही ने कहा है—बड़े भाग मानुस तन पाया। तिरासी लाख योनियों में भटकने के बाद तो यह मनुष्य जीवन मिला है। इस देश में सत्तर करोड़ मनुष्य हैं। इनमें हम कुछ संसद में आए हैं। तो क्या हम संसद को भोगें भी नहीं। हम अब बूढ़े हुए। आगामी जन्म मनुष्य का थोड़े ही होगा। सूअर की योनि में जन्म ले लिया तो? सूअर संसद सदस्य थोड़े ही होते हैं!

एक सदस्य जो अच्छे 'मूड' में आ गया था, बोल पड़ा—अरे, सूअर भी संसद सदस्य होते हैं। कितने लोग हैं जिन्हें लोग 'सूअर' कहते हैं। मगर चुनकर आ जाते हैं। माननीय हो जाते हैं। पर उनकी नस्ल तो नहीं बदलती। स्वामीजी, आप भी लीजिए थोड़ी रम—डाका तो नहीं डाला, चोरी तो नहीं की है—थोड़ी-सी जो पी ली है। अ हा हा!

तुलसी ने कहा—आप लोग सचमुच तपस्वी हैं। आप लोगों के तप से इन्द्र का आसन डोलता होगा। उस ईर्ष्यालु ने आपका तप भंग करने के लिए रम के सिवा शायद अप्सराओं का प्रबन्ध भी किया है। शाम से मैं यहाँ सजी हुई सुन्दरियाँ देखता हूँ जो सद्गृहिणी नहीं मालूम होतीं। वे आपको तपो भंग करने के लिए भेजी गई इन्द्र की अप्सराएँ होंगी। आप लोग सावधान रहें।

वे लोग खूब हँसे। एक बोला—आप बड़े भोले हैं गुसाईंजी। वैष्णवों में रामभक्त

भोले और नीरस होते हैं। कृष्ण रसिक होते हैं। अरे महाराज, कहाँ रहा अब वह इन्द्र? अब तो हममें से हर एक इन्द्र है। वे अप्सराएँ हमारी ही हैं। हम उनसे बचे-खुचे चरित्रवानों को नष्ट करते हैं, हमारे विरोधियों को। आपने तो जवानी में ही पत्नी छोड़ दी थी। कामेच्छा हो तो फोन करके एक अप्सरा बुला दें। आपको उसे भेंट नहीं देना होगा। वह दूसरे देंगे।

तुलसी ने कहा—रहने दो। 'एक कंचन एक कामिनी दुर्लघ घाटी दोए।' सुनो, मैं काशी में रहा हूँ। काशी के जीवन के भीतर। काशी में कौन-सी लीला नहीं होती। मैं सीधा नहीं हूँ। मैं सबकुछ समझता हूँ। कंचन और कामिनी का चक्कर मैंने बहुत देखा-समझा है। अब यह त्रिदोष हो गया है—कंचन, कामिनी और सत्ता!

वे लोग काफी चढ़ा चुके थे। एक ने कहा—भैया लोगो, आखिरी बार खा लो, पी लो। यह आखिरी अधिवेशन हो सकता है। इसके बाद लोकसभा भंग हो जाए और आम चुनाव हों, तब क्या पता कौन भागवान यहाँ लौटता है। और कौन अभागा नहीं लौटता। अरे भैया, अब के बिछड़े फिर नहीं मिलेंगे।

वह जोर से रोने लगा। दूसरे ने उसे सँभाला—अरे अभी तो नवम्बर में हफ्ते भर का अधिवेशन और होगा। उसके बाद लोकसभा भंग होगी। हम एक बार फिर मिलेंगे।

दूसरे ने उससे कहा—अरे, उस 'मैडम' का कोई भरोसा है? जिसकी हम आशा करते हैं वैसा वह कतई नहीं करती। चौंकाती है। चमत्कृत करती है। वह कल लोकसभा भंग कर दे और चुनाव की घोषणा कर दे। फिर भैया, तुम क्यों रोते हो? तुम तो मैडम के आदमी हो। तुम्हारा लौटना पक्का है।

वहाँ दूसरा कांग्रेसी भी था। वह बोला—कुछ पक्का नहीं है। अब मैडम के जिताए जीतना पक्का नहीं है। आन्ध्र में देख लो। फिल्म का राम याने एन.टी. रामाराव वास्तविक अवतार होकर राजनीति में कूद पड़ा। उसने रथ के आकार की मोटर गाड़ी बनवाई। 'चैतन्य रथम'। उसने कौशेय वस्त्र धारण कर लिए। तिलक कुंडल से सज गया। राम और अर्द्धनारीश्वर एक साथ हो गया। उसके लिए नारियल फूटे, उसकी आरती उतरी। उसकी 'तेलगू देशम' पार्टी ने मैडम इन्दिरा के करिश्मे को साफ कर दिया।

तुलसीदास ने कहा—उसे नकारात्मक मत मिले। असन्तोष के मत। वहाँ कोई सरकार नहीं टिकती थी। तो लोगों ने सोचा कि रामाराव की सरकार बनवाओ, जिसे दिल्ली भंग न करवा सके।

कांग्रेसी ने कहा—स्वामीजी, असन्तोष कहाँ नहीं है? मेरे परिवार में ही मुझे बहुमत नहीं मिलेगा। फिर पहली लड़ाई तो टिकिट की है। संजय गांधी की पालकी ढोते-ढोते हमारे कन्धों पर घाव हो गए थे। तब कहीं 1980 में टिकिट मिला था। अब राजीवजी के चक्कर लगाते हैं। पर उनका स्वभाव दूसरा है। कोई कहता है—अरुण नेहरू के पास जाओ। हम तय नहीं कर पा रहे हैं कि पंजाबियों को पटाएँ

या काश्मीरियों को। कोई कहता है—'गेंग ऑफ फोर' है, माओत्से तुंग का। वह दूसरा 'गेंग ऑफ सिक्स' है।

जनता पार्टीवाले ने कहा—अरे भैया, आपका कम-से-कम तय तो है कि किसके पास जाना है। हमारा तो यही तय नहीं है कि चन्द्रशेखर के पास रहें या चौधरी चरणसिंह के पास चले जाएँ या अटलबिहारी वाजपेयी के पास जाएँ। हमारे चन्द्रशेखर को सबने मिलकर आधा मार डाला।

तुलसीदास ने कहा—भैया, तुम्हारे चन्द्रशेखर ने कन्याकुमारी से दिल्ली तक पद-यात्रा करके खुद अपना नाश किया। वे समझे थे कि अब मैं दूसरा 'लोकनायक' हो जाऊँगा और विरोध पक्ष की एकता मेरे आस-पास ही होगी। मोर्चे का नेता मैं हो जाऊँगा। बस, उनके खेमे में ही उन्हें घायल कर दिया गया। प्लास्टर चढ़ा है। बात यह है कि इस देश में दो राष्ट्रीय विकल्प तो चालीस सालों से घूम रहे हैं। दोनों प्रधानमंत्री रह चुके हैं। उनमें से एक इस बार शान्त है। दूसरे हैं चरणसिंह जो अपने को पहले प्रधानमंत्री बनाकर आगे एकता की बात करते हैं। इनका राजयोग है। जब पैदा हुए थे, तो दाई ने देखा कि बालक के सिर पर मुकुट है। पिता ने भी देखा। ज्योतिषी बुलाए गए। ज्योतिषी ने कहा—बालक को राजयोग है। मुकुट निकालकर गांधी टोपी लगा दो।

एक सांसद ने कहा—अब चरणसिंह का हठ है कि सब दल, गुट और नेता मेरे लोकदल में विलीन हो जाओ। इसके बिना विपक्षी एकता नहीं हो सकती। अब बताइए स्वामीजी, विलीन होने पर चौधरी हमें क्या देंगे, क्या ठिकाना।

तुलसीदास ने कहा—चौधरी ठीक कहते हैं। वे मगरमच्छ की तरह मजबूत हैं। इतनी मोटी मजबूत चमड़ी किसी और नेता की नहीं है। तुम लोग सब उनके पेट में समा जाओ तो सुरक्षित रहोगे। जो चौधरी निगलेंगे बड़ी मछली, बकरी, भैंस—वह पेट में ही जाएगी। उसमें से कुछ तुम लोग भी खा लेना। बहरहाल, तुम लोग किसी सिद्धान्त और कार्यक्रम पर एकता स्थापित कर रहे हो न!

उसने कहा—बिलकुल कट्टर सिद्धान्त है हमारा—अवसरवाद! यह गांधीवाद, समाजवाद, साम्यवाद से श्रेष्ठ है। और कार्यक्रम भी साफ—सीटें जीतकर सत्ता पर कब्जा करना और उसे भोगना है। इसीलिए तो यहाँ से वहाँ भगदड़ मची है।

एक दिन टैक्सी अड्डे पर जार्ज फर्नांडीज टैक्सी लेते दिखे। तुलसी ने पूछा, कामरेड जार्ज, कहाँ जा रहे हो?

जार्ज ने कहा—चौधरी चरणसिंह के यहाँ।

तुलसीदास ने पूछा—आ कहाँ से रहे हो?

जार्ज ने कहा—मोरारजी के घर से।

तुलसी ने पूछा—चौधरी के यहाँ से कहाँ जाओगे?

जार्ज ने कहा—अटलबिहारी वाजपेयी के घर।

तुलसीदास ने कहा—मेरे समाजवादी साथी, मोरारजी के पास से आ रहे हो, चौधरी चरणसिंह के पास जा रहे हो, फिर अटलबिहारी वाजपेयी के घर जाओगे। अरे, समाजवादी पार्टी आफिस कब से नहीं गए?

जार्ज ने कहा—गोस्वामीजी, आपको कोई जानकारी नहीं रहती। समाजवादी पार्टी भारत में अब नहीं है। उसे डॉक्टर लोहिया अपने साथ दूसरे लोक ले गए। उनकी अन्तिम इच्छा थी। हमने समाजवादी पार्टी को परलोक भेज दिया।

एक दो दिनों में दिल्ली में सन्नाटा छा गया। मालूम हुआ कि सब शीर्ष नेता कश्मीर गए हैं। वहाँ राज्यपाल ने मुख्यमंत्री फारुख अब्दुल्ला को पद से हटा दिया था। तो सब नेता वहाँ लोकतंत्र की रक्षा के लिए गए हैं। तुलसीदास ने एक मझोले नेता से कहा—अरे भई, राष्ट्रपति दिल्ली में, प्रधानमंत्री दिल्ली में, संसद दिल्ली में। लोकतंत्र की रक्षा यहाँ करते। श्रीनगर में तो वही राज्यपाल होगा जिसने लोकतंत्र की हत्या की है।

मझोले नेता ने कहा—बहाना है, स्वामीजी। श्रीनगर इसलिए गए हैं कि फारुख का बलिदान शायद एकता करा दे। वहाँ मातम के साए में एक होने की कोशिश करेंगे।

तुलसीदास श्रीनगर पहुँचा। वहाँ सब विपक्षी नेता थे। फारुख के मेहमान थे। एक शाम मैं उस झील की तरफ गया। वहाँ बड़ी भीड़ थी तमाशाइयों की। तुलसी ने एक तमाशाई से पूछा कि क्या बात है यहाँ। उसने कहा—अरे साधुजी, बड़ा दिलचस्प नजारा है। दिल्ली से जो बड़े-बड़े नेता आए हैं वे यहाँ काँटा डाले मछली मारने बैठे हैं। यहाँ मछली पकड़ना मना है।

तुलसी भीतर घुसा। देखा चरणसिंह, चन्द्रशेखर, अटलबिहारी, बहुगुणा वगैरह काँटा पानी में डाले बैठे हैं।

तुलसीदास ने कहा—अरे, यहाँ क्या मछली मारने आए हो?

उन्होंने कहा—स्वामीजी, मछली कौन मार रहा है। काँटे में चारा ही नहीं है। हम तो इसलिए काँटे डाले बैठे हैं कि शायद किसी में विपक्षी एकता फँस जाए, तो उसे निकालकर दिल्ली ले जाएँ।

विपक्षी एकता नहीं फँसी। नेता लोग दिल्ली लौट आए। कुछ दिन बाद आन्ध्र के मुख्यमंत्री एन.टी. रामाराव को भी फारुख अब्दुल्ला कर दिया गया। वे भी निकाल दिए गए। दिल्ली में शोर गूँजा—फिर लोकतंत्र की हत्या। अब तो बर्दाश्त नहीं होगा। विपक्षी एकता करके लोकतंत्र की रक्षा करनी पड़ेगी।

राम के फिल्मी अवतार रामाराव सदलबल दिल्ली आ गए। सारे विपक्षी नेता खुश थे फिर। फारुख चाहे हमारी एकता न करा पाए हों, रामाराव जरूर करा देंगे। विवाह मंडप में हम चाहे एक न हों, मजार पर तो हो ही सकते हैं।

तुलसीदास ने भी राम के अवतार के दर्शन किए। वे वनवास के 'मेकअप' में थे—

तापस वेश असीम उदासी।
दंडकवन विचरत अविनासी।

कौशेय वस्त्र, खड़ाऊँ, रुद्राक्ष, ललाट पर शुभ्र चन्दन और लाल टीका—

कहा कहौं छबि आज की भले बने हो नाथ,
तुलसी मस्तक तब नवै पाखंड देवहु त्याग।

चरणसिंह, अटलबिहारी, चन्द्रशेखर, जार्ज, बहुगुणा, शरद पंवार वगैरह नेता रामाराव के सामने हाथ जोड़े खड़े हुए प्रार्थना कर रहे थे—

प्रभु, रामाराव आपको अधिनायकवाद के दशरथ ने बनवास दिया है। यह हमारे लिए बहुत शुभ हुआ। आपने प्रथम अवतार में गुह, निषाद, नर, वानर, देव, रीछ, गिद्ध आदि में एकता कराके अत्याचारी रावण का नाश किया था। हम भी इतने ही भिन्न हैं जितने लक्ष्मण और जाम्बवन्त थे। आप हममें एकता स्थापित कीजिए, ताकि हम सब 'इन्दिरा कांग्रेस' की लंका जीत सकें और तानाशाही के रावण का आप वध कर सकें।

रामाराव ने आँखें बन्द कीं। फिर खोलीं, हाथ आशीर्वादी मुद्रा में उठाया और बोले—एवमस्तु!

परित्राणाय साधूनां विनाशाय च दुष्कृताम
धर्म संस्थापनार्थाय सम्भवामि युगे-युगे।

लोकतंत्र किसके लिए बचाओ

दिल्ली में तुलसीदास के निवास का आखिरी दौर था। दिल्ली में कोई एक दिल्लीश्वर नहीं था अब। कई बड़े और छोटे दिल्लीश्वर थे और इन्हें चलानेवाले आर्थिक प्रभुतासम्पन्न ईश्वर कहीं और थे। यह आर्थिक प्रभु निराकार था और सर्वव्यापी था।

जिस सांसद के धाम में ठहरा था, वहाँ एक दिन शोर मच गया—हैदराबाद चलो! लोकतंत्र बचाओ! विपक्षी एकता कायम करो!

वे चार-पाँच विरोधी नेता थे। मैं बगल के कमरे से निकलकर आया। पूछा—भाई लोगो, क्यों हमेशा उत्तेजित रहते हो, इससे स्वास्थ्य खराब होता है। क्या हो गया है?

एक ने कहा—आप तो गुसाईंजी, आनन्द लोक में रहते हैं। हम राजनीति के दुनियादार हैं। पर आप सन्त हैं। आप ही फैसला कीजिए। अब आन्ध्र के राज्यपाल

रामलाल ने एन.टी. रामराव को बुलाकर कहा कि तुम्हारा बहुमत विधानसभा में नहीं रहा। मैं तुम्हें बरखास्त करता हूँ। भास्करराव को मुख्यमंत्री बनाता हूँ। रामराव ने अर्ज की—आप कल विधानसभा बुला लीजिए। मैं वहाँ बहुमत सिद्ध कर दूँगा। इस पर गवर्नर रामलाल कहता है—नहीं, मुझे विश्वास है कि तुम्हारा बहुमत नहीं रहा। बताइए, यह कांग्रेसी केन्द्र की तानाशाही है कि नहीं।

तुलसीदास ने कहा—राज्यपाल ने यह सरासर गलत किया। बहुमत है कि नहीं यह विधानसभा में ही तय होना चाहिए। मगर रामलाल या जगमोहन के आचरण के बीज अंग्रेज डाल गए थे। हमने संविधान में अंग्रेजों की बदमाशी को डाल दिया। 1935 के 'गवर्मेन्ट ऑफ इंडिया एक्ट' में प्रान्तीय स्वायत्तता है। ब्रिटिश संसद ने जो यह कानून बनाया, उसमें यह है कि राज्यों में चुनी हुई सरकार कब तक सत्ता में रहेगी—'टिल दी प्लेजर ऑफ दी गवर्नर'—ये शब्द हैं। यानी जब तक गवर्नर की खुशी है तब तक चुनी हुई सरकार रहेगी। अगर किसी दिन सुबह से गर्वनर को जुकाम हो, छींकें आएँ और सिरदर्द हो, तो वह चुने हुए मुख्यमंत्री को बुलाकर कह सकता था—आज हमें जुकाम है। हमारा 'प्लेजर' खत्म। तुम्हारी सरकार को हम बरखास्त करते हैं। जरा एनासिन भिजवाते जाना। तो नेता लोगो, जो रामलाल ने किया, वह संविधान के मुताबिक कर सकता है—पर उसे करना नहीं चाहिए। लोकतंत्र के शब्द से महत्त्वपूर्ण है, उसकी 'स्पिरिट'। अंग्रेज साम्राज्यवादी कपटी थे और उन्होंने कपट की भाषा यहाँ लागू की। वे तो मृत्युदंड भी 'प्लेजर' से देते थे—'दी वाइसराय इज प्लीज्ड टु कन्फर्म दी सेंटेन्स ऑफ डेथ'। लार्ड विलिंगडन ने लाखों रुपयों के गलीचे, फर्नीचर वगैरह वाइसराय भवन के लिए खरीद लिये थे। कारण दिया था—'इन दी इंटरेस्ट ऑफ पब्लिक पीस, सेफ्टी एंड ट्रेंक्विलिटी'। तो संविधान में यह कपट तो हमने अंग्रेजों से ले लिया।

इसी वक्त एक कांग्रेसी सांसद ने प्रवेश किया। उसने कहा—यारो, क्यों हल्ला करते हो? जब तुम्हारी जनता पार्टी सरकार आई थी तब तुमने नौ राज्य मंत्रिमंडल भंग किए थे। हमारे तो अभी दो ही हुए हैं। वह रामलाल जरा लट्ठ आदमी है। उसने तरकीब से यह काम नहीं किया। अब हमारी नेता घुटे हुए घाघ बुजुर्ग कांग्रेसी को राज्यपाल बना देगी। वह रामराव को ही सदलबल कांग्रेस में ले आएगा। तुम गैर भरोसे के आदमी के लिए लड़ रहे हो। आगे पछताओगे।

विरोधी ने कहा—हम किसी के लिए नहीं लड़ रहे हैं। हम तो अपने लिए ही लड़ रहे हैं। हम रामराव की इस शहादत पर एक होकर, विपक्षी एकता कायम करके तुम्हारी पार्टी को सत्ता से हटाना चाहते हैं।

कांग्रेसी ने हेकड़ी से कहा—हाँ, हाँ, एक जानवर उत्तर में मर गया था, तो गिद्ध एकता के लिए इकट्ठे हो गए थे। अब एक जानवर दक्षिण में मरा है, तो गिद्ध एकता के लिए वहाँ उड़ रहे हैं। तुममें एकता हो नहीं सकती। तुम्हारे खेमे के दस

प्रधानमंत्री इस देश की धरती को रौंद रहे हैं। फिर तुम्हारे यहाँ एक नेता है जो अस्सी साल पहले शहंशाह ही पैदा हुआ था। उसके सिर पर मुकुट माँ के पेट से ही आया था। वह कहता है—एकता की एक ही शर्त है। मैं महाराजाधिराज और तुम सब मेरी प्रजा। बोलो, है मंजूर?

प्रतिपक्षी ने कहा—तुम्हारी नेता चुनाव जीतने के लिए पाकिस्तान द्वारा हमले का हल्ला कर रही है। कांग्रेसी ने जवाब दिया—और तुम्हारे नेता उसी पाकिस्तान के तानाशाह से पूछने जाते हैं कि हुजूर आप हमला तो नहीं करेंगे। कितनी हँसी की बात है। क्या वह बता देगा कि हाँ, हम तुम्हारे देश पर हमला करेंगे। अरे, देशभक्ति क्या विभाजित होती है? क्या हमारी देशभक्ति अलग है और तुम्हारी देशभक्ति अलग है? अगर ऐसा है तो रात-दिन 'राष्ट्र-राष्ट्र' की धुन लगानेवालो! बताओ, वह कौन-सा राष्ट्र है तुम्हारा? किस मातृभूमि के बेटे हो?

इतने में दो-तीन कांग्रेसी और आ गए। तुलसीदास ने देखा कि मामला काफी गरमा गया है। हस्तक्षेप किया—भाई लोगो, तुम सब आज ही तो पैदा हुए नहीं हो कि एक-दूसरे को नहीं जानते। तुम कई सालों से आपस में जानते हो। एक-दूसरे का चरित्र, राजनीति, कार्यविधि, कार्यक्रम सब जानते हो। फिर जब भी मिलते हो, इस तरह चकित क्यों होते हो?

विरोधी नेता ने कहा—ये कांग्रेसी सत्ता से चिपके रहना चाहते हैं, किसी भी तरह।

तुलसी ने कहा—और तुम लोग किसी भी तरह उसी सत्ता पर जाना चाहते हो। क्या फर्क है? एक बार सत्ता पर जाने के बाद तुम भी उससे चिपके रहना चाहोगे। पर इसमें गलत कुछ नहीं है। राजनीतिक दल कार्यक्रम बनाते हैं और हर राजनीतिक दल का यह लक्ष्य होता है कि वह सत्ता पर कब्जा करे और कार्यक्रम अमल में लाए। बिना सत्ता में आए, वह कार्यक्रम लागू नहीं कर सकता। अगर सत्ता में आकर कार्यक्रम लागू नहीं करना तो राजनीति छोड़ो। भजन करो या घास छीलो।

दोनों पक्षों ने आश्चर्य से कहा—यानी गोस्वामीजी, आप सत्ता प्राप्त करना और उससे चिपकना अच्छा मानते हैं।

तुलसी ने कहा—अच्छा ही नहीं, जरूरी मानता हूँ। वरना, अपने कार्यक्रम कैसे लागू करोगे? सवाल है—वे कार्यक्रम और नीति क्या हैं? और आपका वास्तविक इरादा कोई दूसरा तो नहीं है? हिटलर ने जर्मनी में समाजवाद के कार्यक्रम का सपना दिखाया था और इसी पर वह चुनाव जीता था। उसकी नाजी पार्टी का मतलब ही राष्ट्रीय समाजवादी पार्टी था। पर सत्ता में आते ही वह फासिस्ट तानाशाह हो गया। उसने देश में सच्चे समाजवादियों और साम्यवादियों का कत्लेआम कराया। फिर साम्राज्यवादी हमले शुरू कर दिए। उसने यूरोप को तबाह कर दिया। यानी जब हिटलर लोकतंत्र और समाजवाद का नाटक कर रहा था, तब उसके मन में फासिस्टवाद

और साम्राज्यवाद था। उसे सत्ता में नहीं आने देना चाहिए था। दुहरा चरित्र खोज लेना चाहिए। ऐसा तो नहीं है कि मुँह में गांधी हो और मन में गोडसे! अच्छा, तुम लोग सब लोकतंत्र की बात करते हो। क्या चुनाव जीतना ही लोकतंत्र है। चुनकर बहुमत बनाना ही लोकतंत्र है।

वे बोले—यही तो लोकतांत्रिक पद्धति है। लोकतंत्र और क्या है?

तुलसीदास ने कहा—एक उदाहरण देता हूँ। एक कर्मकांडी ब्राह्मण थे, जिन्हें मैं जानता था। वे नगरपालिका के चुनाव में अपने मुहल्ले से खड़े होते थे। वे घर के सामने गाय बाँधे रहते थे। मुहल्ले का जो भी आदमी वहाँ से निकलता, वे उससे जबरदस्ती गाय की पूँछ पकड़वाते और कसम देते—तुमने मेरी गाय की पूँछ पकड़कर सपरिवार मुझे मत देने की कसम खाई है। इसे निभाना, वरना परिवार का अनिष्ट होगा। मतदान का दिन आता, तो वे दोपहर में गाय लेकर निकलते और स्त्रियों से गाय की पूँछ पकड़वाकर कसम खिलाते। इस तरह दो चुनाव जीतते तो मैंने उन्हें देखा है। और उसी मुहल्ले के दो सच्चे समाजसेवकों को उनसे हारते देखा है। बताओ, उस पंडितजी का मत पाना और जीतना क्या वास्तव में लोकतंत्र की सफलता है?

वे लोग चुप हो गए। इस नजरिए से उन्होंने इस मामले पर सोचा नहीं था। तुलसी ने ही समझाया—लोकतंत्र का मतलब है बिना किसी दबाव, बन्धन या आग्रह के चुनने की स्वाधीनता। वे पंडितजी इस चुनने की स्वाधीनता को छीन लेते, गोभक्ति के परम्परागत पूर्वाग्रह और अनिष्ट के डर से। वे लोकतंत्र को गाय की पूँछ से बाँधकर कैद कर लेते थे। पंडितजी का चुनाव जीतना लोकतंत्र की जय नहीं, पराजय थी।

वे लोग अपने-अपने नेता के पास चले गए। सारे शीर्षस्थ नेता हैदराबाद लोकतंत्र बचाने जानेवाले थे।

तुलसीदास पाँच मिनिट के लिए चौधरी चरणसिंह के पास गया। उन्होंने कहा—गोस्वामीजी, आशीर्वाद दीजिए। हम लोकतंत्र बचाने के लिए हैदराबाद जा रहे हैं।

तुलसी ने पूछा—क्या सचमुच लोकतंत्र बचाने जा रहे हो चौधरी साहब?

चरणसिंह ने कहा—आपसे क्या छिपा है सन्तवर! आप तो रावण के मन की बात भी जानते थे। बात यह है कि अभी काश्मीर में एक मजार पर कुछ विपक्षी एकता हुई है। उसे आन्ध्र की इस समाधि पर पूरी कायम करके उस 'लेडी' को सत्ता से हटाएँगे। मुझे यह रामाराव कतई पसन्द नहीं है। अटलबिहारी वाजपेयी है चालाक। वह बार-बार कहता है कि अगला प्रधानमंत्री दक्षिण भारत का होगा। इससे वह रामाराव समझता है कि वही प्रधानमंत्री बनेगा। असल में वाजपेयी मुझे सताता है। पर मैं प्रधानमंत्री के पद के इस दक्षिण दावेदार को बढ़ने नहीं दूँगा। मैं भी जाट हूँ और आर्यसमाजी हूँ।

तुलसीदास ने कहा—आप जाट हैं तो आर्य नहीं हूण हैं। हूण जो, यहाँ रह गए, जाट कहलाए। पर छोड़िए, भारत में इतना आपसी मिश्रण हो गया है कि शायद ही कोई मूल नस्ल और जाति का रह गया हो। सब भारतीय हो गए हैं। अच्छा जाइए—

प्रविसि नगर कीजै सब काजा
हृदय राखि कोसलपुर राजा।

वे लोग हैदराबाद गए। तुलसीदास अयोध्या चला गया। वहाँ प्रचार हो रहा था कि यह जो मस्जिद है, उस जगह राम का जन्म-स्थान था। कुछ नेता किस्म के लोग वहाँ जमा थे। उन्होंने कहा—गोस्वामीजी, आपके प्रभु राम के जन्मस्थल पर म्लेच्छ राजा बाबर ने मस्जिद बनवा दी थी। हम राम की जन्मभूमि को मुक्त कराने के लिए आन्दोलन करनेवाले हैं। आप अनशन पर बैठ जाइए तो सरकार हिल जाएगी। आपको हम चुनाव लड़वाकर लोकसभा में भेज देंगे।

तुलसीदास ने कहा—भैया, जो मन्दिर में है वही मस्जिद में है। है तो वह एक ही। लेकिन तुमने मन्दिर-मस्जिद बना लिए हैं और पत्थरों के लिए लड़ रहे हो। लड़ो। तुम मेरी बात तो मानोगे नहीं क्योंकि तुम चुनाव जीतने के लिए, राम को नीलाम कर सकते हो। कुछ दंगों वगैरह की योजना तो बना ली होगी न। राम तुम्हें सन्मति देने में असमर्थ हैं! मैं तो भागा यहाँ से!

तुलसी दिल्ली आ गया। शूरवीर हैदराबाद से लोकतंत्र जीतकर आ गए थे। बोले—गुसाईंजी, लोकतंत्र की जीत हो गई। रामाराव फिर मुख्यमंत्री हो गए।

तुलसी ने कहा—भगतो, मैंने तुम्हें उस ब्राह्मण की कथा सुनाई थी, जो गाय की पूँछ पकड़वाकर मत लेता था। तुम्हारा यह रामाराव। राम का रोल फिल्मों में करके यह धार्मिक भावना का शोषण करके पूज्य हो गया। जब राजनीति में आया तो रेशमी गेरुआ वस्त्र धारण किए, चन्दन लगाया, नेता युग के रथ के आकार की बड़ी कार बनवाई जिसे 'चैतन्य रथम्' कहा, और अन्धभक्ति से लोगों के स्वतंत्र चुनाव के अधिकार को छीन लिया। यह क्या लोकतांत्रिक हुआ?

एक विपक्षी नेता ने उत्तेजित होकर कहा—और दूसरी तरफ से विधायक खरीदकर रामाराव की सरकार गिराने की साजिश क्या लोकतांत्रिक थी? विधायकों की खरीद तो कांग्रेस ने ही चालू की। भजनलाल इस विद्या के आचार्य हैं।

तुलसीदास ने जवाब दिया—तुम ठीक कहते हो। विधायक की खरीद भी अलोकतांत्रिक है और इसके लिए, सबसे अधिक दोषी कांग्रेस है, क्योंकि उसकी खरीदने की हैसियत ज्यादा है। यह भी सही है कि भास्करराव ने मुख्यमंत्री होते ही 44 विधायकों को स्वायत्त निगमों का अध्यक्ष बना दिया कि मौज करो और मेरा साथ दो। यह भी अलोकतांत्रिक है। मगर लोभ से दल-बदल का श्री गणेश चरणसिंह ने किया था। अब जरा यह बात देखो। भास्करराव के समर्थक हैदराबाद में लोभ और डर से बँधे थे। इधर रामाराव तो अवतार हैं, सो उन्होंने चमत्कार किया। अपने

विधायकों को कैद में रखा। दिल्ली में वे कैद में थे। फिर उन्हें किराए के विमान में बिठाकर बंगलौर ले जाया गया। वहाँ उन्हें कैद में रखा गया। उन्हें लोभ और डर की दुहरी रस्सी से बाँध लिया। फिर उन्हें हैदराबाद लाकर कैद से ही उनसे विधानसभा में मत ले लिए। यह क्या लोकतंत्र है।

वे लोग काफी सकपका गए थे।

तुलसी ने कहा—और दोनों पक्षों ने विधानसभा में हुल्लड़ करके तीन दिन तक वहाँ बैठक ही नहीं होने दी। वे महीने-भर की विधानसभा की बैठक नहीं होने देते। अगर यही लोकसभा में हो जाए तो ? अगर लोकसभा की बैठक ही न होने दी जाए, तो केन्द्र में सरकार ही न बने। या बनी हुई सरकार काम नहीं कर सके। ऐसी हालत में लोकतंत्र को बचाने का एक ही तरीका है। हर विधायक और सांसद को दो पुलिसवाले पकड़कर बैठें। उसे उठने न दें। अगर वह चिल्लाने को मुँह खोलने लगे तो थप्पड़ मारकर उसके मुँह पर हाथ रखे रहें। या तो इस तरह लोकतंत्र बचे या फिर तानाशाही हो जाए। लोकतंत्र के दोनों पक्षों के भक्तो ! जरा सोचो, तुम लोग उसे ले कहाँ जा रहे हो।

सुनो भई साधो

कबिरा खड़ा बजार में लिये लुकाठी हाथ
जो घर फूँकै आपना चलै हमारे साथ

बँध को अबन्ध लिया तोड़ सब तंगी
अगम को गम कीया प्रेम रंग रंगी

—कबीरदास

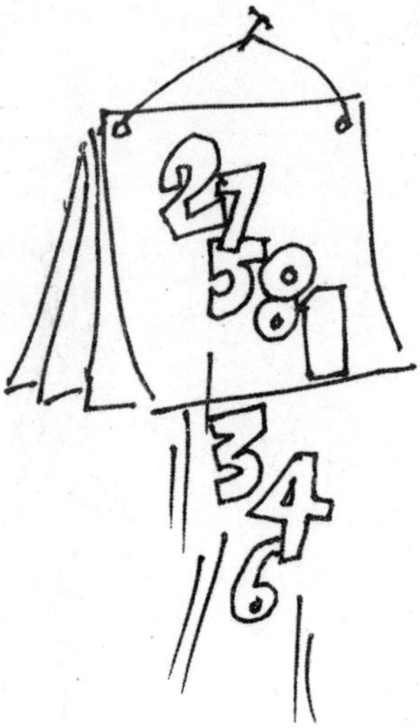

लिये लुकाठी हाथ

समय–समय पर 'सुनो भई साधो' शीर्षक से लिखे गए ये व्यंग्य स्तम्भ हैं। जिस घटना से तात्कालिक रूप से बात उठी, वह उसी लेख में स्पष्ट है। आगे उस आधार पर विस्तार होता है।

—लेखक

बाई जीसस, बाई जार्ज ?

साधो, इस समय दो बातें लोगों के दिमाग में हैं—पाकिस्तान से लड़ाई होगी क्या ? और भारत को अणुबम बनाना चाहिए या नहीं ? मुझसे ही भगत पूछते हैं—गुरु, क्या पाकिस्तान भारत पर हमला करेगा ? मैं पूछता हूँ—कब ? वे कहते हैं—अभी या आगे। मैं कहता हूँ—भगत यह 'अभी-अभी' तो हर युद्ध के बाद हो रहा है। साल-भर बाद तुम पूछोगे कि 'अभी' क्या पाकिस्तान हमला करेगा ? 1971 की लड़ाई के बाद 14 साल हो गए और हम 'अभी-अभी' ही करते जाते हैं। जब अभी का ठिकाना नहीं है तो आगे की कौन कह सकता है। फिर तुम यह क्यों नहीं पूछते कि गुरु भारत पाकिस्तान पर हमला अभी करेगा या आगे। वे इस बात से चौंककर कहेंगे—भारत ? भारत हमलावर नहीं हो सकता। हम शान्ति प्रेमी लोग हैं। ऋषियों की सन्तानें हैं। देवताओं की भूमि है यह। भगवान यहीं अवतार लेते हैं। भारत तो युद्धविरोधी है। महात्मा गांधी की शिक्षा अहिंसा है और यह देश उसे मानता है।

साधो, देवताओं की भूमि और गांधीजी की अहिंसावाले इस देश में रोज कितनी घिनौनी हिंसा होती है। युद्ध कई कारणों से होते हैं। भूमि हड़पना अब युद्ध का कारण लगभग नहीं रह गया है। अब कारण हो गए हैं—अन्तर्राष्ट्रीय राजनीति, महाशक्तियों का दबाब और किसी देश के आर्थिक ढाँचे तथा मनोबल का तोड़ना। ऐसे में अगर हमारा देश ही किसी पर हमला कर दे तो? साधु, तो हमें इसका विरोध करना चाहिए। हमारा देश भी साम्राज्यवादी हो जाए, यह हम पसन्द नहीं करेंगे।

साधो, मेरे पास कोई जवाब नहीं है कि युद्ध होगा या नहीं या भारत को अणु बम बनाना चाहिए या नहीं। मुझसे पूछनेवालों से मैं कहता हूँ—हमारे देश में कुछ नेता हैं जो सबकुछ जानते हैं। सही-सही जानते हैं और जो सही सलाह भी देते हैं। इनमें एक तो जार्ज फर्नांडीस हैं। इन्हें यह भी मालूम है कि पाकिस्तान में गुप्त रीति से आए विज्ञान कार्यक्रम में क्या हो रहा है। इन्हें जिया उल हक के रसोईघर का हाल भी मालूम है—आज पुलाव बना या बिरयानी या मुर्ग मुसल्लम। इन्हें जिया के दिल की हर धड़िइन की खबर रहती है। उन्हें मालूम हो जाता है कि जिया के दिल में इस समय किसके लिए प्यार उमड़ रहा है और किसके लिए नफरत। अपने बारे में जो बातें जिया उल हक नहीं जानते, वे बातें जार्ज जानते हैं। अगर जिया भूल गए हैं कि आज मैंने किस रंग का अंडरवीयर पहिना है, तो वे फोन से जार्ज से पूछ सकते हैं और जार्ज फौरन बता देंगे। भारतीय विशेषज्ञ, रूसी विशेषज्ञ और अमेरिकी विशेषज्ञ भी बता रहे हैं कि पाकिस्तान अणुबम परीक्षण करने ही वाला है। मगर जार्ज कहते हैं कि वह नहीं कर रहा है। तो हमें जार्ज की बात ही माननी चाहिए। अगर जिया अणु बम बनाएँगे तो जार्ज फर्नांडीस से पूछकर बनाएँगे। अभी तक उन्होंने जार्ज से पूछा नहीं है, तो नहीं बना रहे होंगे। अगर बना रहे होंगे तो जार्ज ने गुपचुप इजाजत दे दी होगी। भक्त लोग भगवान को अन्तरयामी मानते हैं पर जार्ज उनसे भी बारीक हैं।

साधो, जार्ज का कहना है कि भारत के पास पाकिस्तान से पाँच गुना अधिक सेना है, फिर भी पाक भारत पर हमला नहीं करेगा। मैं इससे और आगे जाकर कहता हूँ कि भारत के पास वह तकनीक है कि वह अणु बम बना सकता है। मैं जार्ज से अधिक चाहता हूँ कि भारत पाक में दोस्ती हो, दोनों खुशहाल हों और जनता को गरीबी से मुक्ति मिले। पर मैं पूछता हूँ कि जार्ज को पाकिस्तान को अमेरिका द्वारा दिए गए हथियार इतने प्यारे क्यों लगते हैं।

जब अमेरिका ने वियतनाम की जनता पर 18 साल बम गिराए तब जार्ज ने कुछ क्यों नहीं कहा। अमेरिका के हथियारों में ऐसी क्या प्यारी बात है कि उनकी बात से ही जार्ज की आँखों में स्नेह के आँसू आ जाते हैं। महान् क्रान्तिकारी अथवा भ्रान्तिकारी जार्ज को फिलिस्तीनियों से क्यों सहानुभूति नहीं है जो अपनी भूमि से निकाल दिए गए। कुछ समय पहले ट्यूनिस में उनके मुख्य कार्यालय पर दूसरे देश

की वायु सीमा में घुसकर अमेरिकी बम वर्षकों ने बम गिराए। इसकी सारी दुनिया ने निन्दा की पर जार्ज कुछ क्यों नहीं बोले। यही जार्ज और अटलबिहारी वाजपेयी रोज यह माँग करते थे कि भारत सरकार लड़ाई करके चीन से अपनी भूमि वापस ले। मगर जब रूस और चीन के मतभेद गहरे हो गए और चीन ने अमेरिका से समझौता कर लिया तब हमारे नेता अपनी मातृभूमि के उस भाग को क्यों भूल गए। चीन ने जब अणु विस्फोट किया तब भी यह कुछ नहीं बोले, ऐसा क्यों है।

साधो, ऐसा इसलिए है कि इन देशभक्तों को ऐसा लगता कि पाकिस्तान के हथियारों से तथा अणु बम से तथा चीन के अणु बम से रूस घेरा जाता है, एशिया में यह अमेरिका की युद्ध की योजना के अनुसार है, जो अमेरिका की योजना है वह इनकी प्रिय योजना है। इस योजना से अगर भारत भी घिरता है और भारत को भी खतरा है तो इससे इन नेताओं को मतलब नहीं। अपनी रक्षा के लिए चिन्तित होकर भारत गलती कर रहा है। जब अमेरिका का काम हो रहा है तब भारत सरीखे घटिया देश को बाधा नहीं डालनी चाहिए। भारत अपनी विदेश नीति बदले और अमेरिका के पीछे हाथ-पाँव बाँधकर खड़ा हो जाए तब सब खैर ही खैर है। स्वाधीनता, आत्म-निर्णय, गुटनिरपेक्षता, विश्व शान्ति आदि फालतू बातें हैं। साधो, जो यह मानता है वही जार्ज की गहरी बात समझ सकता है। जो नहीं समझता वह आलोचना करने लगता है। ये हथियार अपने पर चलेंगे, ऐसी चिन्ता भारतीय नागरिक को नहीं करनी चाहिए। यही जार्ज की नेक सलाह है।

ईमान की दो पीढ़ियाँ

साधो, मुझे ऐसे समाचार से बड़ा अच्छा लगता है। लगभग एक साथ दिल्ली से दो समाचार आए। एक समाचार यह कि एक सीमा शुल्क अधिकारी को ईमानदारी और कर्तव्यनिष्ठा के लिए पुरस्कार दिया गया। यह पुरस्कार दिल्ली में केन्द्रीय मंत्री के कर-कमलों से दिया गया। इस अधिकारी की फोटो भी छपी, जिसे देखकर लगता है कि ईमानदारी का कोई रूप हो सकता है, तो वह यही है। अखबारों में इस अधिकारी की बहुत जय-जयकार हुई। लेकिन साधो, सन्तुलन सब कहीं है। प्रकृति में सन्तुलन है। हमारी प्रशासनिक और आर्थिक व्यवस्था में भी सन्तुलन है। हमारी अर्थ-व्यवस्था मिश्रित है तो नैतिकता भी मिश्रित है। इस व्यवस्था में खालिश ईमानदारी देश-घातक होती है। खालिश ईमानदारी खालिश तेजाब की तरह है। इसे स्पर्श करो तो जल जाओ। इसलिए इसी समय दूसरा समाचार भी छपा कि जिस समय अधिकारी को दिल्ली में ईमानदारी का पुरस्कार दिया जा रहा था

उसी समय उसके देवतुल्य परमपूज्य पिताजी पर अमृतसर में पुलिस का छापा पड़ा। कई लाख का तस्करी का सामान मिला और वे गिरफ्तार कर लिए गए।

साधो, तुम सोच रहे होंगे कि आखिर ये मामला क्या है ? क्या इस परिवार में नैतिकता का बँटवारा हो गया है। पिता ने अपने एक बेटे से कहा कि तू ईमानदार हो जा और पुरस्कार पा। दूसरे से कहा, तू डाकू हो जा। और खुद पिताजी तस्करी करने लगे। परिवार में सन्तुलन हो गया। अकबर इलाहाबादी ने कहा है—

शेख जी के दोनों लड़के बाहुनर पैदा हुए
एक है सी.आई.डी. में एक फाँसी पा गए।

मगर साधो, जिस अधिकारी को ईमानदारी का पुरस्कार मिला है वह खालिश नहीं है। यह अच्छी बात है। अगर बहुत सारे अधिकारी खालिश ईमानदार और कर्तव्यनिष्ठ हो जाएँ तो इस देश में आग ही लग जाएगी। हमारा देश इसीलिए बचा हुआ है और आगे बढ़ रहा है कि अधिकारी खुद ईमानदारी का पुरस्कार लेता है और बाप के मार्फत बेईमानी की कमाई करता है। तुम बहुत सोचकर देखो तो पाओगे कि अब ईमानदारी केवल बेईमानी के कामों में रह गई है। सटोरियों, जुआरियों, चोरों, लुटेरों, तस्करों को देखो। इनके काम में पूरी तरह से ईमानदारी होती है। ये ईमानदारी से हिस्सा बाँटते हैं। किसी का पैसा कोई नहीं दबाता। जिसका देना है उसके घर जाकर दे देता है। अगर ईमानदारी को जीवित रखना है तो बेईमान होना ही चाहिए। ईमानदारी की जमीन पर ईमानदारी का पौधा सूख जाता है। उसे बढ़ने के लिए बेईमानी की खाद देनी चाहिए।

साधो, यह खबर बड़ी राहत देनेवाली है कि यह अधिकारी खालिश नहीं है। साल-भर पहले इन पर अनियमितता के आरोप लगे थे और तबादले के आदेश भी हो गए थे जो बाद में रुक गए। मुझे लगता है तभी इनके पिताजी ने कहा होगा कि बेटा, अब तू साल-भर के लिए ईमानदार हो जा और इनाम पा ले। जिन्दगी में समय बाँट लेना चाहिए। जैसे पुराने जमाने में चार आश्रम रहते थे। इसी तरह कभी आदमी को ईमानदारी के आश्रम में होना चाहिए और कभी बेईमानी के आश्रम में। मैं अब अकेले ही तस्करी का काम सँभाल लूँगा और तू दिल्ली में अपनी छवि बना। तूने मेरे सम्बन्ध बना ही दिए हैं तो काम चलता ही रहेगा। अपने खानदान में किसी को ईमानदारी का पुरस्कार भी मिलना चाहिए।

साधो, मुझे ऐसा मालूम होता है कि जिस समय इस अधिकारी को पुरस्कार मिल रहा था उसी समय पर उसके पिता के घर पर छापा डलवाने का षड्यंत्र उसी विभाग के दूसरे अधिकारियों ने किया। कोई अधिकारी खालिश ईमानदार घोषित हो जाए इससे विभाग की बदनामी होती है। अधिकारी के बाप के घर तस्करी का सामान मिले तो यह अर्थ भी इससे निकला कि बाप बेटे के सहयोग से तस्करी करते थे या बेटा बाप से तस्करी कराकर खुद ईमानदारी का पुरस्कार पाता है।

साधो, जो भी हो मुझे तो सन्तुलन पसन्द है। यही सन्तुलन है कि जंगल विभाग में नाकेदार पच्चीस रुपए की लकड़ी की चोरी पकड़ता है और जंगल के दूसरे नाके से अफसर ठेकेदार को लाखों रुपए की लकड़ी चुराने का सुभीता देता है। समुद्र तट पर तो अरबों की तस्करी होती है। तब सन्तुलन बनाए रखने के लिए अधिकारी तस्करों से कहते हैं कि यार, विभाग के लिए दो नौकाओं में थोड़ा सामान रखकर इधर पकड़वा दो। हमारा कहीं तबादला हो गया तो तुम्हें ही नुकसान होगा। साधो, व्यवस्था में सन्तुलन बनाए रखने के लिए यह सब जरूरी है। बड़े-बड़े लोगों के द्वारा बड़ी रकमों की घूसखोरी की शिकायतें छपती हैं। कभी-कभी ऐसा समाचार भी छपता है कि क्लर्क, पटवारी या नाकेदार घूस लेते पकड़े गए। इससे सन्तुलन बना रहता है।

असामाजिक तत्त्व कौन ?

साधो, हम साधु हैं। हम शताब्दियों से गौभक्त हैं। उसे गौमाता मानते हैं। पुत्र के नाते हम गौमाता से कहते हैं—माँ, तू चाहे दूध हमें एक बूँद न दे। हमने भैंस को दूसरी माँ मान लिया है। पर माता, तू मरकर उपद्रव मत कराया कर। तू जीवित हालत में विशेष काम की ही नहीं रही। तुझे भूखा मारते हैं, डंडे से पीटते हैं, दुतकारते हैं, तू आवारा घूमती है, हर कुछ खाती हुई। मगर तू अगर किसी साधारण परिस्थिति में मरी हुई मिल जाती है या तेरे मारे जाने की खबर फैल जाती है, तो तू एकदम पूज्य हो जाती है। तेरे बेटे उपद्रव करने को तैयार हो जाते हैं। सबसे ज्यादा तू मरी हुई हालत में प्रिय और पूज्य एक साम्प्रदायिक संगठन और उसकी पार्टी के लिए हो जाती है—हालाँकि ये गांधीवाद और समाजवाद अपनाने की घोषणा करते हैं। तू गुंडों और लुटेरों की पूज्य हो जाती है मरकर। तेरी लाश राजनीतिक उद्देश्य के लिए काम में आती है। जीवित होती है तब तू बोझ होती

है। मर जाती है तो कई तरह-तरह के फायदे देती है।

साधो, हफ्ते-भर पहले जो हुआ, उस सन्दर्भ में मैं गौमाता से यह कह रहा हूँ। इस शहर में थोड़े-से अन्तर से दो गायें सड़क पर मरी पाई गईं, ऐसा किसी भी शहर में हो सकता है। सवाल यह है कि इसके बाद कौन-सा अनुष्ठान हो। गाय के मामले में हमेशा ध्यान मुसलमानों की तरफ जाता है। यह परम्परा से चला आ रहा है। इस प्रवृत्ति का उपयोग किस तरह किया जाए? साधो, अगर राजनीतिवाले दंगा कराने पर उतारू हैं, उन्हें इससे राजनीतिक लाभ लेना है, तो कोई भी ताकत इन्हें रोक नहीं सकती। हर पार्टी ने गुंडे भरती कर लिए हैं और पुलिस रिकार्ड में जो निगरानी बदमाश हैं, वे 'अमुकजी' और 'तमुकजी' बनकर बाइज्जत नेता हो गए हैं।

साधो, कोई दंगा अकस्मात नहीं होता। बीस गायें मर जाएँ, दंगा नहीं होगा। मगर एक भी गाय का एक बाल भी न गिरा हो, तो भी भयानक दंगा हो सकता है। कारण यह है कि दंगे आयोजित किए जाते हैं। इसकी एक विधि है। इसकी व्यवस्था है। भिवंडी के दंगे की तैयारी तीन महीने से हो रही थी। उत्सव है, विवाह सरीखा। कुंडली मिलाई जाती है, वर दिखाई, वधू दिखाई होती है, दहेज तय होता है, टीका किया जाता है, मुहूर्त तय होता है, निमंत्रण पत्र बाँटे जाते हैं। तब बारात आती है और आतिशबाजी होती है। आतिशबाजी एकाएक नहीं हो जाती है। इस मामले में दो गायें मरी पाई गईं। मगर घंटे-भर में यह अफवाह फैल गई कि चालीस गायें जगह-जगह मरी पाई गईं। शाम तक दो सौ गायें मरने का प्रचार हो जाता। मगर एक तो जिला प्रशासन ने चुस्ती दिखाई। गायों का पोस्टमार्टम कराके यह बता दिया कि गायें सड़ी सब्जी खाने से अमुक बीमारी से मरी हैं। वेटरनरी कॉलेज का नाश हो, जहाँ प्रयोगशाला में पेट चीरकर मरने का कारण पता लगा लिया। गौमाता की बीमारी का पता लगाना बड़ा पाप है। साधो, शाम के अखबार में अधिकृत रूप से छप गया कि गायें कुल दो मरी हैं। ये बीमारी से मरी हैं। इनमें एक गाय मुसलमान की है।

साधो, यह और मुसीबत कि मुसलमान की गाय मरी। इससे उत्तेजना की सम्भावना कम हो गई। मगर जिन्हें दंगा कराने का लम्बा अभ्यास है वे तत्काल दंगा भी करा सकते हैं। उन्होंने शैतानी-भरी बात फैलाई भी थी। मगर इस अभागे शहर के आदमी इतने पतित होकर सन्तुलित और समझदार हो गए हैं कि उत्तेजित नहीं हुए। हुआ यह भी कि जो पहले दंगे भड़काया करते थे, उन्होंने अपनी दुकानों के शटर फौरन नीचे कर लिए। कारण? कारण यह कि इन कुछ वर्षों में युवकों खासकर छात्र नेताओं की एक नई शक्ति का उदय हुआ है। ये 'रोड ब्लाक' और 'चक्का जाम' कराते हैं। पेशेवर गुंडों से ज्यादा इनका डर है। ये बीच बाजार में 'चक्का जाम' करवा रहे थे। ये जानते हैं कि दो-तीन किलोमीटर दूर की बस्तियों में कुँजड़ों पिंजारों, रिक्शेवालों को मारने से क्या मिलेगा। माल तो गौमाता के भक्तों

की इन दुकानों में है। इन्हें लूटो। साधो, हास्यास्पद और कारुणिक दृश्य था कि ऐसी घटनाओं पर पहले जो दुकान के पाटियों पर खड़े होकर विशेष सम्प्रदाय के खिलाफ शेर की तरह दहाड़ते थे, वे इस बार शटर बन्द कर भीतर डरे हुए चूहे की तरह बैठे थे। वक्त के तेवर कितने बदल गए हैं।

साधो, ज्यों-ज्यों चुनाव नजदीक आएँगे साम्प्रदायिक पार्टी दंगा कराने की कोशिश करेगी—अगर राजनीतिक और वोटों का लाभ उसे दिखा तो। इस बार उन्हें राजनीतिक लाभ नहीं दिखा, वे तैयार भी नहीं थे, इसलिए कुछ नहीं हुआ। पर जब वे कराने पर उतारू हो जाएँगे, तब करा देंगे—यह देश-भर में पिछले वर्षों हुए उपद्रवों और उनकी जाँच कमीशनों की रिपोर्टों से सिद्ध हो गया है।

साधो, एक शब्द है—'असामाजिक तत्त्व'। यह सुभीते का शब्द है। इसमें किसी का नाम नहीं लिया जाता और दोष गुंडों, लुटेरों के सिर पर मढ़ दिया जाता है। मगर कोई दंगा ये गुंडे शुरू नहीं करते। इनका काम दंगा शुरू होने पर चालू होता है। वास्तविक 'असामाजिक तत्त्व' दूसरे होते हैं। ये इज्जतदार लोग होते हैं! सफेदपोश होते हैं। हमेशा नम्र रहते हैं। हर एक के सामने झुकते हैं। ये शरीफ लोग होते हैं। इनमें जो साम्प्रदायिक नेता हैं, वास्तव में असामाजिक तत्त्व ये हैं। इनका सारा काम अँधेरे में होता है। अफवाहें ये बनाकर देते हैं। दंगे की योजना ये बनाकर देते हैं। उत्तेजना ये फैलाते हैं। दंगा मशीनरी ये देते हैं।

साधो, पर ये कभी नहीं पकड़े जाते। ये बड़े लोग होते हैं। राजनीतिक प्रभाव होता है। पैसा होता है। अगर हर शहर में इनमें से तीन-चार को शासन धमकी दे दे कि नए कानून में साल-भर हम तुमको जेल में रख सकते हैं, तो दंगा कहीं न हो।

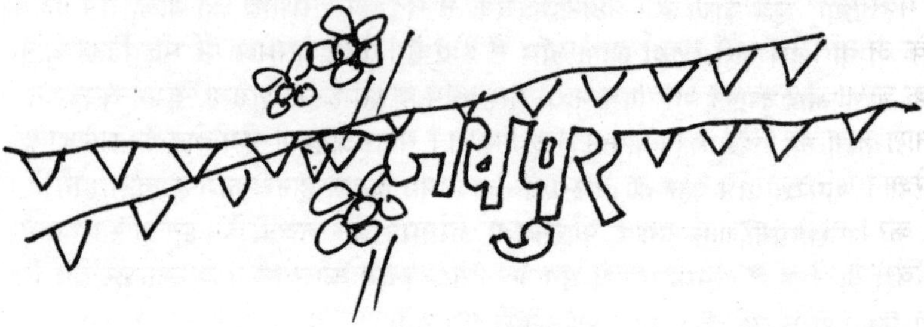

जयपुर में एक गोरी शादी

साधो, जयपुर में एक घटना ऐसी हो गई जिसे राष्ट्रीय ही नहीं, अन्तर्राष्ट्रीय प्रचार मिला। भारत के पत्र–पत्रिकाओं में विस्तार से समाचार छपे, फोटोग्राफ छपे, अंग्रेजी के साप्ताहिक पत्रों में घटना के रंगीन फोटो के साथ फीचर छपे। कुछ इस तरह इस घटना को पेश किया गया गोया मोहनजोदड़ो से भी प्राचीन किसी सभ्यता को खोज लिया गया हो या इस घटना से दुनिया में शक्ति सन्तुलन गड़बड़ा गया हो।

साधो, घटना कुल यह थी कि एक अमेरिकी जोड़े ने जयपुर में राजपूत शैली से विवाह किया। एक टैक्सास की तेल व्यवसाय की मालकिन लड़की—केमिले रायल। और न्यूयार्क का एक अरबपति युवक—हर्बर्ट मेलार्ड। अरब स्वामिनी केमिले भारत आ चुकी थी। उसे जयपुर बहुत पसन्द आया था। भारत बहुत पसन्द आया था। भारत को पसन्द करना और ओह इंडिया! ग्रेट इंडिया! कहकर भावुक होना पश्चिम

के अज्ञानी सम्पन्नों का फैशन है। इसे 'इंडिया क्रेज' कहते हैं। अंग्रेज साम्राज्यवादियों ने पश्चिम में भारत की इस छवि का प्रचार किया था कि यह राजा, कोबरा और हाथी का देश है। ये असभ्य लोग हैं और इन्हें सभ्य बनाने का बोझ हम गोरों के कन्धे पर 'ऑल माइटी गॉड' ने रख दिया है, तो इसे ढो रहे हैं। जीसस काइस्टो! फिर औद्योगिक क्रान्ति के बाद जो नई सामाजिक-आर्थिक व्यवस्था आई, तो पश्चिम के नैतिकतावादी मनीषी इससे तालमेल नहीं बिठा पाते। वे घबड़ाए और छिपने के लिए उन्होंने भारत में एक कोना ढूँढ़ा। यह शरणस्थल उन्हें मिला वैदिक युग में। वाह, क्या स्वर्ण-युग था। अत्यन्त नैतिक जीवन प्रकृति की गोद में। सामगान कर रहे हैं। आनन्द है, प्रेम है। न कोई संघर्ष, न कोई नैतिक संकट!

मैक्समूलर वगैरह ने इसी कल्पना लोक में मन को शरण दी। उन्हें नहीं पता था कि अन्तर्विरोध और संघर्ष हर समाज में होते हैं। वैदिक समाज में भी थे। एक वैदिक ऋचा में उषा का आवाहन करते हुए ऋषि कहते हैं—'हे उषा, तू अन्धकार का नाश ऋण की तरह कर।' यानी तब महाजन था। महाजनी पूँजीवाद था। ऋण से परेशान वैदिक ऋषि तभी तो कहते हैं—हे उषा, तू अन्धकार का नाश ऋण की तरह कर! दोनों धारणाएँ गलत थीं—राजा, कोबरा और हाथी के देश की तथा अन्तर्विरोधों से मुक्त वैदिक स्वर्ण युग की। पर इस टैक्सास की कामिनी केमिले रायल को गुलाबी शहर जयपुर पसन्द आ गया। राजपूत राजाओं की शान-ओ-शौकत के किस्सों से वह लुभा गई। उसने प्रण किया कि शादी जयपुर में राजपूती शान से करूँगी। पैसेवाली है। चाहती तो अन्तरिक्ष यान में चन्द्रमा पर जाकर वहाँ भी शादी कर सकती थी!

साधो, इस युवती ने अपने सम्पन्न प्रेमी से कहा कि शादी जयपुर में करेंगे। प्रेमी ने कहा होगा—अपने पास पैसा है तो कहीं भी करेंगे। चलो, जयपुर में शादी करेंगे। ताजमहल देखेंगे और शाहजहाँ-मुमताजमहल की तरह 'हनीमून' मनाएँगे।

साधो, वे दोनों अपने मित्रों के साथ जयपुर आए। वहाँ लड़की केमिले रायल 'बीदणीजी' बनी—सोलह गज का घाघरा पहिना, हाथों में बाँगड़ी पहिनी, नथ पहनी, सिर पर रेखड़ी बाँधी, पाँवों में पायल पहनी, सिन्दूर सजाया। वर हर्बर्ट मेलार्ड 'कुँअरजी' बने—राजस्थानी साफा, जिस पर मुकुट। अचकन, चूड़ीदार पाजामा, मोतियों की माला, तिलक। एक पुरोहित ने दोनों की शादी करा दी।

साधो, कुल इतनी-सी बात हुई। इस देश में बहुत-सा अजब और गजब रोज होता रहता है। मगर यह शादी राष्ट्रीय महत्त्व की क्यों हो गई। अखबारों ने इसे इतना क्यों उछाला? समाचार को पढ़कर हमारा मन क्यों हिलोरें लेता है? क्यों हमें एक तरह के गर्व का अनुभव होता है? अमेरिकी रईसों के इस चोंचले पर हम लोगों को हँसी आनी चाहिए, मगर हम गम्भीरता से इसे भारत की विश्वविजय मानते हैं।

साधो, यह हमारी हीनता की भावना की प्रतिक्रिया है। हीनता और उच्चता की

भावनाएँ एक ही सिक्के के दो पहलू हैं। सदियों से दबे हम लोग हम पर राज करनेवाले पश्चिमी गोरों को अभी भी देवता मानते हैं। उनमें भी सम्पन्न अमेरिकी परमपूज्य देवता होते हैं। हम अपने को सब तरह से हीन मानते हैं और गोरों से सर्टिफिकेट चाहते हैं। इस हीनता के साथ यह दीन गर्व भी है कि हम ही तो वेदों, उपनिषदोंवाले हैं, हमारी प्राचीनतम महान् संस्कृति है। हमारा महान् धर्म है। हम महान् आर्य हैं। साधो, इसी उलझी और हीन मनोभावनाओं के कारण इस शादी से हमारे लोग यह समझ रहे हैं कि हिन्दू धर्म की जय हो गई, भारतीय संस्कृति को मान लिया गोरों ने, आखिर हिन्दू संस्कार ही श्रेष्ठ माने गए। साधो, यह जितना हास्यास्पद है, उतना ही कारुणिक भी। यह बड़ी दीन भावना है। यह अपने-आप पर दया करने की तरह है। साधो, एक सज्जन मुझे एक रंगीन पत्रिका दिखा रहे थे। कहने लगे—यह देखिए, यह न्यूयार्क में भव्य कृष्ण मन्दिर बनाया गया है। वहाँ हमारे कृष्ण पहुँच गए। आखिर अमेरिकी लोगों ने भी मान लिया न हमारे धर्म और संस्कृति को। अब तो आप भी मानेंगे न। वे खुशी से गद्गद हो रहे थे और मुझे उन पर दया आ रही थी—उन पर ही नहीं समूची जाति पर दया आ रही थी। कृष्ण इसलिए ऊँचे उठ गए, विश्वसनीय हो गए कि उन्हें न्यूयार्क में एक सर्टिफिकेट मिल गया गोरी नस्ल से। साधो, यही भावना तब उल्लास देती है जब अमेरिकी लड़के-लड़कियाँ 'हरे राम हरे कृष्ण' गाते हुए बम्बई या कलकत्ता में निकलते हैं। तब कृष्ण हमारे लोगों के लिए और बड़े हो जाते हैं। वे सज्जन कहते हैं—अब तो मानेंगे आप कबीर साहब! देखिए, ये अमेरिकी अरबपतियों के बेटा-बेटी हमारे भगवान कृष्ण के पीछे पागल हैं। अब भी आप नहीं मानेंगे?

साधो, हीनता की ग्रन्थि से पीड़ित जाति इन चोंचलों को कितनी गम्भीरता से लेती है। इन चोंचलों के दम पर अपने को महान् समझती है। सैंतीस साल बाद भी मन और भावना से गोरों के गुलाम हैं।

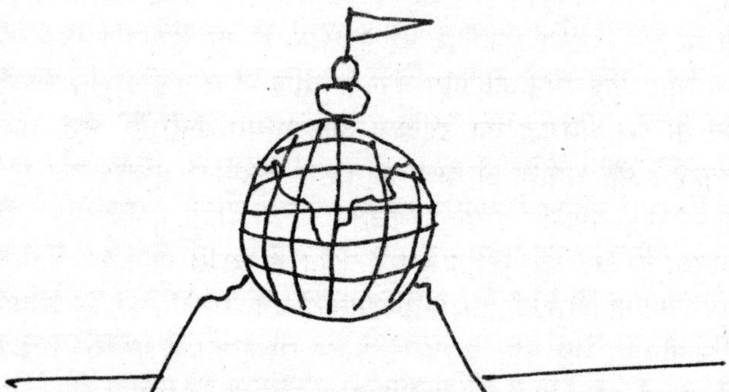

सन्तो, सावधान रहियो!

साधो, हम लोग साधु हैं, इसलिए इस समय हमें सन्तों की खास चिन्ता है। वैसे तो सन्तों ने डटकर राजनीति की है। धर्म के नाम पर युद्ध भी सन्त लड़े हैं। आखिर धर्मयुद्ध शुरू करने की आवाज लगानेवाले भी सन्त ही हैं—सन्त लोंगोवाल। और सन्त के इस धर्मयुद्ध का उद्देश्य आध्यात्मिक नहीं है, शुद्ध भौतिक और राजनीतिक है। और धर्म के अध्यात्म को हत्या, लूटपाट, अपराध तक ले जानेवाले भी सन्त ही थे—सन्त भिंडरवाला। जितनी हिंसा सन्तों ने फैलाई, जैसी नफरत मनुष्य-मनुष्य के बीच पैदा की, एक पूरी जाति को बाकी भारतीयों के खिलाफ कर अलग करने की कोशिश की, इससे हम पापियों को समझ में आया कि सन्तत्त्व क्या होता है। ज्ञानी होना क्या होता है। सन्तों ने हमें सिखाया कि गुरुओं के उपदेश सिर्फ जबान से बोलने और कानों से सुनने के लिए होते हैं, अमल करने के लिए नहीं। अमल ठीक उनसे उल्टा करना चाहिए। सन्तों ने यही किया। डाकू भी देवी पूजा

करके डाका डालने जाते हैं। धर्म का यही मर्म है। इसे हम मूर्ख नहीं समझते। इसे डाकू सरदार और राजनीतिक सन्त ही समझते हैं। गुरुओं ने मनुष्यों को अभेद का उपदेश दिया, राजनीतिक सन्तों ने भेद-ही-भेद डाल दिए।

साधो, इस समय हमें दो सन्तों की चिन्ता है—एक को कांग्रेसी सन्त बनाया जा रहा है और दूसरे को विपक्षी सन्त बनाने की कोशिश जारी है। ये सन्त हैं—सन्त बाबा सन्तासिंह और सन्त बाबा खड़गसिंह। बाबा सन्तासिंह निहंगों के प्रधान हैं। निहंग फारसी शब्द है, जिसका अर्थ है 'मगरमच्छ'। इतने से ही समझ जाओ कि निहंग कैसा होता है—मगर की तरह मजबूत चमड़े का और वैसा ही आक्रामक। महाराजा रणजीतसिंह की फौज में निहंगों का एक ब्रिगेड था। ये माया-मोह से मुक्त होते हैं। इन पर कोई नियम लागू नहीं होते। निहंग गृहस्थ के यहाँ भोजन करेगा, तो थाली को छूने के पहले अपने माथे को हवा में घुमाएगा। इसका मतलब है कि मैं लड़कर भोजन ले रहा हूँ, दान में नहीं। अक्सर निहंग न रेल का टिकिट लेते न बस का। बस में सीटें खाली हों तो भी निहंग छत पर बैठेगा। वह परम स्वतंत्र और माया से दूर होता है। इसके नेता हैं, बाबा सन्तासिंह जो शान्त प्रकृति के, समझदार, यथार्थवादी हैं। जो अकाल तख्त की इमारत के एक हिस्से के टूटने को लेकर सिखों में उन्माद पैदा कर रहे थे, उन्हें बड़ा अच्छा जवाब दे दिया—इमारतें बनती और टूटती रहती हैं। बड़ी है इनसानियत।

साधो, इसी 'इनसानियत' को खत्म करने की साजिश हमारे विरोधी देशों के सहयोग से कई सालों से चल रही है। और इसके लिए इस्तेमाल हो रहा है, इमारतों का, धर्म की इमारतों का। साधो, मुझे आश्चर्य है कि डर से या अन्ध-विश्वास और कुतर्क से बड़े-बड़े कुलपति, प्रोफेसर, लेखक, बुद्धिजीवी तो अकाल तख्त के मलबे से चिपक गए हैं। मगर तर्कपूर्ण और बुद्धिमानी की बात कम पढ़े-लिखे बाबा सन्तासिंह कहते हैं कि इमारतें तो बनती और गिरती रहती हैं। सवाल इनसानियत का है। गुरु नानक विश्वविद्यालय के विद्वान कुलपति बताएँ कि इमारतें बनती और टूटती हैं कि नहीं। और टूटती हैं तो क्या बुद्धिमान इनसान उसके मलबे में बैठ जाता है।

साधो, पंजाब में सन्तों की यानी सच्चे सन्तों की बात नहीं चल रही थी। बात चल रही थी उनकी जो पंजाब को भारत से अलग करना चाहते हैं। आनन्दपुर साहब प्रस्ताव लगभग खालिस्तान का ही प्रस्ताव है। पंजाब पर हुकूमत कर रहे थे अकाल तख्त के किले में बैठे सन्त जिनके चेले लगभग चार सौ बेकसूर आदमी मार चुके थे। ये अनपढ़, गँवार, बन्दूकवाले परम विद्वान, विश्व पंजाबी सम्मेलन के अध्यक्ष डॉक्टर तिवारी को गोली मार देने का वहशीपन कर चुके थे।

साधो, अकाली दल और शिरोमणि गुरुद्वारा प्रबन्धक कमेटी के नेता चाहते थे कि अकाल तख्त के मलबे पर बैठकर लम्बे अरसे तक झूठा रोना रोए, सीधे भले सिखों को उत्तेजित करें, हिंसा फिर शुरू करवाएँ और चुनाव तक आन्दोलन चालू

रखें। गुरुद्वारा प्रबन्धक कमेटी याने अपार पैसा, नौकरियाँ, वेतनभोगियों की जमात। राजनीति और धन ने मिलकर माँग की कि फौज हटाओ, तब हम 'कार सेवा' से अकाल तख्त की मरम्मत करेंगे। ये मरम्मत चालू नहीं करते। अकाल तख्त के मलबे की प्रदर्शनी लगाए रखते।

साधो, इसी बीच आ गए बाबा सन्तासिंह, पाँच सौ निहंग लेकर और 'कार सेवा' शुरू कर दी। बाबा सरकार की मर्जी से ही आए होंगे। वे मलबा साफ करने लगे तो अकाली नेता और शिरोमणि गुरुद्वारा प्रबन्धक समिति के थैलीवाले और ग्रन्थी चौंके—यह निहंग बाबा तो सारा खेल बिगाड़ रहा है। तो बाबा के खिलाफ कार्यवाही। प्रबन्धक कमेटी ने कहा—हमारी आज्ञा के बिना तुम 'कार सेवा' नहीं कर सकते। बाबा ने कहा—तुम कौन होते हो? तुम्हारा हुक्म मेरे ऊपर नहीं चलता। तब पाँच प्रमुख ग्रन्थियों ने बाबा को कैफियत के लिए बुलाया तो बाबा ने कहा—तुम कौन हो जी कैफियत माँगनेवाले। तुम तनखा पानेवाले नौकर हो। प्रधान ग्रन्थियों ने बाबा को सिख पन्थ से ही निकाल दिया। बाबा ने कहा—इनका कोई हुक्म मेरे ऊपर लागू नहीं होता। अकाल तख्त पर मेरा अधिकार है।

साधो, अब पन्थ में आपसी युद्ध के लिए दूसरे बाबा की खोज हुई। अकालियों ने कहा—यह सन्तासिंह तो सरकारी कांग्रेसी बाबा है। उन्होंने तय किया—बाबा खड़गसिंह से प्रार्थना की जाए कि वे कार सेवा कराएँ। बाबा खड़गसिंह सन्त हैं और उनके प्रति बहुत आदर है। मगर राजनीति और गुरुद्वारे के पैसेवाले सन्त खड़गसिंह को अकाली सन्त बनकर स्वर्ण मन्दिर भेजकर दोनों बाबाओं में युद्ध कराना चाहते हैं। मगर वहाँ सेना है, और रहेगी। बाबा खड़गसिंह अगर अकाली सन्त हो गए, और कांग्रेसी बाबा सन्तासिंह के खिलाफ डट गए तो वे कांग्रेस विरोधी पार्टियों के सन्त हो जाएँगे। चुनाव नजदीक है न। मगर बाबा खड़गसिंह अनुभवी हैं। उनकी शर्त है—सरकार और अकाली नेता लिखकर दें तब कार सेवा करूँगा। इधर बाबा सन्तासिंह ने कहा है कि हमारी टकराहट भी हो सकती और हम सहयोग से काम भी कर सकते हैं। याने नेताओं की नौटंकी का शो टल गया।

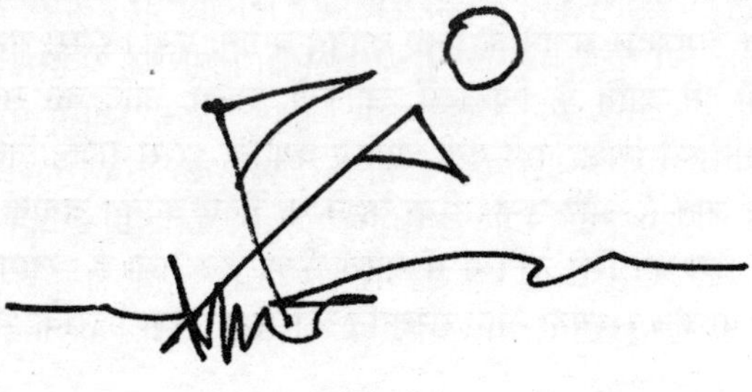

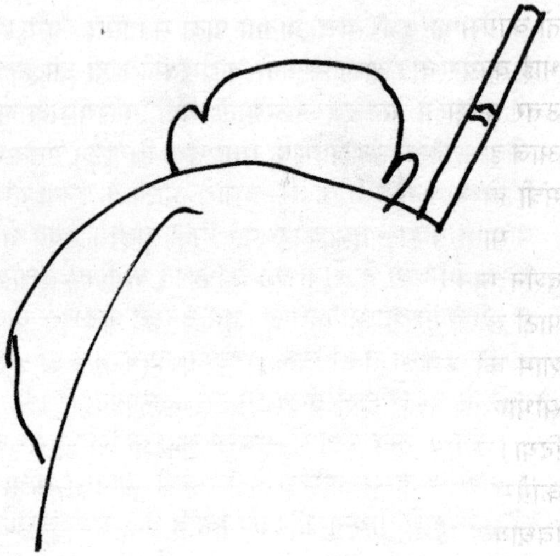

ईमान के लिए कानून

साधो, महात्मा गांधी ने चालीस सालों तक इस देश का नेतृत्व किया। सत्य, अहिंसा, त्याग, नैतिकता, ईमानदारी की शिक्षा दी। उनके भी पहले इतिहास और हमारे समय में दर्जनों साधु-सन्त, ज्ञानी अवतार आदि ने नैतिकता, सत्य, ईमानदारी की शिक्षा दी, इसका सुपरिणाम यह हुआ कि हमारे राजनीति के नेताओं को नैतिक व ईमानदार बनाने के लिए कानून बनाना पड़ा। इससे यह सीख मिलती है कि किसी भी जाति के चिन्तकों, ज्ञानियों, सन्तों आदि को सत्य, ईमानदारी, नैतिकता आदि की शिक्षा नहीं देनी चाहिए क्योंकि इससे राजनीतिक बेईमान और अनैतिक हो जाते हैं और उन्हें ठीक करने के लिए कानून बनाना पड़ता है। इस समय हमारे देश का सिर दुनिया में बहुत ऊँचा उठ गया है। लोग कह रहे हैं—धन्य है यह प्राचीन सभ्यता और संस्कृति का महान देश जिसके भाग्य निर्माताओं

को कानून से ईमानदार बनाया जा रहा है। यूरोपीय संसदीय लोकतंत्रों में जो बात सहज ही आ गई उसके लिए हम तीस सालों से सिर पीट रहे हैं। ब्रिटेन में लेबर और कंजरवेटिव पार्टियाँ हैं, ये जीतती और हारती रहती हैं पर दल-बदल शायद ही कोई होता हो। हमारे यहाँ ऐसा है कि जनता पार्टी की सरकार बननेवाली है तो कांग्रेस छोड़कर चलो जनता पार्टी में। फिर कांग्रेस सत्ता में आ रही है तो चलो भाई कांग्रेस में। चरणसिंह ने बड़ी पार्टी बना ली है, जाति पर वोट मिलेंगे और उत्तर प्रदेश में सरकार बनेगी तो चलो भाइयों उसकी पार्टी में। विधानसभा में आज इधर बैठे हैं और सिर्फ विधायक हैं, कल उठकर दूसरी तरफ चले गए और मंत्री हो गए।

साधो, इसे 'आयाराम-गयाराम' की बीसवीं सदी के इतिहास का नया राजनीतिक दर्शन मान लिया गया। हरियाणा के वे गयालालजी अभी हैं जिन्होंने सुबह एक पार्टी छोड़ी दूसरी में चले गए, दोपहर को उसे छोड़कर तीसरी पार्टी में चले गए। शाम को उसे भी छोड़कर अपनी पहली पार्टी में लौट आए। वे भजनलाल भी सौभाग्य से हमारे बीच हैं जिन्होंने इस दर्शन को ठोस आर्थिक व वैज्ञानिक आधार दिया। वे एक दिन जनता पार्टी के सदस्यों को मय-दफ्तर व फाइल के खरीदकर कांग्रेस में ले आए और सरकार बना ली। कहते हैं—पहली खेप में रेट प्रति विधायक पाँच लाख था। बाद में जो आए उनका रेट गिरकर दो लाख हो गया क्योंकि माँग अब इतनी नहीं थी और बाजार में माल बहुत था।

साधो, तुम कहोगे, गुरु, जब लोककर्म विभाग में, आयकर विभाग में, पुलिस में, आबकारी में, व्यापार में सब जगह बेईमानी है तो राजनीति के धन्धे में अलग से आप बेईमान की आशा क्यों करते हैं। तुम ठीक कहते हो, किसी भी समाज की नैतिकता सम्पूर्ण होती है खंड-खंड नहीं। पर राजनीति को गांधीजी ने सेवा बनाया था। मगर स्वाधीनता के बाद इसे काला धन्धा बना लिया गया। भोपाल के प्रसिद्ध नेता स्वर्गीय कामरेड शाकिर अली खाँ राजनीतिवालों के बारे में एक लतीफा सुनाते थे। एक नेता थे जो स्वाधीनता की लड़ाई में जनता से नारे लगवाते थे—'इन्कलाब जिन्दाबाद, उजड़े घर होंगे आबाद'। आजादी के कुछ साल बाद वे नेता जब अपने कस्बे में आए तो लोगों ने उन्हें आ घेरा और कहा—आपने हमसे नारा लगवाया था—इन्कलाब जिन्दबाबाद, उजड़े घर होंगे आबाद—और हम इस नारे को लगाते हुए जेल गए थे। पर हमारे घर तो अभी भी वैसे ही उजड़े हैं जबकि आजादी आए कई साल हो गए हैं। नेताजी ने उन्हें बड़ी शान्ति से समझाया कि भाई, नारा तुम्हारे घरों के बारे में नहीं था बल्कि मेरे घर के बारे में था और मैं झूठ नहीं बोला। वह देखो सामने मेरी नई हवेली खड़ी है तो साधो, जो नेता थे उनकी एक ही नैतिकता रह गई कि राजनीतिक पद पाओ और उसके

मार्फत दौलत जमा करो।

साधो, क्या तुम यह समझते हो कि इस कानून से राजनेता ईमानदार व नैतिक हो जाएँगे। मुझे शक है। वे दूसरे रास्ते निकाल रहे हैं, अभी तो वे इस कानून का अध्ययन कर रहे होंगे। इसमें कहाँ-कहाँ छेद है जिसमें से निकला जा सकता है। यह कानून केवल संसद सदस्यों और विधायकों पर लागू होता है। जो बाहर हैं वे क्या जीवन-भर सीखी लाभकारी शिक्षा छोड़ देंगे। वे दल बदलने को स्वतंत्र हैं। वे नए-नए खुराफात करेंगे। जो निर्वाचित सदनों में हैं उनमें से किसी पर पार्टी विरोधी गतिविधि का आरोप लगेगा और उसे निकाले जाने की नौबत आएगी, तो वह थैली लेकर उन न्याय देवताओं के पास पहुँच जाएगा। क्या पक्का है कि वे उससे पैसा नहीं खाएँगे।

साधो, और भी कई तरीके हैं—एक मैं बताता हूँ। मान लो किसी विधानसभा में सत्ताधारी दल में दस सदस्यों से ही बहुमत है। अब पन्द्रह सदस्य एक गुट बना लें, वे मुख्यमंत्री के पास जाकर कहें कि—हम विधानसभा से इस्तीफा दे रहे हैं। हम तो सिर्फ सदस्यता खोएँगे मगर आपका तो मंत्रिमंडल चला जाएगा। अगर अपनी सरकार चाहते हो तो हममें से पाँच-पाँच को बारी-बारी से ढाई-ढाई साल के लिए मंत्री बनाओ। ढाई साल में हमें जो बनाना होगा बना लेंगे। आप राज करो। मेरा विश्वास है कि मुख्यमंत्री को उनकी बात माननी पड़ेगी। यह दल-बदल से भी खराब होगा। यह सीधा 'ब्लैकमेल' होगा।

साधो, कई सवाल उठेंगे। सबसे बड़ा सवाल उन कांग्रेस नेताओं का है जिन्हें टिकिट नहीं मिला और जो पहले विधायक थे। इनकी तबीयत नरम करने के लिए अब यह कहा जा रहा है कि इनमें से बहुतों की पत्नियों को टिकिट दिया जा रहा है—यानी पद बैठक-खाने से चलकर रसोईघर में पहुँच गया है। घर-के-घर में ही रहा। पर जिनके घर में पद नहीं रहा वे भी सैकड़ों हैं बल्कि हजार से कम नहीं हैं। उनमें से कुछ ने कांग्रेस छोड़ दी है मगर अधिकतर छोड़ेंगे नहीं। वे समझते हैं कि अब राजनीति में जो भी मिलेगा राजीव गांधी से और उनके नाम से ही मिलेगा। इसके पहले इन्दिरा गांधी के नाम से मिलता था और उसके पहले जवाहरलाल नेहरू के नाम से। जवाहरलाल को वे भी जिनकी लकड़ी मरघट पहुँच गई थी, युवा बनकर 'युवक हृदय सम्राट' कहते थे। फिर 'देश की नेता इन्दिरा गांधी' चिल्लाने लगे। और सारे बूढ़े और युवा राजीव को युवकों का नेता कह रहे हैं।

साधो, राजीव गांधी दयालु आदमी हैं। उनका मन कोमल है। टिकिट विहीनों की पीड़ा उन्होंने महसूस की और कहा—जिन्हें टिकिट नहीं मिला है उनकी सेवाओं का उपयोग दूसरी तरह से होगा। इधर उनके तो सेवा करने के लिए ही

प्राण जा रहे हैं। यह दूसरी सेवा क्या होगी, मैं बताता हूँ। कार्पोरेशन बोर्ड और सहकारी संगठन के अध्यक्ष हो जाओ प्यारे लोगो! केबिनेट रैंक लो—कार लो—चपरासी लो—बाबू लो। करोड़ों का कारोबार लो और आनन्द करो।

विधायक नए बाजार में

साधो, अभी इसकी चिन्ता मत करो कि आन्ध्र में क्या होगा। या कर्नाटक में क्या दाल गल रही है। अभी तो लोकतंत्र के स्वस्थ विकास को देखो। हम कहाँ-से-कहाँ जा पहुँचे। 1952 में पहला आम चुनाव हुआ था। उसके बाद के काफी सालों तक विधायकों के दल-बदल और खरीदी की बात सुनी भी नहीं गई। मगर आज रामाराव कहते हैं कि मेरे विधायक पच्चीस लाख में खरीदे जा रहे हैं। खरीदे जा रहे हैं का मतलब है कि वे बिक रहे हैं। जितना पवित्र खरीदनेवाला है, उससे कम पवित्र बिकनेवाला नहीं है। यह खरीद-बिक्री आम चीज जैसी नहीं है। आलू बिकता है तो उसके दाम आलू को नहीं दुकानदार को मिलते हैं। मगर लोकतंत्र के बाजार में दाम आलू को ही मिलते हैं। विधायक बिकता है तो दाम उसी के हाथ में जाते हैं। साधो, इससे अच्छा धन्धा कोई और नहीं है। तुम विधानसभा के सदस्य किसी पार्टी से हो जाओ। जब विरोधी गुट उस पार्टी की सरकार को गिराने की

योजना बनाएँगे, तब विधायक खरीदे जाएँगे। तुम पाँच-दस लाख लो और दल बदल दो। धन्धा यहीं खत्म नहीं होता। विधायक कोई आलू नहीं है कि एक बार बिका और उसकी सब्जी बनाकर खा ली गई। विधायक की सब्जी नहीं बनती। वह आलू का आलू ही रहता है। दुबारा जब फिर सरकार पलटाने की तैयारी हो, तो फिर पाँच-दस लाख लेकर अपनी पुरानी पार्टी में लौट आए। यह, अपने को बेचने का धन्धा कभी बन्द नहीं होता। जैसे-जैसे लोकतंत्र का बाजार फैलता जाता है उपभोक्ता वस्तु की कीमत बढ़ती जाती है। काले धन के कारण मुद्रा स्फीति बढ़ती है और विधायक के दाम बढ़ते जाते हैं।

साधो, दल-बदल शुरू करनेवाले महापुरुष चौधरी चरणसिंह हैं जिन्होंने 1967 में उत्तर प्रदेश में दल-बदल कराके कांग्रेस सरकार गिराकर 'सविन्द' सरकार बनाई थी। ऐसी सरकार फिर मध्यप्रदेश में बनी जहाँ विजयराजे सिंधिया ने दल-बदल कराया। पर तब विधायकों की कीमत और खरीदी की बात नहीं सुनी गई। हो सकता है चुपचाप पर्दे के पीछे कुछ दिया गया हो। पर यह जनता के सामने नहीं आया था। तब और उसके कुछ वर्ष बाद तक यह धन्धा था भी, तो खानगी था। ऊपर से इज्जत बनाए रखकर कुछ स्त्रियाँ गुप्त रूप से अपना शरीर कुछ चुने हुए ग्राहकों को बेचती हैं। वह सार्वजनिक नहीं होतीं। मगर धीरे-धीरे राजनीतिक ईमान ऐसा बढ़ा, शर्म इस तेजी से गायब हुई कि लोकतंत्र की रंडियाँ अब बाकायदा कोठे पर पहुँच गई हैं। बारजे पर खड़ी होकर ग्राहक बुलाती हैं और जब वह कोठे पर पहुँचता है, तो उसे अपना रेट बता देती हैं बिना झिझक के। दल-बदल के पुराण पुरुष हरियाणा के गयालाल हुए, जिन्होंने राजनीति में 'आयाराम-गयाराम' का सिद्धान्त जोड़ा और विधायक रंडी है इसकी घोषणा भजनलाल ने की। जैसे चकले का मालिक कई रंडियाँ रखता है, वैसे ही भजनलाल ने थोक विधायक खरीद लिए। मगर आन्ध्र ने हरियाणा को पीट दिया। वहाँ रेट पच्चीस लाख तक पहुँच गया। एक मामले में हम और आगे बढ़े हैं। अपने या खरीदे हुए विधायक अभी तक उसी राज्य में रहते थे और विधानसभा अधिवेशन की राह देखते थे। मध्यप्रदेश में 1967 में सविन्द के नेता गोविन्दनारायण सिंह को डर था कि रात को उनके जीते हुए विधायक मुख्यमंत्री द्वारा फिर से जीत लिए जाएँगे। तब उन सारे विधायकों को विधानसभा अध्यक्ष ने अपने बंगले और अहाते में रात-भर ठहराया और पहरा लगा दिया। सुबह वे सीधे विधानसभा गए और कांग्रेस सरकार को गिरा दिया।

मगर साधो, रामाराव ने अपने विधायकों की राष्ट्रपति के सामने परेड करवाके उन्हें हैदराबाद नहीं जाने दिया। डर था वे बहका लिये जाएँगे या खरीद लिये जाएँगे। उन्हें किराए के विमान से बेंगलोर भेज दिया, जहाँ वे रामकृष्ण हेगड़े की सुरक्षा में रहेंगे। मगर हेगड़े की सरकार गिर गई तो ? वे विधायक जंगल में डाकुओं

के बीच हो जाएँगे। मेरा निवेदन है रामाराव से कि वे अपने विधायकों को अभी दूसरे देश में रखें। जनरल जिया उल हक से बात करके उन्हें मिलिटरी के पहरे में लाहौर में रखा जाए और ऐन वक्त पर सीधे हैदराबाद ले आया जाए। पार्टीनिष्ठा, ईमान और सिद्धान्त का जब यह हाल हो गया है तब इसके सिवा कोई रास्ता नहीं है। पाकिस्तानियों में इससे लोकतंत्र की बहाली के लिए उत्साह भी पैदा होगा। साधो, तुम पूछोगे—गुरु, क्या भास्करराव को अपने विधायकों के बारे में चिन्ता नहीं होगी ? उन्हें चिन्ता इसलिए नहीं होगी कि एक चीज दो ग्राहकों को एक साथ नहीं बिकती। दूसरे 'तेलगूदेशम' के एक तिहाई से अधिक विधायक कांग्रेस से निकले हुए थे। भास्करराव को कांग्रेस का समर्थन है। तो वे विधायक अपने बिछुड़े हुए भाइयों की भुजाओं में होंगे।

साधो, अब करना यह चाहिए। रोज विधानसभा के बाहर एक बोर्ड पर आज का बाजार भाव लिखा रहे। साथ ही उन विधायकों की सूची चिपकी रहे, जो बिकने को तैयार हैं। इससे खरीददार को भी सुभीता होगा और माल को भी। तुम पूछोगे—गुरु, यहाँ तक हम पहुँच कैसे गए ? साधो, बात यह है कि 1947 तक तो त्याग और बलिदान की राजनीति रही। 1947 से प्राप्ति की राजनीति, लाभ की राजनीति आ गई। जैसे-जैसे हम आगे बढ़े राजनीति में से 'नीति' गायब हो गई और 'राज' व्यवसाय हो गया। अब व्यवसाय में सिद्धान्त, आदर्श वगैरह को नष्ट कर देना पड़ता है। तो वे नष्ट हो गए। सबसे दर्दनाक उदाहरण लोहिया के चेले समाजवादियों का है। जब डॉ. लोहिया थे, तब ये कफन लपेटे तुरन्त क्रान्ति के लिए उतावले थे। उग्र थे। लड़ाकू थे। सिद्धान्तों पर अटल रहने की बात करते थे। मगर आज इस देश में समाजवादी पार्टी है ही नहीं। और महान् उग्र क्रान्तिकारी जार्ज फर्नांडीस, राजनारायण, कर्पूरी ठाकुर आदि कभी चरणसिंह के आगे हाथ जोड़े खड़े रहते हैं, कभी मोरारजी के सामने एक सीट की भीख माँगने के लिए। क्रान्तिकारी समाजवादी समाजवाद विरोधी और क्रान्ति से चिढ़नेवालों से एक सीट और सत्ता के लाभ की भीख माँगते हैं। आज सिद्धान्तहीनता की राजनीति चल रही है। सीट चाहिए। सत्ता चाहिए। इसीलिए हमारे भाग्य विधाता कभी इसके हाथ बिकते हैं, कभी उसके हाथ। न अपने पर विश्वास रहा, न दूसरों पर!

साधो, तुम पूछोगे—विधायक खरीदने के लिए इतना धन कौन महान् त्यागी देते हैं। अरे, यह सब काले धन का सौदा है। काले धन की नदियाँ देश में बह रही हैं और तुम्हें दिखती नहीं हैं। दस विधायक खरीदने के लिए जो ढाई करोड़ रुपया देंगे, वे क्या लोकतंत्र के लिए त्याग कर रहे हैं। यह धन्धे की लागत है। पूँजी निवेश है। इनवेस्टमेंट होता है यह। सत्ता मिलने पर मुनाफे समेत ढाई करोड़ के

पच्चीस करोड़ कमाए जाते हैं। तुमने करोड़ रुपए देखे हैं? लाख भी नहीं देखे। तुम इस धन्धे को समझ नहीं सकते। जहाँ कुछ हजार में बहादुर फौजी अफसर सी. आई. ए. के हाथ बिक जाते हैं, वहाँ उनके मालिक राजनीति पुरुषों का रेट लाखों होगा ही।

प्रौढ़ लोकतंत्र के बूढ़े बच्चे

साधो, जार्ज बर्नार्ड शा ने कहा है—अगर उम्र से बुद्धिमानी बढ़ती, तो वेस्ट मिन्सटर एबे के पत्थर सबसे बुद्धिमान होते। शा का मतलब है कि बुद्धिमानी का उम्र से कोई सम्बन्ध नहीं है। पत्थर की कितनी ही उम्र हो जाए वह बुद्धिमान नहीं होता। साधो, पत्थरों की उम्र से बुद्धि नहीं बढ़ी। चौधरी चरणसिंह की भी उम्र से बुद्धि नहीं बढ़ी। हालाँकि कहा यह गया है—

करत-करत अभ्यास के जड़मति होत सुजान।
रसरी आवत जात तें सिल पर पड़त निसान॥

यानी लगातार अनुभव से बुद्धिहीन भी बुद्धिमान हो जाता है। रस्सी से बार-बार घिसने से कुएँ के पत्थर पर भी निशान पड़ जाते हैं। पर किसी पत्थर पर नहीं पड़ते। तब तुलसीदास ने कहा—

मूरख हृदय न चेत, जो गुरु मिलहिं विरंचि सम।
फूलहिं फलहिं न बेत, जदपि सुधा बरसहिं जलद॥

बादलों से अमृत बरसे तो भी बेत में फूल और फल नहीं आते।

साधो, तुम लोग इस बात से बहुत नाराज हो कि इन्दिरा गांधी की लाश जलाई भी नहीं गई थी और चरणसिंह ने राजीव गांधी को प्रधानमंत्री बनाने का विरोध कर दिया। अगर चरणसिंह ऐसा नहीं करते, तब हमें बुरा लगना था कि चौधरी अपने चरित्र से गिर गए। अभी तो वे अपने चरित्र पर डटे हैं। एक तो उन्हें यह लग रहा है कि प्रधानमंत्री बनने का एक मौका और निकल गया। अगर लोग युवा प्रधानमंत्री चाहते हैं, तो चौधरीजी की उम्र अभी राजीव से आधी है। वे मैट्रिक का दूसरा सर्टिफिकेट बनवाकर दिखा देते। चरणसिंह यह भी चाहते हैं कि कांग्रेस पार्टी में खूब आपसी संघर्ष हो। पार्टी टूटे, संकट बढ़े और तब सब चौधरी चरणसिंह से कहें कि आप देश की बागडोर सँभालिए। प्रधानमंत्री बनिए और अपना मंत्रिमंडल बनाइए।

साधो, यह नहीं हुआ। बिना शोर के, उत्तेजना के, संकट के, टूट-फूट के सहज ही राजीव गांधी की सरकार बन गई। इस पर दुनिया के राजनेता, बुद्धिमान लोग चकित हैं और कह रहे हैं—भारत में लोकतंत्र जम गया है। किसी प्रधानमंत्री की स्वाभाविक मौत की बात अलग है। यहाँ प्रधानमंत्री की हत्या हुई है। तब भी शान्ति से दूसरी सरकार बन गई। इसकी लोग तारीफ कर रहे हैं। जगजीवनराम और संजीव रेड्डी जैसे बुजुर्ग नेता अपील कर रहे हैं कि सब लोग—विपक्षी दल भी—राजीव गांधी का समर्थन करें। तब एक बुजुर्ग चरणसिंह चौराहे पर खड़े सिर पीट रहे हैं और चीख रहे हैं। असल में उम्र के साथ मनुष्य का मूल चरित्र ही बढ़ता है। अगर आदमी के चरित्र में घोर स्वार्थपरता, ओछापन, गैर-जिम्मेदारी, अविवेक हो, तो उम्र के साथ यही बढ़ते हैं।

साधो, चरणसिंह अकेले नहीं हैं। पूरी कम्पनी है। भारतीय जनता पार्टी की कार्यकारिणी ने भी इन्दिराजी की लाश के ऊपर ही प्रस्ताव पास कर दिया कि राजीव को प्रधानमंत्री बनाना असंवैधानिक है और परम्परा को तोड़कर हुआ है। भारतीय जनता पार्टी के उपाध्यक्ष वकील राम जेठमलानी ने एक तो यह कहा कि यह असंवैधानिक है। दूसरे यह भी कह दिया कि इन्दिराजी की हत्या कांग्रेस पार्टी के लोगों ने कराई है। पता नहीं अटलबिहारी क्यों चुप हैं। शायद इसलिए कि जब वे ऑल इंडिया मेडिकल इन्स्टीट्यूट गए, तो लोगों ने उनके खिलाफ नारे लगाए और एक महिला ने उनका कुरता खींचकर कहा—सच्चा दुख जताने आए हो या घर में खुशी के दीये जलाकर आए हो? बेचारे अटल जी! स्वयंसेवक प्रचार कर रहे हैं कि अटल जी बीमार हैं। और जार्ज फर्नांडीस—वही जो जनरल जिया उल हक से पूछने गए थे कि हुजूर, क्या आप हमला करेंगे? ये जार्ज कह रहे हैं कि भारत में इस समय कोई सरकार नहीं है। यही जार्ज फर्नांडीस उस राहत समिति के सचिव हो गए हैं जिसके अध्यक्ष हिदायतुल्ला साहब हैं। वे भले आदमी हैं और हमें उनसे सहानुभूति है। जार्ज फर्नांडीस राहत सामग्री, गेहूँ, दाल, शक्कर को यमुना नदी में डलवाकर शोर कर सकते हैं कि राजीव गांधी ने यह हरकत कराई। साधो, यही लोग

जो कहते हैं कि देश में सरकार ही नहीं है और राजीव गांधी असंवैधानिक है, वही चरणसिंह के नेतृत्व में राजीव गांधी को एक ज्ञापन सौंप आए हैं और उसी से अपीलें कर रहे हैं कि शान्ति स्थापित करें। राजीव प्रधानमंत्री नहीं हैं, मगर उसी से अपील कर रहे हैं। तुम कहोगे, गुरु इनका बुरा मत मानो। ये हँसोड़ लोग हैं। मसखरे हैं। ये जोकर हैं। देशवासी उदास हैं, तो ये उनका मनोरंजन करके दुख हल्का कर रहे हैं। मैं कहता हूँ कि ये सच्चे हँसोड़ या मसखरे होते तो कोई बात नहीं थी। इनकी हरकतें और इरादे खतरनाक हैं।

साधो, दुनिया के बड़े-बड़े नेता कह रहे हैं कि भारतीय लोकतंत्र प्रौढ़ हो गया है। मगर ये हमारे सयाने दुनिया को बता रहे हैं कि नहीं, अभी यहाँ हम जैसे अस्सी और साठ साल के बच्चे हैं। देखो, हमारी बाललीला, ये यह भी बता रहे हैं कि यह तलाश करने की जरूरत नहीं है कि इस राजनीतिक हत्या से कौन-कौन फायदा उठाना चाहते हैं। अरे, हम तो खुद ही चौराहे पर चिल्ला रहे हैं कि वे हम हैं।

साधो, अब जरा संवैधानिकता की बात लो। संसदीय लोकतंत्र में पार्टी सरकार होती है। जब पंडित नेहरू की मृत्यु हुई थी, तब कांग्रेस पार्टी में प्रधानमंत्री पद के तीन-चार उम्मीदवार थे। इसलिए अन्तरिम प्रधानमंत्री गुलजारीलाल नन्दा को बनाया गया था। जब शास्त्रीजी मरे तब उस पद के दो उम्मीदवार थे—मोरारजी भाई और इन्दिरा गांधी। इसलिए फिर नन्दाजी को अन्तरिम प्रधानमंत्री बनाया गया। दोनों बार यह प्रयोजन था कि पन्द्रह बीस दिनों में कांग्रेस पार्टी एक नेता को तय कर लेगी और उसे स्थाई प्रधानमंत्री बना देंगे। इस बार दो-तिहाई बहुमतवाली कांग्रेस पार्टी ने राष्ट्रपति को एक ही नाम दिया—राजीव गांधी। उन्हें राष्ट्रपति ने शपथ दिला दी। मगर चरणसिंह की शिकायत है कि मुझसे क्यों नहीं पूछा। ये सब दक्षिणपन्थी विरोधी असल में यह चाहते थे कि कोई अन्तरिम प्रधानमंत्री होता और कांग्रेस में आपसी संघर्ष होता तथा पार्टी टूटती। तब इनके लिए सत्ता का रास्ता साफ हो जाता। मगर अब ये निराश, कुंठित लोग सिर पीटकर बचकानी हरकतें कर रहे हैं। अब तो 'इन्दिरा हटाओ' का नारा भी नहीं रहा। अब सत्ता की कोई आशा नहीं रही। इन पर किसे दया नहीं आएगी?

राष्ट्रीय एकता के लुटेरे

साधो, हम सब पूरी तरह राष्ट्रीय एकता स्थापित करने में लगे थे कि दिसम्बर के आखिरी हफ्ते में लोकसभा के चुनाव की घोषणा हो गई। वैसे भी ये चुनाव दो ताकतों के बीच होंगे—वे ताकतें जो हर कीमत पर एकता चाहती हैं तथा विघटनकारी विदेशी और उनकी साँठ-गाँठवाली देशी ताकतों से संघर्ष कर रही हैं तथा वे ताकतें जो साम्राज्यवादी बाहरी ताकतों से मिलकर राष्ट्रीय एकता को नष्ट करना चाहती हैं। इन दोनों ताकतों को पहिचानना अब कठिन नहीं है। याद करो पिछले दिनों जब दंगे हो रहे थे, तब किसने अफवाहें फैलाकर आग को भड़काना चाहा था। याद करो और देखो कि वे कौन हैं, जो अमेरिकी और पाकिस्तानी षड्यंत्र के खिलाफ एक शब्द भी नहीं बोलते। याद करो वे कौन हैं जो जब-तब साम्प्रदायिक उन्माद पैदा कर देते हैं। जब अमेरिका के बुद्धिजीवी भी कह रहे हैं कि भारत में सी.आई.ए. का षड्यंत्र हो सकता है, तब भी यदि हम अमेरिका पर दोष लगाते हैं

तो ये लोग इस तरह बुरा मानते हैं, मानो हम इनके परम पूज्य पिताजी की बुराई कर रहे हों।

साधो, एक अमेरिकी प्रोफेसर गेलब्रेथ हैं। वे अर्थशास्त्री और समाजशास्त्री हैं। वे दिल्ली में कभी अमेरिका के राजदूत थे। कुछ महीने पहले ही इनकी एक पुस्तक छपी है। उसमें प्रोफेसर गेलब्रेथ ने लिखा है कि जब मैं दिल्ली में राजदूत था, तब मुझसे सी.आई.ए. ने कहा कि इतना पैसा इन-इन पार्टियों और व्यक्तियों को बाँट दो। यह मेरे लिए बड़ी परेशानी की बात थी। साधो, यह बात एक अमेरिकी राजदूत की कलम से लिखी गई है। और क्या सबूत चाहिए इस बात का कि भारत की नेहरू के जमाने से चली आती नीतियों को बदलवाने के लिए, विघटन करने के लिए और घोर दक्षिणपन्थी सरकार बनाने के लिए इस देश में बेहिसाब अमेरिकी पैसा आता है और हमारे कई देशभक्त नियमित वह पैसा लेते हैं। यह कितना पैसा होता होगा। अभी छपे आँकड़ों से मालूम होता है कि चार सौ करोड़ के लगभग रुपए इस देश में सी.आई.ए. हर साल लगाती है। तो जो यह पैसा खाते हैं वे नमक हराम नहीं हैं। वे नमक हलाल हैं। जिसका पैसा खाते हैं, उसका काम करते हैं। अपनी प्रधानमंत्री की हत्या कर दी गई, तो भी कुछ नहीं बोले।

साधो, राष्ट्रीय एकता के लिए हम लोग बहुत कोशिश कर रहे हैं। हम शान्ति और भाईचारे के लिए जुलूस निकाल रहे हैं। हमारे जिम्मेदार अखबार बार-बार उन घटनाओं को सामने ला रहे हैं, जहाँ एक सम्प्रदाय के लोगों ने दूसरे सम्प्रदाय के लोगों को खतरा उठाकर भी बचाया। बिना माँगे सहायता पहुँच रही है। कुल मिलाकर ऐसी मनुष्यता के दर्शन हुए हैं कि हमारा दिल बढ़ जाता है। सिर्फ कुछ लोग हैवान हुए हैं। कुछ ही पागल हुए हैं। इन हैवानों और पागलों की हरकतों से यह देश टूटनेवाला नहीं हैं।

मगर साधो, राष्ट्रभक्ति भी तरह-तरह की होती है। एकता स्थापित करने के भी अपने तरीके होते हैं। देखो, मध्यप्रदेश में तीन जगह से बी. जे. पी. का एक ही नाम का एक अखबार निकलता है। दूसरे नाम से भी इनके अखबार निकलते हैं। मध्यप्रदेश मंत्रिमंडल में एक सिख मंत्री हैं। करीब बीस दिन पहले इन्दिराजी मध्यप्रदेश के दौरे पर आई थीं। अभी उनकी हत्या के बाद उस अखबार ने एक खबर छापी—जब इन्दिराजी इधर आई थीं तब उन सिख मंत्री ने नर्मदा नदी में स्नान किया और काले घड़े में नर्मदा का पानी भरा। उसने रेस्ट हाउस में इन्दिराजी पर यह काले घड़े का पानी छिड़का। मतलब यह है कि जादू-टोना किया। साधो, अब जब शान्ति है, हिन्दू और सिख भाईचारे से रह रहे हैं, एकता का वातावरण है, तब यह समाचार जो शुद्ध झूठ है, छापना वास्तविक देशभक्ति है। ऐसे ही समाचारों से सम्प्रदायों में प्रेम पैदा किया जाता है। इनकी समझ में देश-भक्ति हम सबसे ऊँची है। यह फासिस्ट्री सत्य है। हिटलर के प्रचारमंत्री गोयेबल्स का मशहूर वाक्य है—

एक झूठ को अगर सौ बार कहा जाए तो लोग उसे सच मान लेते हैं। दूसरा सिद्धान्त यह है कि झूठ हमेशा बड़ा बोलो।

साधो, राष्ट्र के मंगल और एकता के लिए एक खबर यह उड़ाई गई कि जलाशय में जहर मिला दिया गया है। दिल्ली से लेकर छोटे शहरों तक में यह अफवाह फैलाई गई। अफवाह के सामने आदमी की तर्क-शक्ति और बुद्धि खत्म हो जाती है। कोई यह तर्क नहीं करता—लाखों लोगों को पानी पहुँचानेवाला जलाशय कोई दाल बनाने की डेगची नहीं है, जिसमें दो-चार चममच जहर डालकर मिला दिया जाए। फिर वहाँ सुरक्षा बल रहता है। उस जहरीले पानी को उस सम्प्रदाय के लोग भी तो पिएँगे। तर्क गूँगा हो जाता है। मैं अपने शहर में ही, कम-से-कम दस बार जलाशय में जहर मिलाने की बात सुन चुका हूँ, पर मरा नहीं और लोग भी नहीं मरे। जब हिन्दू-मुस्लिम तनाव होता है, तब इस अफवाह का इशारा मुसलमानों की तरफ होता है। इस बार इशारा सिखों की तरफ था।

साधो, एक अफवाह और कई बार फैली है। चुनाव के समय और हिन्दू-मुस्लिम तनाव के समय साम्प्रदायिक दल का अखबार छपता है कि नल के पानी में गोश्त के टुकड़े निकले। गोश्त यानी गाय का गोश्त। यह अद्‌भुत चमत्कार है कि गोश्त के टुकड़े सिर्फ उस सम्पादक के तथा दो-चार साम्प्रदायिक नेताओं के नलों से निकलते हैं। मैं हैरत में हूँ कि कारपोरेशन के जल विभाग के इन्जीनियर और कारीगर कैसा कमाल करते हैं कि सिर्फ एक अखबारवालों के नल से गौमांस निकाल देते हैं। इन्हें तो नोबल पुरस्कार मिल जाना चाहिए। यह कमाल दुनिया का कोई इन्जीनियर नहीं कर सकता।

साधो, आगे चुनावों में इस तरह की अफवाहें फिर फैलाई जाएँगी। एक केन्द्र में अफवाहें बनाई जाती हैं। इन्हें फैलाने की मशीनरी है। मगर लोग हैं कि नौ बार झूठ सिद्ध होने पर भी दसवीं बार फिर इन पर भरोसा कर लेते हैं। साधो, ये सब शुभ कर्म करनेवाले, सच्चे राष्ट्रभक्त हैं। यही थोड़े से भारतमाता के सच्चे सपूत हैं। बाकी सही दिमाग के लोग तो गोद लिये हुए हैं।

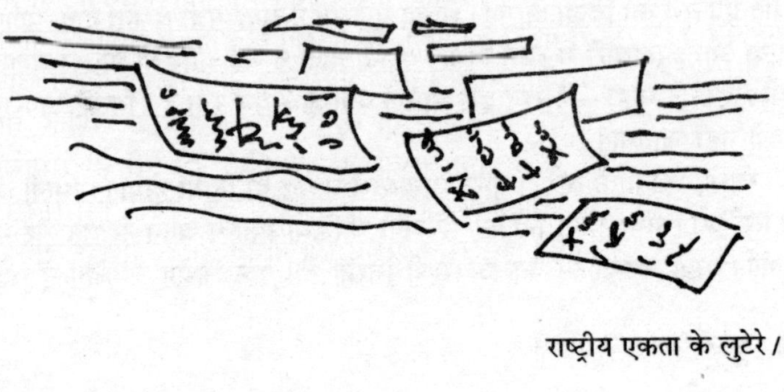

बम्बई में पुलिस-दादा, प्रेम-लीला!

साधो, खबर सनसनीखेज है और वह बम्बई की है। वैसे यह खबर देश के किसी भी बड़े-छोटे शहर की हो सकती है। और यह खबर सनसनीखेज इसलिए हो गई कि फोटो खिंच गई। सयानों ने कहा है—कोई भी कुकर्म करो मगर फोटू मत खिंचाओ या मत खिंचने दो। बम्बई में वीडियो फिल्म बन गई घटना की। वह संवाद एजेन्सी को दिखा दी गई। संवाद एजेन्सी ने मुख्यमंत्री वसन्त दादा पाटिल को बताया और अखबारों में छपा दिया। वसन्त दादा ने वह वीडियो फिल्म बुलाई और देखी। दादा ने कहा—मैं खुद इस मामले की जाँच कर रहा हूँ। किसी अपराधी को बख्शा नहीं जाएगा।

साधो, घटना के बारे में तुमने अखबारों में पढ़ ही लिया होगा। मामूली बात है, रोजमर्रा की। मगर फोटू खिंचने से यानी वीडियो फिल्म बनने से वह गैर मामूली हो गई। देखो, बम्बई में कई अपराधी गिरोह हैं। एक गिरोह के नेता ने बड़े-बड़े

पुलिस अफसरों को तथा न्यायिक अधिकारियों को एक शानदार होटल में पार्टी दी। यह प्रेम-व्यापार तो चलता ही रहता है। वहाँ कई वे अपराधी थे जिनकी पुलिस को तलाश थी। पुलिस उन अपराधियों की तलाश कर रही थी और वे पुलिस के ऊँचे अफसरों के साथ शराब पी रहे थे। यह भी चलता है। वारंट के कारण क्या दोस्ती छोड़ी जाती है ? वारंट लेकर पुलिस तलाश करती रहे और पुलिस अफसर अपराधी के साथ शराब ढाले और मुर्गा खाए, यह तो पुलिस मेन्युअल में दर्ज हो जाना चाहिए। वहाँ न्यायिक अधिकारी भी उनके साथ शराब पी रहे थे जिनके सामने अपराधी को पेश करना था। यह गलत नहीं है। जब तक अदालत में पुलिस चालान के साथ पेश न करे, कोई अपराधी को न्यायिक अधिकारी पहिचानता नहीं है। सब शरीफ हैं। कुछ भी गलत नहीं हुआ। न कुछ गैरकानूनी हुआ, न अनैतिक। मगर वही गड़बड़ हो गई जिसे नहीं होने देने के लिए बुजुर्गों ने हिदायत दी है—फोटू खिंच गई। वीडियो फिल्म बन गई। दो घंटे की फिल्म है यह। इसमें शराबखोरी, अपराधी-पुलिस का गिलास मिलाना तो है ही, गन्दी हरकतें भी हैं। नशे में ऐसा हो ही जाता है। सबकुछ ठीक था। मगर—कमबख्त फोटू खिंच गई।

साधो, सारे देश के लोग जानते हैं कि पुलिस के सहयोग के बिना अपराध नहीं होते। रेल के डिब्बे में अगर पुलिस बार-बार आए, तो समझदार यात्री दूसरे डिब्बे में चले जाते हैं। वे समझ जाते हैं कि इस डिब्बे में चोरी होगी। तो अगर पुलिस दिन-भर अपराधियों की तलाश करके रात को उनके साथ प्रेम मिलन करे, तू मेरा भाई है और तू मेरा भाई है, के साथ गले मिले तो कोई गलत नहीं है। थकान सब मिटाते हैं। सब जगह जनता का यह हाल है कि वह अपराधी और पुलिस दोनों की यातना भोगती है। बम्बई में गुंडों के गिरोह दुकानदारों से 'प्रोटेक्शन मनी' लेते हैं—यानी अपनी दुकान की हिफाजत के लिए हमें हर महीने पैसा दो। पुलिस तुम्हारी रक्षा नहीं कर सकती। एक बहुत बड़े दादा हैं—करीम लाला। उन्हें कुछ दुकानदारों ने पैसा नहीं दिया। करीम लाला ने 50-60 दुकानें जलवा दीं। मजबूरन करीम लाला को गिरफ्तार करना पड़ा। पुलिस ने उनसे कहा होगा—जनाब करीम साहब, हमारी मजबूरी समझिए। हमें नौकरी करनी है। दस-पन्द्रह दिन हिरासत में रह आइए। केस-वेस हम देख लेंगे। हिरासत में आपके आराम का पूरा खयाल रखा जाएगा। फाइव स्टार होटल से खाना आएगा।

साधो, तुम पूछोगे गुरु, वीडियो फिल्म किसने बनाई ? इसका उत्तर सहज है। दादाओं के गिरोहों में स्पर्धा होती है। हर दादा नए क्षेत्र जीतना चाहता है। उधर पुलिस अफसरों में गुटबन्दी होती है। कोई अफसर इस दादा का समर्थन करता है, कोई अफसर दूसरे दादा का। बम्बई में गृह सचिव और पुलिस कमिश्नर में भी नहीं पटती। जिस श्रेष्ठ दादा ने अपने पुलिस अफसरों को दावत दी थी, उनके विरोधी दादा लोगों ने तथा उनके मित्र अफसरों ने वीडियो फिल्म बनवाकर पत्रकारों को

दिखा दिया। अब तुम पूछोगे कि गुरु पुलिस हमारी सहायता के लिए है या दादा लोगों की। भ्रम में मत रहना। इतना बड़ा पुलिस संगठन दादा लोगों की सेवा के लिए स्थापित किया गया है।

साधो, मुख्यमंत्री वसन्त दादा पाटिल कहते हैं कि सख्ती की जाएगी। किसी को बख्शा नहीं जाएगा। ऐसा कहनेवाले बड़े-बड़े तोपची कहते-कहते मर गए। दादा, तुम क्या किसी को बख्शोगे या सजा दोगे। गनीमत है कि दादा लोग तुम्हें बख्श रहे हैं। आधे मंत्री तुम्हारे इन दादा लोगों के घर जाते हैं। दादा लोग चुनाव में काम देते हैं। इनके पास इकट्ठे मत होते हैं। ये पैसा भी देते हैं। हाजी मस्तान और युसूफ पटेल जैसे तस्करों की सेवा कई राजनेता करते हैं। झोंपड़ पट्टियों के एक दादा वरदराजन हैं। शैव हैं। तीन लकीरोंवाला चन्दन लगाते हैं। वरदराजन जब एक बार गिरफ्तार हुए तो तमिलनाडु तक से ससंद सदस्य उन्हें छुड़वाने आए थे। वसन्त दादा, तुम्हारी है क्या हैसियत कि तुम कहते हो कि मैं किसी को नहीं बख्शूँगा। अरे, वे दादा लोग तुम्हें बख्श रहे हैं, तो तुम मुख्यमंत्री हो।

शाहबानो का दूसरा झटका

साधो, प्राचीनतावाद से धर्म और राजनीति का धन्धा करनेवालों के लिए शाहबानो ने फिर एक समस्या पैदा कर दी है। इन लोगों की चिन्ता न इस्लाम को बचाने की होती है, न हिन्दू धर्म की रक्षा की। इनकी कुल चिन्ता अपने को बचाने और फिर फूल तथा फल धारण करने की होती है। साधो, शाहबानो ने पूर्व पति से 'मेहर' पाने का दावा अदालत में कर दिया है। 'मेहर' वह धन है जो पति पत्नी को देता है। यह शरीअत के मुताबिक है। मेहर का एक हिस्सा शादी तय होने पर दिया जाता है और बाकी कभी भी। तलाक देने पर बाकी 'मेहर' पति को कानूनन देना होता है।

साधो, अब जरा मजा भी लो और सोचो भी। शाहबानो की शादी पचास साल पहले हुई थी। तब निकल मिली हुई चाँदी का एक रुपए का सिक्का चलता था। इसे चाँदी का 'कलदार' कहते थे। तो पचास साल पहले जो शादी का इकरारनामा

हुआ उसमें लिखा था कि इतने चाँदी के रुपए कलदार मेहर में शाहबानो को देना लाजिमी होगा। जब तलाकशुदा शाहबानो ने मेहर का अपना हक माँगा, तब पति ने उतने रुपए अदालत में जमा कर दिए। बड़ा वकील समझा कि अब बरी हो गए। मगर वह उसी लिखे हुए शब्द के जाल में फँस गया, जिस कभी लिखे गए शब्द से नारी का शोषण होता है। वह चाँदी का रुपया अब बन्द हो गया। वह नहीं चलता। अब नोट चलता है। जो सिक्के चलते भी हैं वे चाँदी के नहीं हैं। अदालत से नोट मिलेंगे। कागज के रुपए। मगर पचास साल पहले से उस इकरारनामे में लिखा है कि उसे चाँदी के रुपए देना होगा। वह चाँदी के वही रुपए माँग रही है, जो तब यानी पचास साल पहले चलते थे। जो उसे चौदह सौ साल पीछे ले गए थे, उन्हें शाहबानो सिर्फ पचास साल पीछे ले गई है और उनकी आफत हो रही है। यह एक कानूनी समस्या हो गई है कि चाँदी के रुपए के बदले रुपए का नोट दिया जा सकता है या नहीं। वकील सिर खपाएँगे, न्यायाधीश सिर खुजलाएँगे और अन्ततः शायद फिर सर्वोच्च न्यायालय एक फैसला दे।

साधो, देखो शाहबानो ने तमाम मुल्ला, मौलवी, मुफ्ती, दकियानूस मुस्लिम नेता और मजहब के ठेकेदार, मजहब से सियासत करनेवाले—सबको शब्द से फँसा लिया। सिर्फ पचास साल पहले के शब्द से। ये लोग तमाम औरतों को चौदह सौ साल पहले के शब्द से फँसाए थे और शोषण करते थे। शाहबानो ने अनजाने ही एक बहुत ही बुनियादी सवाल उठा दिया है—शब्द प्रमाण का। प्रमाण तीन माने गए हैं—प्रत्यक्ष, अनुमान और शब्द। इनमें कोई भी प्रमाण अपने-आपमें सही नहीं होता। प्रत्यक्ष प्रमाण भी नहीं। पहचान (Cognition) को भी दूसरी इन्द्रिय या माध्यम से पुष्टि चाहिए। कुर्सी की सीट दीवार से चिपकाकर रख दी जाए और उसके ऊपर के हिस्से को दीवार पर रंग और आकार में चित्रित कर दिया जाए। दूर से देखकर आप कहेंगे कि यह कुर्सी है। प्रत्यक्ष दिख रही है। पर टटोलकर देखिए। वह कुर्सी नहीं है। जब प्रत्यक्ष को सत्य नहीं माना जा सकता, तब हजार, दो हजार साल का शब्द सर्वकालिक सत्य और प्रमाण कैसे हो सकता है? कोई शब्द किसी ने कब कहा? तब ऐतिहासिक स्थिति कैसी थी? समाज रचना क्या थी? आर्थिक व्यवस्था कैसी थी? ऐसा कहा या लिखा तो क्यों कहा या लिखा—किस हेतु कहा या लिखा? किसके हित साधने के लिए कहा या लिखा? अब क्या वैसी ही परिस्थितियाँ हैं? इन सब प्रश्नों पर गौर करना चाहिए। कोई शब्द जो कभी सैकड़ों साल पहले कहा या लिखा गया न सर्वकालिक होता है, न पवित्र—वह चाहे शरीअत हो, चाहे मनुस्मृति। शाहबानो ने बता दिया है कि पचास सालों में ही शब्द झूठा पड़ जाता है। सिक्का बदल जाता है।

साधो, मगर शाहबानो ने बखेड़ा बहुत खड़ा किया। वह परेशान भी है, अपने ही मजहब के दकियानूस, प्रतिग्रामी लोगों से। अपने ही समाज में वह अजनबी हो

गई है। बुनियादवादी (फंडामेंटलिस्ट) उसे तंग करते हैं, मुल्ला उसे दोजख का डर दिखाते हैं।

साधो, खुश रहने के भी क्या-क्या कारण हैं इस फिर से उभरे साम्प्रदायिक माहौल में। शाहबानो के पक्ष में जब सर्वोच्च न्यायालय ने फैसला दिया, तो दकियानूस मुसलमान दुखी थे और हिन्दू दकियानूस साम्प्रदायिक लोग खुश थे—लो, मुसलमानों की हार हुई। अब जब भारतीय दंड संहिता की धारा 125 से मुसलमान औरतों को बरी करने का विधेयक संसद में है तो दकियानूसी मुसलमान खुश हैं। इधर हिन्दू साम्प्रदायिक भी खुश हैं कि प्रगतिशील मुसलमानों की हार हो रही है। एक से अपराध के लिए देश के हर नागरिक को एक-सी सजा मिले यह दंड संहिता का आधार होता है। मगर धारा 125 से एक सम्प्रदाय को मुक्त करने का जो यह कदम उठाया जा रहा है, तो कुछ लोग खुश हैं। भूमिपति ठाकुर माँग करनेवाले हैं कि हरिजनों को मारने की उन्हें सजा न मिले। उनकी भी पवित्र परम्परा है। डाकू भी दंडसंहिता में संशोधन कराना चाहते हैं। उनकी भी सदियों की पवित्र परम्परा है। इधर कायस्थ और कान्यकुब्ज भी अपने को कुछ धाराओं से मुक्त करने की माँग कर रहे हैं। सुना है बहू को जला देने के अपराध को दंड संहिता से निकाल देने की माँग होनेवाली है, क्योंकि सती को जलाना प्राचीन पवित्र परम्परा है।

रेगन गरम और ठंडे

साधो, अमेरिकी राष्ट्रपतियों में कुछ का रिकार्ड है कि वे एकदम गरम होते हैं और फिर कुछ ऐसी स्थिति बनती है कि वे चिल्लाते हैं—अरे ठंडा पानी डालो। मेरे सिर पर बर्फ रखो। आइसबेग लाओ। हमारे अपने जमाने में सातवें दशक के आरम्भ में राष्ट्रपति जान केनेडी थे। ये डेमाक्रेट थे और खूबसूरत थे। अमेरिका में खूबसूरत डेमाक्रेट को उदारवादी मान लेते हैं। दुनिया भी ऐसा ही मानती है। मगर तथ्य यह है कि वियतनाम में हमले को तेज इन्हीं खूबसूरत डेमाक्रेट ने किया था। वे अपनी पत्नी जेकलिन के कारण भी मशहूर हुए। जेकलिन ने विधवापन अधिक नहीं भोगा। उसने ग्रीक खरबपति ओनासिस से जो 62 साल का था, शादी की। लिखा-पढ़ी में यह भी था कि हर महीने आदर्श पति धर्मपत्नी को कितने डालर देगा और यह भी कि वे महीने में सिर्फ दस दिन एक ही कमरे में सोएँगे। सुहागरात के बाद वधू अमेरिका में अपने पुरुष मित्रों को चिट्ठी लिखने बैठ गई और वर अपनी

रखैल के पास चले गए। कुर्यात् सदा मंगलम्! किसी ने तब लिखा था कि जेकलिन इतिहास की सबसे महँगी वेश्या है। क्यूबा एक करोड़ से भी कम आबादी का पड़ोस में साम्यवादी देश। उसे कुचले बिना महाशक्ति अमेरिका सुरक्षित नहीं था। केनेडी गरम हुए। उन्होंने क्यूबा की जंगी बेड़े से नाकेबन्दी कर दी। आर्थिक घेराबन्दी भी कर दी। मगर क्यूबा में रूसी मिसाइलें लगी हुई थीं। कुल 90 किलोमीटर का फासला है। ये मिसाइलें अमेरिकी टेलीविजन पर दिखाई गईं और अमेरिकी डर से रतजगा करने लगे। उधर रूसी जंगी जहाज भी आ गए। क्यूबा के राष्ट्रपति फिदेल कास्त्रो ने धमकी दी—नहीं मानते तो हम निपट लेंगे। तीन दिन और तीन रात ऐसा लगा कि लड़ाई अब छिड़ी और अब छिड़ी। तब वाशिंगटन और मास्को 'हॉट लाइन' टेलीफोन से जुड़ गए थे। इसी वक्त राष्ट्रपति केनेडी को लगा कि गरमी ज्यादा चढ़ गई। वे चिल्लाए—मेरे सिर पर बर्फ रखो। और उन्होंने 'हॉट लाइन' पर रूसी प्रधानमंत्री क्रुश्चेव से ठंडी बातचीत की। भगवतीचरण वर्मा की कहानी 'दो बाँके' में बाँकों की बातचीत की शैली में यों हुआ होगा—

—उस्ताद, क्या इरादे हैं? लड़ना ही है क्या?

—इधर कौन डरता है, उस्ताद! लड़ लो। मगर लाशें बिछ जाएँगी।

— हाँ, उस्ताद, जनाजे निकल जाएँगे।

—अरे हटाओ उस्ताद।

—तो छोड़ो। अपनी घेराबन्दी हटा लो।

—तुम भी मिसाइलें हटा लो, उस्ताद!

साधो, सवाई ताकत और खिलाफ विश्व जनमत से जॉन केनेडी की गरमी उतर गई। एक और राष्ट्रपति हो गए हैं—'पीनट प्रेसिडेंट' जिमी कार्टर। ईरानी क्रान्ति के समय इन्हें गरमी चढ़ गई थी। और इन्होंने बाकी सब किया सो तो दरकिनार, अपने दूतावास के बन्दियों को छुड़ाने के लिए फौजी विमान भेज दिए। ये बीच में ही गिरकर जल गए और दुनिया भर में राष्ट्रपति की अक्ल और अमेरिकी फौजी तथा तकनीकी क्षमता की हँसी हुई। जिमी कार्टर मूँगफली के अपने खेत पर चले गए।

साधो, सबसे ऐतिहासिक गरमी-नरमी अमेरिकी राष्ट्रपति रिचर्ड निक्सन और चीन के चेयरमैन माओ-त्से-तुंग की हुई। चीन की साम्यवादी क्रान्ति का विरोध अमेरिका ने डटकर किया। उसने फारमोसा द्वीप पर च्यांग-काई-शेक को बिठाया, लगातार डालर दिये, हथियार दिये और एक करोड़ आबादीवाले इस द्वीप को चीन माना, उसे राष्ट्रसंघ की सदस्यता दिलाई, जबकि 80 करोड़ की आबादीवाले चीन पर चेयरमैन माओ का साम्यवादी शासन था। 1949 में चीन ने 11 अमेरिकी नौसैनिक पकड़ लिए, तब कृष्णमेनन ने चीनी नेताओं से बात करके उन्हें छुड़वाया था। माओ के चीन में कई सालों तक अमेरिका के लिए गाली, धमकी और अपशब्द बनाने के लिए शायद विशेषज्ञ लगे थे। माओ अणुबम सम्पन्न अमेरिका

को 'कागजी शेर' कहते थे। पर 1956 में स्तालिन की मृत्यु के बाद कम्युनिस्ट पार्टी की बीसवीं कांग्रेस में नए नेता निकिता क्रुश्चेव ने स्तालिनवाद को दफना दिया। इस समय से रूस-चीन सम्बन्ध बिगड़ना शुरू हुए। एक दिन अमेरिकी राष्ट्रपति रिचर्ड निक्सन पेकिंग में माओ के सामने बैठे थे।

—कहो उस्ताद माओ, क्या हाल है?

—हम उस्ताद नहीं, दादा हैं—एशिया के दादा।

—सो तो ठीक है। मगर एशिया में तो दादा क्रुश्चेव भी हैं।

—क्रुश्चेव सामाजिक साम्राज्यवादी हैं।

—और मैं भी क्या डालर साम्राज्यवादी हूँ? मैं क्या कागजी शेर हूँ?

—नहीं, तुम साम्राज्यवादी नहीं हो और न कागजी शेर हो। हमें तो आधुनिकता चाहिए।

—और हमें पूर्व में एक ताकतवर रूस विरोधी मित्र चाहिए, दादा माओ!

—तो हाथ मिलाओ उस्ताद!

—हाथ मिलाओ दादा।

साधो, निक्सन और माओ दोनों के सिर पर बर्फ रखा गया। अभी जो अमेरिकी राष्ट्रपति हैं, रोनाल्ड रेगन वे तो गरम-ही-गरम हैं। स्टंट और मारधाड़वाली फिल्मों के इस हीरो को चाहे जब गरमी चढ़ जाती है। अभी-अभी गरमी और बर्फ का एक दौर चल चुका है। लीबिया एक शक्तिशाली देश है—धनवान और सैनिक मामलों में मजबूत। पिछले महीने ही उसने अमेरिका के एक जासूसी विमान को गिरा दिया था। लीबिया के नेता मुअम्मार गदाफी ने 1969 में क्रान्ति की थी। वे इस समय कुल 41 साल के हैं। किसी फिल्मी हीरो से अधिक खूबसूरत हैं। दुस्साहसिक हैं। घोर अमेरिकी साम्राज्यवाद विरोधी हैं। इसराइल के कट्टर शत्रु। अरब हैं। इस क्षेत्र में अमेरिका का हस्तक्षेप लीबिया बराबर रोकता रहा है। कुछ दिनों पहले यूरोप के दो हवाई अड्डों पर फिलिस्तीनी छापामारों ने 18 यात्री मार डाले। अमेरिका ने आरोप लगाया कि इसमें लीबिया का हाथ है। वह अन्तर्राष्ट्रीय आतंकवाद फैलाए है। हम उस पर हमला करके उसे ठीक करेंगे। रेगन ने छठवें जंगी बेड़े को सावधान और तैयार रहने का आदेश दे दिया। समुद्र में और जहाज भेजे। हवाई कार्यवाही शुरू हो गई।

साधो, लगता था कि युद्ध शुरू होने ही वाला है। रेगन ने अपने यूरोप के मित्र देशों से कहा—तुम लोग भी लीबिया को ठीक करने में हमारा साथ दो। उन देशों ने कहा—सो तो ठीक है, उस्ताद! आप हमारे हैं। पर बात यह है कि हमें थोड़ी अड़चन है। हम उधर लड़ाई में उलझना नहीं चाहते। फिर हमारे आर्थिक हित भी हैं। आप बड़े हैं। आपको सब शोभा देता है। पर हमें तो माफ ही कीजिए। साधो, इधर अरब देशों ने एक होकर अमेरिका का विरोध किया। इनमें वे देश भी हैं जो

अमेरिका के आसामी हैं। उन्होंने कहा—जनाब, हम आपके साथ रहे हैं पर इस वक्त अरबों का मामला है। आपका यह 'बुलडॉग' इसराइल सारे अरब देशों को खतरा है। इसलिए हम तो लीबिया का साथ देंगे। उधर रूस ने धमकी दी कि इस क्षेत्र में गड़बड़ी की और लीबिया पर हमला किया तो नतीजे खराब होंगे। तो उस्ताद रेगन चिल्लाये मेरी गरमी कम करो। मेरे सिर पर बर्फ रखो। मैं सैनिक कार्यवाही का इरादा छोड़ देता हूँ, पर आर्थिक बहिष्कार होगा। पैसे की बात ठंडी होती है, हथियार की गरम। हमारे दोस्तो, करो लीबिया का बहिष्कार। यूरोप के तथा दूसरे मित्र देशों ने कहा—सो तो ठीक है बड़े भाई। मगर यह जरा पैसे का मामला है। अपना पैसा लगा है लीबिया में। अपने को तेल भी चाहिए। तेल का पैसा हमारे बैंकों और उद्योगों में लगा है। तो भाईजान, बहिष्कार आप ही कीजिए। हमें तो इससे दूर ही रहने दीजिए। हें हें—आप खुद समझदार हैं, भाईजान! साधो, रेगन ने और बर्फ मँगवाकर सिर पर रखवा लिया।

रामस्वरूप! रामस्वरूप!

साधो, इस समय दो के चर्चे हैं। एक तो 'एड्स' नाम के रोग का और दूसरे रामस्वरूप का। एड्स (एआईडीएस) नया रोग नहीं है। रोग पहले भी था। मगर इसे नाम अभी दिया गया है—एनेलिटिकल इनफेक्शन डिसीजेस। यह भयंकरतम रोग है। हॉलीवुड के एक अभिनेता को यह रोग था। इसे खोजा गया और इसे 'एड्स' नाम दिया गया। यह रोग यौन सम्बन्ध से होता है। रोग के कीटाणु यौन-सम्पर्क द्वारा फैलते हैं। एक्टर के एक पुरुष से समलिंगी सम्बन्ध भी थे। अब अमेरिका और यूरोप में चाहे जिसमें यह रोग पाया जा रहा है और डर फैला हुआ है। अभी इस रोग का पूरी तरह विश्लेषण नहीं हुआ है। हमारे देश में हाल ही में एक आदमी में यह रोग मिला है, ऐसा समाचार अखबारों में आया है। मगर 'एड्स' का चर्चा ही चर्चा है।

साधो, एड्स रोग अमेरिका में पैदा हुआ। वहाँ की समाज व्यवस्था और

जीवन-पद्धति ने इसे जन्म दिया। और अब यह रोग दुनिया में फैल रहा है। भारत में इसके लक्षण पाए गए हैं और डर फैला है। साधो, अमेरिका में एक-दूसरे रोग का मूल भी है—सी.आई.ए.। यह रोग भी अमेरिकी समाज व्यवस्था, जीवन-पद्धति और मूल्य-पद्धति से पैदा हुआ है। तुम जानते हो कि सी.आई.ए. एक खतरनाक जासूसी संगठन है जिसका जाल दुनिया भर में फैला है। भारत में सी.आई.ए. का यह रोग बहुत पहले से है। पर रोग नए-नए रूपों में आता है, नए-नए लक्षण मिलते हैं। कभी इसका रूप मामूली होता है कभी भयंकरतम। इस समय इसका भारतीय नाम 'रामस्वरूप' है। रामस्वरूप ही रामस्वरूप का चर्चा है। राजनेता, पत्रकार, व्यवसायी सिटपिटाए बैठे हैं कि जनाब रामस्वरूप हमारे नाम न खोल दें। जिनके नाम रामस्वरूप खोल चुका है, वे चिल्ला रहे हैं—यह झूठ है। हम इस कांड में शामिल नहीं हैं। केन्द्र के दो कांग्रेसी मंत्री इस्तीफा दे चुके हैं। इन्दौर के एक सम्पादक निकाले जा चुके हैं। दो राजनेताओं ने कहा है—अगर हम पर आरोप सिद्ध हो गया तो हम राजनीति से संन्यास ले लेंगें। अब क्या संन्यास लेंगे! सी.आई.ए. की सेवा करना भी तो संन्यास ही है।

साधो, ये महामना रामस्वरूप एक भयंकर जासूसी गिरोह के सरगना हैं। ये बड़े-बड़े लोगों को खरीदते हैं, किराए पर रखते हैं। एशिया में जासूसी का अड्डा है, ताइवान—चीनी मुख्य भूमि के बाहर एक द्वीप जहाँ अमेरिकी कठपुतली च्यांग काई शेक क्रान्ति के समय भाग गया था। वहाँ अमेरिका ने उसका राजतिलक कर दिया और उसकी तथाकथित सरकार को ही चीन की सरकार बताकर राष्ट्रसंघ में कई साल तक सदस्य रखा। ताइवान में सी.आई.ए. तथा पश्चिमी जर्मनी के जासूसी अड्डे हैं। हमारे रामस्वरूपजी इन्हीं अड्डों से सम्बन्ध हैं। वे वहाँ की एक व्यावसायिक कम्पनी के आदमी अपने को बताते रहे हैं। वे यह भी बताते रहे हैं कि मेरा ताइवान की सरकार से सम्बन्ध है। उनका काम रहा है गुप्त जानकारी पाना। घुसपैठ करना। षड्यंत्र करना। तोड़फोड़ करवाना। मगर इससे महत्त्वपूर्ण काम है राजनीतिक हस्तक्षेप। ये भारत-रूस सम्बन्ध बिगाड़ने का षड्यंत्र करते थे। इसके लिए उन्होंने सत्ताधारी कांग्रेस पार्टी में कई लोग पटा रखे थे। दूसरी अमेरिकी समर्थक पार्टियों के नेता तो हँसकर जाल में आ गए होंगे। साधो, इसी समय रामस्वरूप का एक मित्र अश्लील ब्लू फिल्मों का व्यापार करने के आरोप में गिरफ्तार किया गया है। यानी दोनों एक ही हैं—जो सी.आई.ए. का काम करेगा वह यौन विकृति से भी ग्रस्त होगा और उसे 'एड्स' असाध्य रोग भी हो जाएगा।

साधो, घबरा रहे हैं—कसमसाए हैं, दबे हुए बैठे हैं, छिप रहे हैं—बड़े छोटे नेता, संसद सदस्य और विधायक, पत्रकार, बुद्धिजीवी, बड़े अफसर। प्रार्थना कर रहे हैं—हे रामस्वरूप! हे राम के मर्यादा पुरुषोत्तम स्वरूप, मेरा नाम मत बता देना। माना, मैंने गद्दारी की। मैंने देश में अस्थिरता लाने में देश के दुश्मनों की मदद की।

मैंने रूस से सम्बन्ध खराब करवाने की कोशिश की। मैंने पैसा, शराब, औरत, विदेश यात्राएँ, ठाठ-बाट के लिए यह किया। मेरे जीवन मूल्य ही ऐसे हैं। किसी को मेरा भरोसा नहीं करना था। जिन्होंने भरोसा किया, वे भोले बेवकूफ हैं। पर प्रभु, तू मुझे डुबा मत देना। मेरी खटिया खड़ी करके, मेरा बिस्तर गोल करके जेल मत भिजवा देना।

साधो, जिनका नाम रामस्वरूप ने लिया है, उनमें हमारे प्यारे अटलबिहारी वाजपेयी भी हैं। पापी रामस्वरूप—मारेसि मोहि कुटाऊँ! बेचारे अटल इस वक्त पार्टी की अध्यक्षता छोड़ रहे हैं। 1977 में जनता पार्टी नाम की सर्कस कम्पनी जब सत्ता में आई तब जिमनास्ट और जोकर अटलबिहारी प्रधानमंत्री बनने का सपना देखने लगे। वे अखबारों में प्रचार करवाते थे—वाजपेयी—मेन ऑफ डेस्टिनी! वाजपेयी—भाग्यविधाता। मगर इस भारत भाग्यविधाता का अपना भाग्य इस तरह नष्ट हुआ कि पार्टी जो मोटा रस्सा बनाती थी, पतला धागा रह गई। गौ माता के गोबर से लेकर समाजवाद तक चाटनेवाले अटलबिहारी वाजपेयी इस समय एक थके निराश आदमी हैं। रामस्वरूप ने एक से अधिक बार कहा है कि इस काम में अटलबिहारी वाजपेयी भी लगे हैं। और अटलबिहारी बार-बार कहते हैं, यह आदमी झूठ बोलता है। मेरा इससे कोई सम्बन्ध नहीं रहा। मैं इसे जानता भी नहीं हूँ।

साधो, मगर अटलबिहारी जिन्दगी-भर वही करते रहे हैं जो सी.आई.ए. रामस्वरूप के मार्फत करवा रही थी—साम्प्रदायिक फास्टि विघटनकारी राजनीति, रूस से सम्बन्ध बिगाड़ना और भारत माता को दूसरी तरह की अमेरिकी दासता में बाँध देना। माना कि वाजपेयी ने पैसा, शराब और औरत के लिए यह नहीं किया—तो धर्मादा खाते में किया होगा।

बैर कराते मन्दिर-मस्जिद

साधो, कवि बच्चन की 'मधुबाला' में बहुत घटिया कविताएँ हैं पर वे लोगों की जबान पर चढ़ी हैं।

बैर कराते मन्दिर-मस्जिद
मेल कराती मधुशाला

साधो, कलारी में हिन्दू-मुसलमान भाई-भाई होते हैं, एक-दूसरे के ओंठ से गिलास लगाते हैं। रंडी के यहाँ हिन्दू-मुसलमान भाई-भाई की तरह जाते हैं। जुए के अड्डे पर भाई-भाई की तरह खेलते हैं। तस्करी में हिन्दू-मुस्लिम भाई-भाई हैं। डाकू-गिरोह में हिन्दू-मुस्लिम भाई-भाई की तरह होते हैं। हिन्दू-मुस्लिम जेबकतरा भाई-भाई होते हैं। यहाँ तक कि रेलवे के या कार्पोरेशन के सार्वजनिक पाखाने में भी हिन्दू-मुस्लिम भाई-भाई होते हैं।

साधो, पाखाने में हिन्दू-मुस्लिम भाई-भाई की तरह फारिग होते हैं। न हिन्दू

धर्म पर संकट आता है और न इस्लाम खतरे में पड़ता है। न यह 'हर-हर महादेव', बोलता, न वह 'अल्ला हो अकबर'। हिन्दू-मुस्लिम पाखाना करनेवालों में भाईचारा होता है। मगर जो पाखाने में भाई-भाई हैं वही हिन्दू-मुसलमान मन्दिर और मस्जिद में एक-दूसरे के दुश्मन हैं। और मन्दिर तथा मस्जिद वे जगहें हैं, जहाँ प्रेम, भाईचारा, दया सीखना चाहिए। मगर यहीं से और इनके नाम से हिन्दू-मुसलमान दोनों नफरत, वैर, हिंसा सीखते हैं। अगर काल मार्क्स ने लिखा है कि धर्म आम लोगों के लिए अफीम है तो क्या गलत लिखा है। मगर वही धर्म अफीम के व्यापारियों के लिए अमृत है। जो आम जनता को, धर्म को, अफीम की तरह खिलाते हैं, वे अच्छा धन्धा करते हैं, मालामाल और सफल होते हैं।

साधो, अयोध्या के राम-जन्मभूमि और मस्जिद के विवाद ने आखिर देश-भर से साम्प्रदायिक तनाव पैदा कर दिया और दंगे शुरू हो गए। हमारे देश में सबसे महत्त्वपूर्ण धर्म स्थल वह है जिसे लेकर झगड़ा कराया जा सके। हर पवित्र चीज पर हम झगड़ते हैं। यहाँ गाय की पूजा होती है, उसे माता कहते हैं। मगर उसके नाम से दंगा होता है। दुनिया में कहीं भी गाय की पूजा नहीं होती और वह खूब दूध देने के काम आती है। भारत में गाय की पूजा होती है और वह दंगे कराने के काम आती है। अयोध्या में और आसपास लगभग आठ हजार राम मन्दिर हैं। पर वे सब महत्त्वहीन हैं। महत्त्वपूर्ण यह राम-जन्मभूमि है क्योंकि यहाँ मन्दिर-मस्जिद का झगड़ा है। मस्जिदों की भी कमी नहीं है। मगर यह मस्जिद बहुत महत्त्वपूर्ण हो गई क्योंकि यहाँ मन्दिर से झगड़ा है। विवादग्रस्त जमीन पर जिस पर दूसरे अपना दावा करते हैं, बनाई गई मस्जिद में अदा की गई नमाज कबूल नहीं होती। कहीं से हिन्दू साम्प्रदायिक नेताओं ने पता लगाकर बता दिया कि राम-जन्मभूमि मन्दिर दो हजार साल पहले बनाया गया था। यह भी कि बाबर के जमाने में मन्दिर तोड़कर वहाँ मस्जिद बनवा ली। अब हमें हमारा मन्दिर चाहिए। मुसलमान साम्प्रदायिक नेता और मुल्ला कहते हैं कि वहाँ कुछ नहीं था। हमारे बाप-दादों ने वहाँ मस्जिद बनवाई। वहाँ मस्जिद ही रहनी चाहिए। दो हजार साल पहले मन्दिर बनवानेवाले और पाँच सौ साल पहले मस्जिद बनवानेवाले तभी मर गए। छोड़ गए गरीब, अज्ञानी, अन्धविश्वासी बेवकूफ, जाहिल सन्तानें और छोड़ गए इन सीधे इनसानों को चकमा देकर धर्म के नाम पर लड़वानेवाले बदमाश, स्वार्थी, फसादी नेता, रहनुमा, पंडित और मुल्ला। और छोड़ गए ये राजनेता जो मत-बैंकों को लूटने के लिए दोनों सम्प्रदायों को लड़वाते हैं।

साधो, धर्म का धन्धा और धर्म की राजनीति फिर बढ़ गई है। साधारण हिन्दू और मुसलमान इस झंझट में पड़ना नहीं चाहता। वह आपस में लड़ना भी नहीं चाहता। लेकिन धर्मनेता, राजनेता, लुटेरे, व्यवसायी भी उसे भड़काते हैं और गिरोह बन्द कर देते हैं। इनमें से कोई न मारा जाता, न लुटता। मारे गरीब जाते हैं, उन्हीं

की झोंपड़ियाँ जलती हैं, कर्फ्यू में उन्हीं की रोटी छिनती है।

साधो, इधर विश्व हिन्दू परिषद् बलराज मधोक का जनसंघ और राष्ट्रीय स्वयंसेवक संघ। उधर मजलिसे मुसव्वरात, मुस्लिम लीग और जमाते इस्लामी। डटकर चन्दा इकट्ठा हो रहा है। चढ़ौती आ रही है। राम को बचाने के लिए पैसा इकट्ठा हो रहा है। उधर इस्लाम को बचाने के लिए भी प्रचार और पैसा चल रहा है। दोनों तरफ विदेशी पैसा धर्म–रक्षा करवा रहा होगा। फिर मुसलमानों के वोट बैंक का मामला भी धर्म का मामला शुरू से है। हिन्दू धर्म की रक्षा के नाम पर हिन्दू मतों को जीतना भी इस धर्म–रक्षा अभियान का खास मकसद है। सीतामढ़ी से अयोध्या तक जुलूस के साथ रथ आया था। रास्ते में पैसे चढ़ाए गए। भोले धर्म प्रेमी लोगों ने जगह–जगह धन चढ़ाया। औरतों ने जेवर उतारकर दे दिया। कमाई–ही–कमाई है राम की जमीन–जायदाद बचाने में। साधो, एक सैयद शहाबुद्दीन हैं। जनता पार्टी के नेता हैं। अभी मुंगेर से चुनकर लोकसभा में गए हैं। वे 'दूसरा जिन्ना' कहलाते हैं। समाजवाद और धर्म–निरपेक्षता की कसम खानेवाली पार्टियों की नकेल साम्प्रदायिक लोगों के हाथ में है।

साधो, भीतर न भक्ति है न ईमान। बाहर जुलूस है, मन्दिर है, मस्जिद है। मन न रँगाये, रँगाये जोगी कपड़ा—

मस्जिद तो बना ली शब भर में
ईमां की हरारतवालों ने
मन तो पुराना पापी है तिस पर भी
नमाजी हो न सका।

जंगी बेड़ा और आर. एंड आर.

साधो, जंगी बेड़ा तो तुम समझते हो—जैसे लीबिया पर हमला अमेरिकी छठवें बेड़े ने किया। भू-मध्य सागर में छठवाँ बेड़ा—'सिक्स्थ फ्लीट' है। इधर पूर्व में सातवाँ बेड़ा है। अभी कराची में एक बेड़ा आया हुआ है। ये सब बेड़े जो धौंसपट्टी और अन्तर्राष्ट्रीय सरकारी गुंडागर्दी के लिए खड़े रहते हैं, या घूमते हैं, वे उतने खौफनाक नहीं हैं, जितने बताए जाते हैं। इन सबके आगे-पीछे, दाएँ-बाएँ उतने ही ताकतवर लड़ाकू जहाज और पनडुब्बियाँ रहती हैं। रूस शक्ति सन्तुलन गड़बड़ नहीं होने देता। अब तो यह बात सभी जानते हैं कि बंगला देश युद्ध के समय अमेरिकी सातवाँ बेड़ा चटगाँव आनेवाला था। पर तभी रूस की धमकी आई कि आगे बढ़े तो डुबा दिए जाओगे। तब भारत-रूस की बीस साल की मित्रता और सहयोग सन्धि हो चुकी थी। यह सैनिक सहयोग सन्धि भी है। बेड़ा रुककर ठंडी साँस लेने लगा।

साधो, छठवें बेड़े की दुर्गति अभी भूमध्य सागर में लीबिया की हद में सिदरा खाड़ी की लड़ाई में हुई। अमेरिकी बेड़े ने हमला ही किया था कि लीबिया के नेता मुअम्मार गदाफी ने धमकी दी—हम यों ही नहीं निगले जा सकते। हम लड़ेंगे। हमारे आत्मघाती दस्ते दुनिया भर में बदला लेंगे। हम वाशिंगटन की सड़कों पर मारेंगे। उसने अरब देशों से कहा—तुम्हारे पास समुद्र में जो भी अमेरिकी जहाज हो उस पर बम बरसा दो। गदाफी एक छोटे युद्धपोत में छठवें बेड़े के सामने ठीक उस जगह पहुँच गया जिसे 'डेथ लाइन' (मृत्यु रेखा) कहा गया था। लगभग सब अरब देशों ने लीबिया का समर्थन किया। जब अमेरिका ने बम बरसाए, तो रूस ने साफ चेतावनी दी—यह हमला है। हम लीबिया का समर्थन करेंगे। भारत के नेतृत्व में सौ गुटनिरपेक्ष देशों ने अमेरिका की निन्दा की और लीबिया का समर्थन किया। नतीजा क्या हुआ? अमेरिका बड़े युद्ध का खतरा नहीं उठाता। धौंस देता है। बेड़ा वापस हो गया। शर्म छिपाने के लिए कहा—हमारा उद्देश्य पूरा हो गया।

साधो, बड़े की धौंस थोड़ा नुकसान तो करती है, पर फिर 'आई एम सॉरी' हो जाती है। अमेरिका से कुल नब्बे मील दूर सवा करोड़ का देश क्यूबा है। वहाँ के राष्ट्रपति फिदेल कास्त्रो चाहे जब चिल्लाते हैं—वाशिंगटन में व्हाइट हाउस में एक 'काऊ बॉय' राष्ट्रपति बना बैठा है। वह पागल हो गया है।

साधो, जहाँ अमेरिका धौंस से आगे बढ़ता है, वहाँ लड़ाई चाहे जितनी लम्बी खिंचे, आखिर अमेरिका को भागना पड़ता है। वियतनाम में अठारह साल बम बरसाए। पर आखिर वापस होने का फैसला राष्ट्रपति निक्सन ने किया। तब अमेरिकी शासन ने हो यी भिन्ह से भाग जाने के लिए चौबीस घंटे का समय माँगा। हो यी भिन्ह ने कहा—हम क्रान्तिकारी हैं, हत्यारे नहीं हैं। तुम्हारे सिपाही सुरक्षित वापस हो जाएँ।

साधो, कराची में जो अमेरिकी बेड़ा प्रेम यात्रा पर आया, तो हमारे यहाँ चिन्ता पैदा हो गई। पंजाब में आतंकवाद जोर पर है, लंका में तमिलों का संहार हो रहा है, अमेरिका, लंका और पाकिस्तान की धुरी बनाकर भारत की घेराबन्दी की जा रही है—यह सही है! खबर है कि जंगी बेड़े की इस प्रेम यात्रा को जनरल जिया ने भी थोड़ी झिझक के साथ स्वीकार किया है।

साधो, यह सही है कि यह धौंस है। मगर यह बेड़ा एक ओर जरूरी मिशन पर आया था—वह कहलाती है 'आर.एंड.आर.'! तुम इसे समझते हो? यह है— 'रेस्ट एंड रीक्रियेशन'। आराम और मनोरंजन। बात यह है कि जहाजों में सिपाही महीनों रहते हैं। वर्दी दिखती है। वही-वही टोपी और वही-वही खोपड़ी। वही-वही हथियार। वही समुद्र और वही-वही लहरें। सिपाही ऊब जाते हैं, थक जाते हैं। इन्हें आर. एंड. आर. चाहिए। यानी शराब, औरतें, कालगर्ल, वेश्याएँ, जुआ। दुनिया में कई देशों में अमेरिकी समुद्री बेड़े के आर. एंड आर. अड्डे बने हैं।

अमेरिका कहता है—अगर फौजी अड्डा देते हो तो कहना ही क्या है। नहीं तो कम-से-कम आर. एंड आर. का केन्द्र बना लेने दो। कुछ देशों ने आर. एंड आर. खोल लेने दिया है। बैंकाक में पूर्व का सबसे बड़ा आर. एंड आर. केन्द्र है। श्रीलंका ने भी सुभीता दे रखा है। आर. एंड आर. पूरे क्षेत्र को बदल देता है। डालर बहते हैं। आसपास की औरतें बिगाड़ी जाती हैं। दुराचार की कमाई होती है। शराब बहती है। बिना बाप के नाम के बच्चे पैदा होते हैं। नई कालगर्ल बनती हैं। वेश्याएँ मँडराती हैं। बैंकॉक की राष्ट्रीय आय का बड़ा भाग आर. एंड आर. से आता है। कहते हैं वहाँ एक-चौथाई स्त्रियाँ सिपाहियों की हम-बिस्तर होती हैं। बार गर्ल (साकी) हजार डालर रोज कमा लेती हैं।

साधो, कराची में इस बेड़े के स्वागत में जनरल जिया की यही झिझक रही होगी कि इस्लाम के साथ कालगर्ल और शराब का तालमेल कैसे बैठेगा। मगर साधो, धर्म में सब रास्ते निकल आते हैं। खबर है कि लाहौर से विमान भरकर कालगर्ल कराँची लाई गईं। शराब की नदी खोद दी गई। इस्लाम भी खतरे में नहीं पड़ा और शराब तथा रंडी भी भोग ली गईं। खुद भी मिला और विसाले सनम भी। मगर साधो, एक भीतरी बात और है। यह बेड़ा कराँची में इसीलिए लाया गया था कि लीबिया अमेरिका संघर्ष में अगर रूस लीबिया के पक्ष में हस्तक्षेप करे तो इसका रूस के खिलाफ इस्तेमाल हो सके। जनरल जिया की चिन्ता आर. एंड आर. के लिए शराब और औरतों का इन्तजाम करने की नहीं, रूस की नाराजी की और संघर्ष में फँसने की थी।

□□□

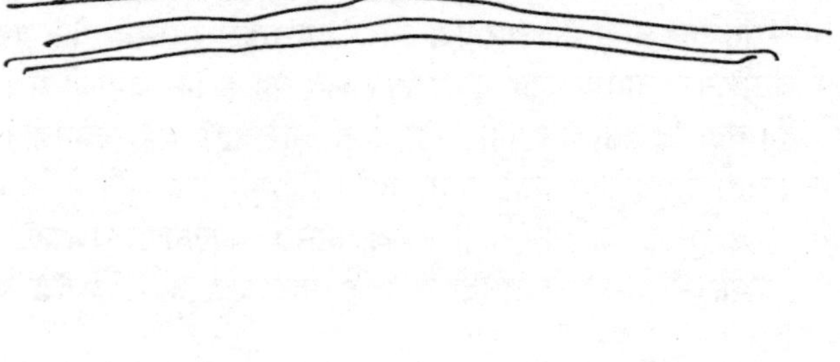